CINEMA REVIVAL

시네마 리바이벌

무무

비평의 바다 3

CINEMA REVIVAL

조재휘

'시네마 리터러시Cinema-literacy'를 꿈꾸며

"영화는 시각으로 보여줘야 하는 만큼, 대사가 아닌 장면의 연출을 통해 느낌과 메시지를 전달하고자 노력한다. 하지만 그런 점을 짚어보고 읽어내는 관객이 잘 없는 것 같다."

수년 전 카페에서 한 영화감독과 만나 담소하던 중에 들은 말입니다. 관객과 시장이 창조적인 비전을 수용하지 않는 가운데, 틀에 박힌 진부함, 빈곤한 만듦새의 상업영화만을 양산하는 한국 영화의 현실을 두고, 그는 이야기하는 내내 수심 어린 표정을 짓고 있었습니다. 얼마간의 시간이 흘렀음에도 그날의 대화를 기억 한구석에 간직하고 있는 건, 르네상스 시기를 떠나보낸 한국 영화의 풍경이 그로부터 별반 달라지지 않은 탓인지도 모릅니다.

한국의 영화적 인프라는 외견만 보면 풍성해졌습니다. 그러나 〈기생충〉2019의 칸 영화제와 아카데미 석권이라는 영광에도 불구하고, 우리가 마주한 현실은 한국 영화의 질적 저하와 관객 문화의 퇴행입니다. 영화를 모르는 자본이 창작자의 목에 족쇄를 채우고, 좋은 영화를 선택할 기회를 박탈당한 관객은 상영관을 독식한 기획영화를 찾는 악순환이 반복되고 있습니다. '영화다운' 영화를 만들 수 있는 여건이 조성되지 못하고, '영화다운' 영화를 만나는 경험이 줄어든다면, 창조성과 다양성을 잃은 산업은 종국에 붕괴의 위기를 맞을 수밖에 없습니다.

'리터러시literacy'라는 말이 있습니다. 텍스트가 지닌 심층적인 의미와 표현의 결을 읽어내는 소양을 이르는 용어입니다. 문학과 미술, 음악 등 양질의 문화 텍스트를 이해하고 받아들이는 문화적 리터러시는 근대에 들어서기 이전에는 특정 계층의 전유물이었습니다. 하지만 20세기에 대중문화의 개념이 출현함에 따라 리터러시의 용례 또한 확장되었고, 디지털 매체가 범람하는 우리 시대에 접어들어서는 '미디어 리터러시'라는 용어도 심심찮게 들리고 있습니다.

우리가 고민해야 할 근본적인 과제는 영화를 섬세하게 다루고 읽어내려는 리터러시의 부재인지 모릅니다. 전통적인 예술 장르에 국한된 이야기가 아닙니다. 영화에도 리터러시가 필요합니다. 그리고 리터러시는 엄연한 교육과 훈련의 산물입니다. 따라서 문화적 운동의 차원에서 '시네마 리터러시Cinema-literacy'라는 개념을 제안해보고자 합니다. 영화를 일차원적 오락이 아닌, 엄연한 예술 장르이자 문화적 소양으로 다룸으로써 안목 있는 관객, 안목 있는 영화인을 육성하려는 교육적, 문화적인 노력이 수반되어야 한다고 믿습니다. 이상론처럼 들리겠지만 영화를 '보는' 것을 넘어서 '읽어'내려는, 한갓 풍경으로 소비하기를 그치고, 엄연한 텍스트로서 의미의 심층을 탐독耽讀하려는 노력들이 차곡히 쌓인다면, 언젠가 싹을 틔운 리터러시의 저력이 수렁에 빠진 한국 영화를 다시 끌어올릴 원동력이 되지 않을까 작은 낙관을 전망해보는 것입니다.

이 책 『시네마 리바이벌』은 국제신문에 연재했던 영화인문학 특집 '시네마 리바이벌', 그리고 현재도 집필 중인 '조재휘의 시네필'의 일부

원고를 간추려 엮은 것이 바탕이 되었습니다. 돌이켜보면 반은 통속적인 것에서 고귀한 것을 발견하려는 철학도의 눈으로, 반은 활동사진에 흥분을 감추지 못하는 철없는 영화광의 심정으로 써 내려오지 않았나 싶어집니다. 영화와의 농밀한 사귐을 이어가도록 지면을 맡겨 주신 국제신문 관계자분들, 그리고 이 책의 출간을 기획하고 제안해 주셔서 오랜 시간 묵혀 두었던 원고에 다시금 생명을 불어넣어 주신 호밀밭 출판사에 깊은 감사의 말씀을 드립니다.

2020년 9월 13일

조재휘

'시네마 리터러시Cinema-literacy'를 꿈꾸며 5

1부 시네마 리바이벌

괴물은 어떻게 '진리'를 드러내는가 〈고질라〉 16
수직과 수평, 시간의 시제에 관하여 〈일대종사〉 21
메시아주의와 정치의 부재 〈광해, 왕이 된 남자〉 26
경계의 폭력에 맞선 예술의 가능성 〈피아니스트〉 31
코미디, 삶을 긍정하는 생의 전략 〈인생은 아름다워〉 36
사이버 스페이스의 생태학 〈아바타〉 41
미국영화, 테러리즘을 상상하다 〈배트맨 비긴즈〉 46
상징과 실재, 인간주의의 환상을 넘어서 〈프로메테우스〉 51
아비투스habitus란 무엇인가? 〈가장 따뜻한 색, 블루〉 56
정치, 미디어 그리고 영웅 〈글래디에이터〉 61
탈脫 지구적Post-global 상상력은 가능한가? 〈그래비티〉 66
흡혈귀라는 은유 〈박쥐〉 71
무책임의 세상에서 속죄를 외치다 〈시〉 76
디스토피아는 어떻게 만들어지는가? 〈로보캅〉 81
상생과 공존의 윤리학 〈노아〉 86
차이와 반복, 007 시리즈의 생존전략 〈007 골드핑거〉 91
생체권력이란 무엇인가? 〈모던 타임즈〉 96

유목과 정착 사이, 중용中庸의 선을 타고〈와호장룡〉 101

'리바이어던' 벗어나기〈설국열차〉 106

리미츠 오브 컨트롤, 합리와 이성을 넘어서〈엑소더스—신들과 왕들〉 111

2부 한국 영화의 풍경(들)

봉준호 영화와 '사건'의 철학/천국과 지옥〈기생충〉 118

교감이 사라진 자본주의의 세속, 존재의 목소리에 귀를 기울이면〈옥자〉 123

자연 속에서의 단순한 삶은 가능한가〈리틀 포레스트〉 126

삶의 궤적에서 탈선하다〈대관람차〉 129

불안은 영혼을 잠식한다〈벌새〉 132

세대에 걸친 국가범죄의 역사〈파도치는 땅〉 135

첩보극으로 본 남북관계의 '오래된 미래'〈공작〉 138

한국화된 서부극과 제노포비아〈범죄도시〉 141

장르 영화에 감춰진 정치성〈곤지암〉 144

연애의 풍속도에 담긴 청춘 세대의 현실〈메이트〉 147

청년을 위한 나라는 없다〈성혜의 나라〉 150

청춘 4부작의 완성〈변산〉 153

귀향, 또 다른 삶의 지평을 찾아서〈국도극장〉 156

책임과 욕망 사이〈강변호텔〉 159

죽다 살아난 아티스트, 예술의 본질에 대해 묻다〈아티스트—다시 태어나다〉 162

경계를 넘어, 소통을 찾아〈이타미 준의 바다〉 165

인터넷 여론의 정념과 영화 〈인랑〉 168
현실성을 잃은 장르 영화의 공허함 〈반도〉 171
테크니션이 빚어낸 정치영화의 시네마틱 〈더 킹〉 174
김지운, 삶의 불가해不可解함을 응시하다 〈달콤한 인생〉 182

3부 헐리우드의 안과 밖

역사를 기억하는 성숙한 방식 〈로마〉 188
인류 역사의 총체를 우화로 함축하다 〈마더〉 191
'개'라는 이름의 은유 〈개들의 섬〉 194
전장 한가운데로 관객을 이끌다 〈1917〉 197
시선을 압도하는 스크린의 생동감 〈덩케르크〉 200
이것은 서스페리아1977가 아니다 〈서스페리아〉 203
'인간' 처칠이 '영웅'이 되기까지 〈다키스트 아워〉 206
우리 시대의 영화적 군주론 〈더 페이버릿—여왕의 여자〉 209
작은 한 걸음, 위대한 도약의 이면에서 〈퍼스트맨〉 213
잃어버린 시간을 찾아서 〈페인 앤 글로리〉 216
찰나의 순수, 영원으로 남아 〈너의 췌장을 먹고 싶어〉 219
사진, 생동하는 삶의 기억들 〈바르다가 사랑한 얼굴들〉 222
난민 소년에 대한 연민과 은폐된 유럽의 위선 〈가버나움〉 225
시대의 불안과 조우하다 〈조커〉 228
혼돈의 시대를 돌아본 대만 뉴웨이브의 거장 〈고령가 소년 살인사건〉 231

해체되는 가족과 일본 사회의 그늘 〈어느 가족〉 234
가족, 실재와 허구 사이 〈패밀리 로맨스〉 237
네오리얼리즘을 소환하며 〈마르게와 엄마〉 240
노병은 바뀌지 않는다. 다만 사라질 뿐이다 〈라스트 미션〉 243
노장이 그린 범죄 세계의 연대기 〈아이리시맨〉 246
거장 오손 웰즈의 복원된 비전 〈바람의 저편〉 249
스필버그의 언덕, 경계선을 넘어서 역사를 보다 〈쉰들러 리스트〉 252
우리는 장예모를 오해하고 있었다 〈영웅〉에서 〈황후화〉까지 255
뮤지컬 영화, 21세기에 되살아난 클래식 〈라 라 랜드〉 259
가상과 실효, 디지털 시대의 이미지 〈스파이더맨—파 프롬 홈〉 262
테리 길리엄, 혹은 영화계의 돈키호테 〈돈키호테를 죽인 사나이〉 265
낭만주의자, 자본과 산업의 제국에 맞서다 〈포드 V 페라리〉 268
그럼에도 불구하고 〈행복한 라짜로〉 271
혐오를 넘어 사랑과 연대를 〈셰이프 오브 워터〉 274
'차이와 반복'을 긍정하며 〈패터슨〉 277
불쾌한 골짜기를 넘어서 〈알리타—배틀엔젤〉 280
'포스'의 철학을 잃은 최종장 〈스타워즈—라이즈 오브 스카이워커〉 283
'인간다움'에 대한 더욱 깊어진 사유 〈블레이드 러너 2049〉 286

4부 영화사의 순간(들)

불타는 타란티노의 연대기

1. 인디펜던트의 신화가 된 타란티노의 데뷔작〈저수지의 개들〉 291

2. 타란티노, 영화의 포스트 모더니즘을 열다〈펄프 픽션〉 302

3. 블랙스플로이테이션, 필름 느와르 그리고 멜로〈재키 브라운〉 313

호금전, 무협을 재정의하다

1. 시대를 관통한 무협의 고전〈용문객잔〉 322

2. 강호江湖를 재창조한 무협 영화의 전설〈협녀〉 329

마틴 스콜세지, 이방인의 눈으로 미국을 돌아보다

스콜세지, '국가의 탄생'을 그리다〈갱스 오브 뉴욕〉 339

이소룡, 액션의 트렌드를 바꾸다

이소룡은 어떻게 전설이 되었나 356

1부 시네마 리바이벌

"브레히트의 교훈적인 희곡에서보다는
보들레르와 랭보의 시 속에 더 강력한 정치적 잠재성이 있다."

허버트 마르쿠제, 『미학의 차원』

괴물은 어떻게 '진리'를 드러내는가 〈고질라〉 2014

가렛 에드워즈의 〈고질라〉2014는 한 편의 거대한 오마주homage라 할 수 있다. 이전에 저예산 괴수 영화 〈몬스터즈〉2010를 통해서 동일 장르에 대한 애정을 드러낸 바 있는 감독은 이 영화를 일본에서 만들어진 오리지널 〈고지라〉1954와 이후 28편에 이르기까지 재생산된 시리즈의 전통을 재현하는 데 바친다. 공교롭게도 이번 리메이크 영화가 공개된 시점이 고지라 탄생 60주년이 되는 때이니 시의적절한 헌사였다고 할 수 있을 것이다.

오리지널 〈고지라〉는 현대 괴수 영화의 표현과 관습을 정립한 기념비적인 영화로 꼽힌다. 괴물의 출현과 도시의 파괴, 혼란에 빠진 군중과 괴물의 퇴치 등 〈고지라〉에서 정립된 공식fomula은 21세기에 와서도 멧 리브스의 〈클로버필드〉2008나 봉준호의 〈괴물〉2006 등에 그대로 적용되었고 새로운 〈고질라〉 영화도 이 도식을 고스란히 답습한다. 괴물이라는 이질적 타자의 등장과 그로 인해 촉발되는 상상적 공포. 그러니 수없이 반복된 이 영화적 관습에 주목할 만한 일리一理가 숨어 있다고 짐작해보는 것도 무리가 아닐 것이다. 단순히 B급 장르 오락으로 취급되어 온 괴물 영화, 이 지극한 통속성에 인문학적 시선의 진지함을 들이댈 필요성이 여기에 있다.

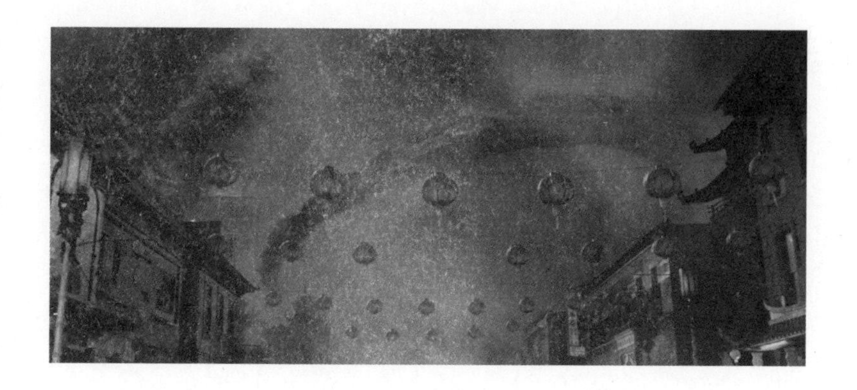

모든 괴물에겐 기원起源이 있다

어느 괴수 영화를 보더라도 반드시 짚어야 할 지점이 있다. '괴물이 등장하게 된 원인이 무엇인가?'라는 질문. 괴물怪物이라는 비정상적 타자의 등장은 어떤 계기가 없이 촉발되지 않기 마련이다. 〈고질라〉에서 악역을 맡은 괴물 '무토'는 방사능 유출 사고로 폐쇄된 일본의 원전에서 고치 상태로 잠들어 있다 깨어난다. 한 쌍인 다른 무토는 사막 한가운데 놓인 미국의 방사능 폐기물 처리장에서 성장해 수컷의 부름을 듣고 샌프란시스코로 향하며, 미군은 이 괴물을 유인하기 위해 핵무기 수송작전을 벌인다. 이처럼 리메이크 〈고질라〉는 지속적으로 괴물의 탄생과 핵의 관련성을 거듭 상기시킨다.

숱한 괴수 영화에서 괴물의 탄생은 항상 우리의 시선이 닿지 않는 변방 내지 지하에서 이루어져 왔다. 근대 도시의 정상성으로부터 버려진 어둠의 공간들. 〈엘리게이터〉1980의 괴물 악어는 제약회사의 실험 과정에서 폐기된 개들을 먹고 성장했으며, 〈괴물〉의 괴생명체는 미군이 몰래 한강에 방류한 포름 알데히드와 각종 도시 폐기물을 자양분 삼아 성장한 돌연변이였다. 〈고질라〉의 괴물 무토 역시도 마찬가지다. 존재와 장소는 결코 분리되어 사유될 수 없다. 이 괴물들은 외계의 존재가 아니라 기술문명이 빚어낸 부산물인 셈이다.

돌아온 괴물, 폭로되는 근대성

우리는 이 지점에서 괴물을 통해 '드러나는poiesis' 근대성의 일면을 포착해야 할 것이다. 근대 도시의 형성은 우리로 하여금 비정상적인 것들의 존재를 알아차리지 못하도록 감추고 그에 대해 무신경해지도록 조장해 왔다. 우리는 일상생활에서 전기를 편리하게 사용하지만 전기를 생성하는 원리나 발전소의 운영 실태에 대해서는 별다른 관심을 가지지 않는다. 도시의 번영은 항상 막대한 양의 전력을 필요로 하지만 정작 발전소는 도시의 외곽, 변두리에 배치되어 있는 것이 일상적이다. 도심 한가운데에 원자력 발전소를 짓는 걸 상상해 볼 수 있는가? 쓰레기 폐기장이나 소각장을 시민의 일상적 생활 영역 안에 배치하는 걸 반길 수 있는가? 근대 도시의 설계는 항상 위험하고 더러운 것, 우리가 알게 되면 불편하게 될 것들을 변방으로, 우리의 시야 밖으로 추방하는 것을 전제로 이루어져 왔다. 겉으로는 깔끔하지만 그런 도시의 청결은 실상 우리의 생활권, 가시권 밖으로 추방해낸 결과로 얻어진 이중성의 산물이다. 언제나 "풍경은 기원을 은폐"(가라타니 고진)한다.

당장 눈앞에서의 청결함, 편리함만을 추구한 이런 발상은 반드시 그에 상응하는 반작용을 불러오기 마련이다. 환경오염과 기상이변, 급작

스러운 재난의 발생들은 사실 그 원인을 들추어 보면 그동안 누적되어 온 모순과 부조리가 빚어낸 것이 아니었던가? 근대 도시 문명이 일상의 시야 밖으로 추방한 온갖 부산물, 폐기물이 위협적인 형태로 돌아오는 이 귀환歸還의 형식은 공교롭게도 괴수 영화의 공식과 정확히 일치한다. 도시의 어둠 속에서 태어난 괴물은 반드시 도시로 돌아와서 모든 것을 잿더미로 만들지 않았던가? 괴물은 분명 우리의 일상에는 쉬이 노출되지 않지만 분명히 존재하며, 언젠가는 곪아 터진 화농처럼 재앙으로 닥칠 잠재적 위험에 대한 영화적 반영이자 은유가 된다.

탈은폐aletheia하는 괴수

『기술과 전향』에서 하이데거는 "그 자리에 없던 것을 밖으로 드러내는 것Her-Vor-bringen"이라고 기술의 본질을 규정한 바 있다. 감추어진 것을 우리의 시선이 닿는 곳으로 탈은폐aletheia 내지 폭로시키는 것, 비가시적인 진리를 가시적으로 드러내는 그 무엇을 기술이라 부른다. 그런 점에서 잠들어 있던 무언가를 깨우는 괴수 영화의 서사 전개 방식은 하이데거가 이야기하는 기술의 본질과 일맥상통한다. 괴물의 출현은 우리에게 그것의 기원起源을 질문하게 하며, 이를 통해서 우리는 버려지고 은폐되어 왔던 불편한 '진리'을 마주대할 수 있게 되기 때문이다.

"무릇 감추어진 것 치고 드러나지 아니하는 것이 없다."(장자) 하였듯 알기를 거부하고 우리 삶의 영역에서 밀치면 밀쳐낼수록 그 '진리'는 더욱 폭력적이고 한껏 일그러져 낯선 형태가 되어 돌아올 것이다. 만약에 괴물을 단순히 영화 속의 존재, 혹은 적대적 타자로 치부하지 않고 어떤 진리를 감추어둔 기호sign로 대할 수 있다면 거기에서부터 "구원의 목소리"(하이데거), 구원의 가능성이 주어지지 않겠는가? 눈과 귀를 열고 괴물의 존재와 그것이 환기시키는 근대 문명의 그림자, 도시의 어둠을 응시할 수 있다면 우리에겐 재앙의 도래를 피할 수 있는 전환의 기회가 주어질지도 모른다. 폐허가 된 도심 가운데 울려 퍼지는 괴수의 포효咆哮, 그건 아마도 일상의 평화로움 속에 깃들어진 절멸의 위기를 사유하라는 경고의 신호sign 아니겠는가?

왕가위는 〈일대종사〉2013에서 영춘권의 고수 엽문에 관해 다룬다. 견자단 주연의 〈엽문〉2008이 먼저 공개되면서 그는 외세에 맞선 민족주의 영웅으로 널리 알려지게 되었지만, 정작 실제는 그리 영웅적인 삶을 산 인물은 아니었다. 이소룡의 스승이자 절권도의 탄생에 큰 영향을 끼쳤던 위대한 무술가의 삶은 사실 시대의 혼란 가운데 내던져진 평범한 소시민에 가까웠다.

청의 멸망과 일제의 침략, 국민당과 공산당 간의 내전 등 엽문의 생애는 중국 근현대사의 파란 가운데 처해 있었다. 조상 전래의 집과 재산을 잃은 엽문은 국민당의 경찰로 일하다 내전이 종식되자 공산당을 피해 홍콩으로 이주한다. 고향인 중국 본토를 떠나 홍콩으로 발길을 옮긴 망향인. 이러한 엽문의 인생행로에서 감독은 홍콩의 역사를 보았을 것

이다. 〈일대종사〉는 정주할 곳을 잃고 헤매다 낯선 타지에 뿌리를 내리게 된 이민자라는 관점에서 엽문과 주변 인물들을 바라본다.

멜로 드라마로서의 무협

무협 영화의 서사를 멜로 드라마로 재해석했던 〈동사서독〉1994처럼 〈일대종사〉에서도 안타깝게 이뤄지지 못하는 연인 관계가 그려진다. 팔괘장의 달인으로 엽문과 맞수를 이루는 궁이라는 인물이 그러하다. 겨룸을 통해 서로의 실력을 인정한 두 사람은 편지를 주고받으며 맞수 이상의 내밀한 연정을 키운다. 〈일대종사〉의 이야기는 엽문과 궁이가 처음 만남을 가진 1936년에서 시작해 연락이 끊기는 1940년대의 일제강점기과 국공내전을 거쳐, 두 사람이 홍콩에서 재회하는 1950년대로 이어지는 기나긴 인연의 선을 차근히 따라간다.

궁이라는 인물의 존재는 영화상에서 만들어진 허구이다. 엽문과의 관계, 친일파로 변절해 아버지를 해친 마삼에 대한 복수 역시 지어낸 내용에 지나지 않는다. 그럼에도 왕가위는 〈일대종사〉에서 궁이의 인생 역정에 영화의 절반에 가까운 분량과 비중을 할애한다. 이를 통해 왕가위는 무엇을 관객에게 전하고자 하는 것일까?

물의 이미지, 상반된 시간성

〈일대종사〉는 빈번하게 물의 이미지를 보여준다. 물이 흐른다는 운동상의 특징에 빗대어 시간 역시 '흐른다'는 표현을 쓰듯이, 우리는 영화

속 물의 이미지들이 시간성에 대한 은유임을 알아차릴 수 있다. 재미있는 건 엽문과 궁이가 등장하는 순간마다 물의 이미지가 다른 형태로 변형되어 등장한다는 점이다.

궁이는 아버지의 장례식과 마삼과의 대결 장면에서 배경에 깔린 눈과 얼음, 깨어지는 고드름 등으로 물의 이미지에 연관된다. 고체화된 물로 흐름의 작용을 멈춘 눈과 얼음은 과거의 시점에 고정되어 버린 궁이란 인물의 성격을 형상화한다. 그녀는 아버지의 복수에 집착한 나머지 미래의 안정된 삶을 포기하고, 홍콩으로 건너온 뒤에는 자신의 인생에서 가장 행복했던 젊은 시절이었던 중국 본토에서의 추억을 회상하며 쓸쓸히 죽어간다. "멈추어라, 그대는 너무나 아름답구나!" 하던 파우스트의 외침이 가르쳐주듯, 추억과 원한은 결국 일정한 시점에 자신의 기억과 정체성을 멈추어 버리고자 하는 의지의 소산이다. 그녀는 결혼할 수도 있었고 제자를 육성해 후대에 무예를 전수할 수도 있었지만 새로운 삶의 기획을 거부하고, 아편을 피우며 과거의 기억을 반복적으로 되새기다 한 많은 생을 마감한다.

반면 엽문은 쏟아지는 빗방울이나 물웅덩이의 흔들리는 수면에 비친 실루엣처럼 액체적인 물의 이미지와 함께 나타난다. 시간의 흐름과 가변성을 단번에 시각화하는 무상無常의 이미지. 생계를 위해 제자를 받는가하면 고향인 광동의 담배가 아닌 홍콩의 담배를 받아들이는 등, 타지에서의 생활에 적응해나가는 엽문의 모습은 예전의 기억에 얽매여 1950년대의 홍콩이라는 현실에 안착하지 못했던, 아무것도 생성하지 않음으로써 죽음의 선을 달렸던 궁이와 극명한 대조를 이룬다.

출구전략—망각, 혹은 수직과 수평

니체는 『반시대적 고찰』에서 지금 당장의 삶을 받아들이지 못하는 인간을 '역사적 인간'이라고 부르며 이런 인간들은 항상 불행을 숙명처럼 짊어질 수밖에 없다고 이야기한다. 분명 한 인간에게 정체성-동일성을 부여하는 것은 기억이다. 하지만 기억으로부터 자유로워지지 못하는 한 새로운 삶의 생성은 멈추어버린다. 지워지지 않는 상처와 기억을 거듭 상기하면서 고통받는 궁이의 모습을 보라. 현재의 시간 속으로 죽은 과거, "골동품적 역사"(니체)를 끌어들이길 반복하는 몽유병적인 존재. 이런 이들에게 현재는 과거를 투사하기 위한 스크린에 지나지 않는다.

왕가위의 영화들은 이처럼 항상 현재의 시간에 발을 디디지 못하고 과거에 집착해 미래를 방관하는 인간군상을 다뤄왔다. 〈중경삼림〉1994에서 떠나간 연인의 기억에 잠식되어 누군가 방을 청소하고 있음을 깨닫지 못했던 젊은 경찰관 633, 애인을 잊지 못해 고향 백타산이 보이는 사막 언저리에 초막을 지은 〈동사서독〉1994의 구양봉, 앙코르와트의 벽 틈새로 소중한 기억을 파묻어 버렸던 〈화양연화〉2000의 추모완 등을 보라. 이들은 과거의 시점, 과거의 기억에 대한 집착이 강한 나머지, 일정 시점에서 의식의 흐름을 멈추어 버린 채 살아간다. 〈일대종사〉의 궁이는 이전 왕가위 영화 속 인물의 연장선상에 있다.

그런 점에서 엽문은 왕가위 필모그래피상 매우 중요한 특이점을 만든다. 망각vegessenheit 또한 삶의 조건이리니. 예전에 누리던 삶의 기억으로부터 자유로워질 수 있었기에 엽문은 거리낌 없이 생성과 변이transmutation의 선을 그리며 다른 존재가 '될devenir'수 있었다. 그러나 엽문이 단순히 과거를 지우고 부정하는 것은 아니다. 그는 스승 진화순으로부터 물려받은 불산 영춘권의 명맥을 이어가면서도, 홍콩에서 새로이 펼쳐질 영춘권의 장래성을 내다본다. 과거를 기억하지만 거기에 머물지 않으며, 미래를 전망하지만 현재로부터 손발이 떠나지 않음이니, 바로 이 지점에서 영화가 서두와 말미에서 언급하는 '수직과 수평'의 의미가 드러난다.

예로부터 내려오는 역사를 긍정하면서도(수직) 지금 이 순간, 존재가 발을 디디고 선 현재의 지평(수평)을 놓치지 않음이니, 과거를 돌아보며 반성하며 미래를 꿈꾸지만 현재를 충실히 살아가는 것, 이것이 지혜로운 자의 처신일 것이다. 그러나 이와 같은 삶의 지혜를 실천하면서 사는 이들은 극히 드물다. 푸시킨이 노래했던 것처럼 "마음은 미래에 살고 현재는 언제나 슬픈" 것이거나 "지나간 것을 곧 그리움이 되"리니, 아직도 우리의 의식은 지나간 시간의 기억에 얽매여 있거나, 아직 오지 않은 미래의 일에 대한 몽상夢想으로 치달아나며 현재라는 지평을 떠나 있지 않은가?

메시아주의와 정치의 부재 〈광해, 왕이 된 남자〉 2012

당대의 위정자가 대역을 내세워 자신의 부재를 감춘다는 〈광해, 왕이 된 남자〉2012의 설정은 다른 영화에서도 익히 다루어져 왔다. 찰리 채플린의 〈위대한 독재자〉1940에서는 유대인 이발사가 똑 닮은 외모로 인해 히틀러와 뒤바뀌고, 구로사와 아키라의 〈카게무샤〉1980 역시 전투 중에 저격당한 영주의 죽음을 감추기 위해 우연히 생김새가 닮은 도둑을 이용하게 되는 상황을 다루고 있다. 〈광해〉 역시 이들과 동일한 플롯을 공유한다. 광해군이 의식을 잃고 궁궐을 비운 보름 동안 그를 닮은 만담꾼 하선이 임금의 용포를 대신 입고 왕의 위급함을 감추게 된다.

〈광해〉의 메시아주의

〈광해〉가 천만 관객의 흥행성적을 거둔 요인을 꼽자면 사실 이 영화가 사극의 외양을 하고는 있지만 근본적으론 영웅서사라는 데에 있을 것이다. 보통 사람들과 다를 바 없는 평범한 개인이 힘virtue을 가지게 되면서 자신의 역할을 깨닫고 홍익弘益을 위해 활약한다는 점에서 〈광해〉는 다분히 영웅서사의 전형성을 띈다. 다른 점이 있다면 이 영화가 제시하는 영웅이 지극히 '정치적political'인 영웅이라는 점이다. 가상의 적을 완력으로 물리치는 가상의 영웅이 아니라, 민중이 처한 당대 사회의 현안을 해결해줄 수 있는 실질적인 능력virtue에 대한 요청. 이 점에서 영화는 정치로부터 구원을 찾는 우리 시대 대중의 무의식적 욕망

에 대한 반영화가 된다.

영화는 하선이라는 가공의 인물을 등장시켜 광해군을 대신하게 하고 극 중의 사건들을 해결한다. 역사상에선 광해군이 추진했던 정책들이 영화상에서는 광해가 몸을 피해 없는 사이 하선이 해결한 것으로 처리된다. 과감하게 민생현안을 챙기고 주변 인물들을 인간적으로 대하는 가짜 광해 하선의 매력은 영화 속 인물들로 하여금 그를 흠모와 경외의 대상으로 받들게 한다.

이런 각색 내지 윤색을 살펴보면 영화가 담고 있는 정치적 관점이 드러난다. 바로 정치 지도자를 바꾸는 데서 대안을 찾는 태도. "시대를 한 몸에 응집한 역사적 개인"(야코브 부르크하르트, 『세계사에 대한 고찰』)의 등장에서 시대의 궁지를 돌파할 출구를 보고 전적으로 그의 결정에 개인의 모든 판단과 권리를 의탁하는 신앙적 행태. 〈광해〉의 정치관은 다분히 '메시아주의Messianism'의 성격을 띠고 있다. 그런데 과연 이것이 진정한 대안인가? 이것을 온당한 태도라고 할 수 있을까?

메시아주의의 함정

플라톤이 『폴리테이아Politeia』에서 철인왕哲人王의 통치를 주장하고 유가 철학이 성군聖君의 이상을 표방한 이래, 지도자의 역량과 자질에서 모든 해결의 열쇠를 찾는 정치관의 유래는 뿌리 깊다. 이상적 지도자의 출현에 대한 갈망과 숭배라는 점에서 전근대 사회의 정치관은 메시아주의와 통한다. 하지만 이와 같은 이상적 지도자-메시아적 존재에 대한 열망은 반대로 뒤집어서 말하자면 사회구성원이 지닌 행위의 자율성, 판단의 주체성이 현저히 떨어진다는 것을 의미한다.

임금이 하늘의 뜻을 대행한다는 명목으로 권위를 얻어 신의 대리인으로 행세하던 시대의 백성들은 명령에 순응하는 수동적-타율적 객체이자 집단적 신체로서 행동했다. 그러나 "주권은 국민에 있고 모든 권력은 국민으로부터 나"(헌법 제 1조 1항)오는 지금에 와서는 능동적-자율적 신체를 지닌 개개인의 창의성이 더욱 중시된다. 독재와 같은 전체주의적 리더쉽이 흔히 선진적 근대화의 표상으로 내세워지지만, '자아ego'와 '시민citizen'의 등장, 집단에 대한 개인의 분화分化가 근대를 여는 단초였다는 점을 상기하자면 그릇된 인지부조화의 예로 보는 편이 옳을 것이다.

〈광해〉에서의 백성들은 단지 선정의 혜택을 입는 시혜의 대상으로서만 나타난다. 메시아의 도래를 간절히 바라지만 거기에서 그치지, 자신들이 처한 당대 사회의 부조리를 스스로 해결하려는 대항사유나 적극성을 품지 못한다. 비록 사극이지만 메시아적 존재를 열망하는 이 영화의 논리가 널리 환영받았다는 건 한국의 근대화가 아직 근대적 개인-시민의 자질을 함양해내지 못한 징후인지도 모른다.

더욱 치명적인 문제는 정치 지도자를 구세주의 위상으로 받드는 메시아주의가 정치권력의 사인화私人化로 이어진다는 점이다. 〈광해〉에서 하선의 정치는 비록 선정善政이긴 하지만, 한층 들여다보면 조정 중신들의 의견을 전혀 수렴하지 않으며 법질서의 준수 같은 건 아랑곳하지 않는 독재적 행태로 일관한다는 점을 발견할 수 있다. 결과가 과정을 정당화하는 전형적인 마키아벨리즘. 수라간 나인 사월이의 죽음에 격분한 하선이 의금부에 명령해 죄인을 심문하는 장면에 이르면 한 사람의 성군聖君이 순식간에 법질서를 무시한 채 철권鐵拳을 휘두르는 폭군으로 돌변하는 걸 볼 수 있다. 목적하에 정치 지도자의 임의대로 정상적인 법질서의 효력을 정지시키고 일방적인 통치행위를 정당화하며 폭주하는 권력에 대한 어떠한 도전이나 견제도 인정하지 않는 것. 나치 체제를 이론적으로 뒷받침했던 법철학자 칼 슈미트라면 이를 두고 '예외상태'(『정치신학』)라고 규정지었을 것이다.

〈광해〉의 정치관은 양날의 칼이다. 국민의 목소리에 귀를 기울이고 국민을 위한 정치를 펼치는 지도자상을 그린다는 점에서는 일견 민본주의民本主義를 내세우는 듯하나, 한 정치 지도자의 일방적인 통치를 암묵적으로 승인한다는 면에선 민주주의 원리에 역행한다. 〈광해〉가 거둔 천만 관객의 성취를 긍정적으로만 볼 수 없는 이유가 바로 여기에 있다. 어떤 이들은 하선에게서 민중적 지도자의 초상을 보겠지만 또 어떤 이들은 카리스마적 독재자의 재림을 본다. 두 가지 다 방향만 다를 뿐 근본적으로 메시아주의에 수렴된다.

정치가 신뢰를 잃고 사회가 부패하면 대중은 구원자savior의 등장을 갈망하게 된다. 하지만 현실의 불안을 해소하고 정신적 안정을 추구하기 위해 정치 지도자에게 의존하려는 유혹은 쉽게 자유의 포기와 권력에 대한 무비판적 종속으로 이어지기 마련이다. 정치 지도자에게 이상화된 메시아를 요구하는 태도는 정치를 위해 대중이 치러야 할 비용으로서의 견제와 비판을 포기하고 모든 권한과 판단을 떠넘김으로써 스스로를 '시민'에서 '백성'의 위치로 전락시킬 위험성을 내포한다. 민주주의democracy란 무엇인가? 바로 국민demo이 스스로를 다스리는kratos 정치체제를 일컬음이 아닌가? 일상에서부터 시민이 주체가 되고, 메시아를 기다리는 것이 아니라 우리를 위한 정치와 지도자의 상像을 스스로의 노력으로 조형해내는 새로운 정치기획이 필요하다.

경계의 폭력에 맞선 예술의 가능성 〈피아니스트〉 2012

로만 폴란스키에게 있어 〈피아니스트〉2012는 피할 수 없는 숙업과도 같았다. 영화감독이기 이전, 한 개인으로서의 폴란스키는 바로 유대인 대학살, 이른바 '홀로코스트Holocaust'라 불리는 역사적 대참사의 현장을 경험했던 생존자였기 때문이다. 2차 세계대전 중에 폴란드 크라코우에서 유년기를 보냈던 그는 아버지와 함께 수용소로 끌려 들어가는 걸 피해 전쟁이 끝날 때까지 살아남았지만, 결국 어머니를 아우슈비츠의 가스실에서 잃었다.

스필버그가 〈쉰들러 리스트〉1993의 연출을 폴란스키에게 의뢰했던 건 유명한 일화이다. 각본을 건네받은 폴란스키는 숙고를 거듭하다 스필버그가 제안한 감독직을 정중히 거절하며 이렇게 말했다. "미안하오, 하지만 이건 내겐 너무나도 개인적인 내용이오." 다른 이들에게 지난 역

사의 한 페이지에 지나지 않았을 사건이 그에게는 평생 지워지지 않을 삶의 경험이었던 것이다. 그러나 이는 뒤집어서 생각하면 폴란스키만큼 홀로코스트란 소재를 진정성 있게 다룰 수 있는 감독이 드물며, 그가 만드는 홀로코스트 영화가 뛰어난 수작이 될 가능성이 높다는 것을 의미했다. 그리하여 탄생한 〈피아니스트〉는 홀로코스트를 다룬 영화 중 가장 사실적이고 객관적인 영화가 되었다.

모든 폭력은 '경계'에서 출발한다

폴란드계 유대인 피아니스트인 브와디스와프 슈필만의 수기는 그야말로 생존의 드라마 그 자체이다. 한 사람의 피아니스트가 가족을 잃고 살아남기 위해 혼자서 게토(유태인 거주구역)를 헤매는 이 실화는 당시를 목격했던 감독의 경험에 꼼꼼한 고증이 더해져 고스란히 영화상에 재현되었다. 그러나 감독은 〈피아니스트〉를 단순한 역사의 재현에 그치도록 내버려두지 않는다. 영화는 이와 같은 '폭력을 가능케 한 근본 원리가 무엇이었는가?'에 대한 철학적 성찰을 관객에게 요구한다.

〈피아니스트〉는 '경계'의 드라마이다. 공간적 배경을 이루는 유대인 게토는 높고 견고한 담장으로 둘러쳐진 폐쇄적인 장소로 그려진다. 담장은 유대인들을 가두기 위해 만들어진 구조물이다. 나치 독일의 법은 유대인이 다른 민족과 어울리고 섞이는 것을 금지하기 때문에 담장을 통해 도시를 구획 짓고 사람과 사람 사이를 철저하게 끊어 놓는다. 담장의 안과 너머, 건물 내부와 외부, 건널목 차단기와 창문, 철조망 쳐진 포로수용소에 이르기까지 영화는 시종일관 경계의 이미지와 경계를 사이에 두고 벌어지는 인간들의 분열상을 담는 데 초점을 맞춘다.

담장 아래의 구멍을 드나들다 맞아 죽는 꼬마, 담장 너머의 폐건물을 요새 삼아 저항하는 레지스탕스와 이들을 소탕하기 위해 대포로 벽을 뚫어버리는 독일군 등 영화는 경계를 사이에 두고 벌어지는 폭력적인 상황들을 슈필만의 시점을 통해 보여준다. 경계는 '구별하기Distintion'를 위한 장치이다. 유대인과 비유대인, 독일의 적과 아군을 식별하고 솎아내기 위한 차별의 논리가 나치의 인종주의였다면 이를 시각화하는 것이 영화상에서 보이는 다양한 경계의 이미지들이다. '경계 안'에서 나치의 가치에 부합되는 이들은 살아남고 그렇지 못하는 자들을 '경계 밖'에서 포획되어 가차 없이 제거당했다.

에피스테메episteme

근대 문명과 합리적 이성의 승리를 구가하던 서구 사회의 20세기가 어떻게 홀로코스트와 같은 반인류적 범죄로 치달을 수 있었을까. 아이러니하게도 이는 지극히 '이성적인 근대적 주체'이기에 가능했다. 인간 이성을 가리키는 그리스어 로고스logos는 본래 '센다, 모은다, 배열한다'를 뜻하는 동사 레게인Legein에서 나온 말이다. 여기서 이성이란 일정한 질서, 가치구분표에 의해 사물을 구별 짓고 정리하는 능력을 의미한다.

미셸 푸코는 이와 같이 특정한 방식으로 사물의 질서를 규정하는 지식과 권력의 체계를 '에피스테메episteme'라 불렀다. 근대에 들어서 서구 사회는 자신들의 가치관을 준거로 삼아 세계를 바라보는 사고의 틀을 형성했다. 서양이라는 지리적 기준에서 동양을 변방으로 삼았으며, 민족을 단위로 한 근대국가는 자국의 질서에 편입되지 못하는 타민족을 솎아내 억압하고 차별했다. 동일자가 아닌 모든 것을 타자로 규정지으면서, 자신들의 질서에 속하지 않는, 경계 밖에 놓인 이질적 타자들을 식민화의 대상으로 바라본 것이다.

유럽 사회 안에서는 유대인들이 그랬다. 유럽인들에게 있어 유대인은 '같은 영토 속의 타자'에 지나지 않았다. 폴란스키 감독은 〈피아니스트〉를 통해 경계를 설정함으로써 세계를 바라보는 근대적 이성의 메커니즘이 유대인 대학살의 기저에 깔린 내재적 논리였음을 지적하고 있는 것이다.

예술, 경계를 넘어서는 삶의 전략

그럼에도 〈피아니스트〉는 사유하는 관객을 위해 작은 희망의 가능성을 남겨 놓는다. 영화의 후반에 슈필만을 발견한 나치 장교 호젠펠트는 슈필만의 연주를 듣고 감명을 받아 그가 유대인임을 알고 있음에도 전쟁이 끝날 때까지 살아남도록 도와주게 된다.

여기서 중요한 건 이 두 사람 사이의 교감이 '음악'이라는 예술적 형식을 매개로 이루어졌다는 점이다. 쇼팽의 〈야상곡〉이 흐르는 연주장면에서 카메라는 무아지경으로 연주에 심취한 슈필만과 그의 모습에 깊이 빠져드는 호젠펠트의 표정에 집중한다. 바로 이 대목이야말로 〈피아니스트〉에서 가장 강렬한 감동이 쏟아지는 동시에 가장 위대한 희망을 형용해내는 지점이다. 그어진 경계를 넘어 서로 다른 이질적인 존재들을 한데 엮이게 할 수 있는 가능성을 음악으로부터, 민족과 언어의 장벽을 넘어서 인류 모두가 공감하고 향유할 수 있는 공통의 소통방식인 예술로부터 찾은 것이다.

물론 이 가능성은 경계의 현실을 전면적으로 뒤바꾸기엔 너무나 미약한 것에 지나지 않는다. 종전 후 역으로 철조망에 갇히게 된 호젠펠트의 모습에서 우리는 경계의 현실이 여전히 강고하게 우리의 삶 속에 뿌리박고 있음을 목격하게 된다. 하지만 그렇기에 절멸의 구렁텅이에서 건져낸 이 작은 희망이 더욱 값지게 빛나는 것이리라. 비록 한 사람의 구원이었지만 〈피아니스트〉는 우리에게 경계를 초극하여 인간으로서의 공감대를 회복할 수 있는 가능성이 주어져 있다고, 그것이 예술art이라고 답한다. 예술의 본질이 무엇이었던가? 서로 공유하고 서로 향유할 수 있는 공통의 형식, '사람 사이人+間'에 다리를 놓는 '사람의 문양人文'이 아니겠는가?

코미디, 삶을 긍정하는 생의 전략 〈인생은 아름다워〉 1997

로베르토 베니니의 〈인생은 아름다워〉1997는 참으로 역설적인 영화이다. 제목과는 달리 전혀 아름답지 않은 사건, 유대인 대학살이라는 인류 역사의 비극을 배경으로 펼쳐지는 생존의 드라마이기 때문이다. 그럼에도 이 영화에는 같은 시대를 다룬 여타의 영화들과는 달리 시종일관 유쾌하고 낙관적인 분위기가 흐른다. 유대인 청년 귀도 오라피체는 인종차별이 만연했던 시절임에도 이를 극복하고 자신의 사랑을 쟁취하며, 아들과 함께 수용소에 끌려가 죽음을 맞게 되는 순간까지도 웃음과 유머를 잃지 않는다.

이 영화를 다룬 비평의 일반적인 시선은 〈인생은 아름다워〉가 유대인 대학살에 관한 영화라는 점이다. 하지만 이건 절반의 진실에 지나지 않는다. 이 영화는 1922년 무솔리니의 파시스트 정권이 집권한 뒤 1943년 무솔리니가 정권을 잃자 독일이 이탈리아에 괴뢰정권을 수립하는 긴 시간을 배경으로 한다. 이탈리아에서 유대인에 대한 본격적인 탄압과 학살이 자행된 건 1943년부터이며, 영화에서도 홀로코스트라는 소재가 부각되는 건 도라를 향한 귀도의 구애가 성공한 다음, 즉 상영시간의 절반 가량이 흐른 뒤이다. 코미디언 출신인 베니니의 의도는 이와 전혀 다른 관점에서 접근해야 발견할 수 있는 성질의 것인지도 모른다.

코미디의 형식—사회적 교정으로서의 희극론

철학자 앙리 베르그송은 『웃음—희극성의 의미에 관한 시론』에서 코미디의 속성을 다음과 같이 정의한다. "웃음은 무엇보다도 교정하려는 의도를 담고 있다. 모욕감을 주기 위해 만들어진 웃음은 그 웃음의 대상에게 고통스러운 느낌을 불러일으켜야 한다." 그의 의견에 따르면 희극적 웃음이란 개인의 비사회적, 비사교적, 부조화적인 행동 내지 태도에 대해 가하는 섬뜩한 징벌이며, '눈에 띌' 만큼 유별난 개인의 돌발행동을 목격한 사람들이 그 개인으로 하여금 다시는 그런 돌발행동을 하지 못하도록 주의하고 자제할 것을 요구하는 일종의 경고가 된다.

사회는 항상 일정한 형태, 자연스러운 흐름을 유지하고 있지만 누군가의 예기치 않은 행동이 이 과정의 원활함과 유연성을 깨뜨리고 혼란을 일으키며 뭔가 '삐걱'대게 한다면, 그는 조화를 파괴하고 사회의 규율로부터 일탈한 존재가 된다. 바로 이런 순간 사람들은 그런 혼란과 단절을 야기한 이를 보고 웃는다. 기능적인 관점에서 이때의 웃음은 대상의 행동을 바보 같은 짓으로 치부하면서 '골탕을 먹이고brimade sociale' 다수의 웃는 군중이 소수의 실수한 개인을 소외시킨다. 요컨대 희극적 웃음이란 사회가 개인을 별난 존재가 되지 않도록 교정하려는 의도가 숨어 있다는 것이다.

영화나 방송 등에서 일상적으로 쉽게 접할 수 있는 코미디 대다수는 이러한 베르그송의 희극 모델에 잘 들어맞는다. 무대 위의 코미디언이 어리석은 짓, 바보 같은 언행을 하면 할수록, 그들이 더욱 고통받을수록, 관객의 웃음 역시 커진다. 사회의 흐름에 쉽게 융화되지 못하는 타자에 대한 소외의 형식. 이처럼 희극적 웃음의 바탕에는 소수에 가하는 다수의, 개인에게 가하는 사회의 잔인성이 깔려 있다. 돌출된 개인의 존재를 인정하지 않고 그것을 '비정상'으로 간주하려는 사회적 시선의 폭력이다. 이것이 인류 역사 이래 변함없이 이어져 온 희극적 웃음의 원천이었다.

뒤집기—세상을 갖고 노는 희극적 웃음의 역전

하지만 베니니는 희극적 웃음에 관한 베르그송의 해석을 정반대로 뒤집어엎는다. 〈인생은 아름다워〉가 코미디 영화로서 탁월한 지점이 있다면 기존의 코미디와는 전혀 상반된 지점에서 희극적 웃음의 가능성을 찾아냈다는 발상의 특이함에 있다. 영화에서 귀도는 단 한 번도 극 중의 다른 인물들에게 골탕을 먹지 않으며 소외의 대상이 되지도 않는다. 오히려 특유의 재치와 임기응변, 뻔뻔해 보일 정도의 자신감과 천진난만함으로 자신이 주인공이 아닌 상황에서도 항상 중심에 서며, 상대방으로부터 놀림의 대상이 되고 고통받는 것이 아니라 오히려 자신이 남을 골탕 먹인다. 이건 오랜 세월 이어져 온 희극성의 전제 자체를 뒤집어 엎어버린 일대 혁신이라 할 수 있다.

이때 웃음거리가 되는 것은 귀도가 아니라 그를 둘러싼 세상이 된다. 베니니의 시선에는 민주주의가 종말을 고하고 권력에 순종하는 것이 미덕이 된 가운데, 개인의 자유와 인권이 사회 안정의 명목 아래 억압받은 '미쳐버린' 시대야말로 '비정상적'이며 따라서 '비웃음' 당해야 마땅한 것이었다. 이런 시대상을 통해서 베니니는 희극적 웃음을 통제와 억압의 수단이 아니라 선善과 건강한 삶을 지향하는 수단이며, 개인으로 하여금 부조리한 집단과 세상에 두려움 없이 맞설 수 있도록 하는 정신적인 힘으로 재해석한다. 베르그송이 사회철학적인 관점에서 '웃음'을 다루면서 인간성의 저변에 깔린 폭력성을 보았던 것과 반대로, 베니니는 '웃음'을 통해 역경을 이겨낼 수 있는 생명의 역동성과 정치적 해방의 가능성을 본다.

웃음—삶을 긍정하는 최후의 방법

우리는 극 중의 귀도가 고통받는 데서 웃는 게 아니라 그의 유쾌함과 즐거운 행동, 삶에 대한 낙천성을 보고 공감하며 웃게 된다. 그는 상황으로부터 '소외' 당하는 것이 아니라, 능동적인 삶의 자세로 상황을 적극적으로 '활용'하며 웃음을 자아낸다. 그는 폭우가 쏟아지는 성당 앞 광장에서 레드카펫을 펼쳐 환상적인 장면을 연출하기도 하며, 도라의 약혼식에 말을 타고 들어와 그녀를 채가며 당당하게 사랑을 쟁취한다. 강제 노역장에서 중노동에 시달리며 "더는 할 수 없을 것 같다."라고 절규하지만 아들 조슈아를 안심시키기 위해 거짓말을 하고, 처형당하는 마지막 순간까지 우스꽝스러운 걸음을 걸으며 아들의 시선에서 사라진다. 이 장면들은 희극적 웃음에 관한 베니니의 철학을 가장 극명하게 드러내는 대목이다.

베니니가 영화의 제목을 '아름다운 인생La bella vita'이 아니라, '인생은 아름다워La vita è bella'라 한 이유가 여기에 있다. 견디기 힘든 시련과 고통, 절망의 구렁텅이에 처해서도 호롱불처럼 가느다란 한줄기 기쁨의 빛을 찾아내려는 의지가 있다면, 더없이 지난한 인생의 역경도 충분히 아름다울 수 있는 것. 그러기 위해서 무엇보다 필요한 것은 웃음이다. 아니, 웃음을 창출해낼 수 있는 적극적이고 능동적인 삶의 태도이다. 웃음을 통해 우리는 긴장을 풀고 공포와 불안으로부터 벗어나 '그래, 다시 한 번' 삶을 긍정할 수 있을 것이기 때문이다. 그런 뒤에야 우리에게 인생은 선물dora이 되고 단단하게만 보였던 삶의 조건들이 조금은 말랑말랑해지지 않겠는가?

제임스 카메론의 〈아바타〉2009는 '3D' 영화라는 기술적 혁신으로 관객의 눈앞에 신세계를 펼쳐 보였다. 극장 스크린의 평면을 뚫고 나오는 입체 영상은 외계의 자연이라는 환상적 배경을 생생한 현실처럼 선보였으며, 경이로운 수준으로 발전한 컴퓨터 그래픽, 배우의 몸동작만이 아닌 세세한 표정까지 포착해 옮기는 이-모션 캡처e-motion capture는 이전 영화의 가상현실과 디지털 캐릭터의 어색함을 극복하는 데 성공했다. 자칭 '세상의 왕King of the World' 제임스 카메론은 〈터미네이터2〉1991와 〈타이타닉〉1997에 이어 영화 기술의 역사에 새로운 장을 열었다.

흥미로운 점은 〈아바타〉가 첨단 테크놀로지로 만들어진 영화임에도 역설적으로 고전적인 이야기를 다루고 있다는 점이다. 철학자 김용석은 〈아바타〉의 장르적 특성을 '코스믹 웨스턴cosmic western'으로 규정한 바

있다. 젊은 남자가 원주민 여성과 사랑에 빠지고 영적인 각성에 이르면서 원주민 편에 서서 싸우게 되는 이야기는 〈늑대와 춤을〉1990이나 〈라스트 모히칸〉1992과 같은 수정주의 서부극 영화에서 익히 보아온 전형적인 서사이다. 미래로 무대를 옮겼을 뿐 백인에 맞서 싸운 인디언과 그들에 동화된 선각자의 이야기는 반복되고 있는 것이다. 감독은 어떤 이유에서 이처럼 전혀 새로울 것 없는 모티브를 선택한 것일까?

껍데기 속의 영혼—접속하기

제이크가 인간(군인)에서 외계 종족 나비의 구성원이 되어 동화되어 가는 과정은 백인 정복자에서 원주민의 일원으로 넘어가는 수정주의 서부극의 주인공에 다름 아니다. 말을 타고, 활을 쏘고, 높은 곳에서 떨어져도 무사히 착륙하는 요령 등, 생존의 기예技藝들을 배우며 판도라 행성에서의 삶에 적응해 나간다. 〈아바타〉의 라이트모티브leitmotiv는 '변신'이다. 훈련과 교육의 과정이 제이크의 정체성identity 변화, 즉 '변신'에 그럴듯한 설득력과 몰입감을 부여한다는 점에서 〈아바타〉는 고전적인 플롯을 차용하여 '변신' 모티브에 강조점을 찍는다.

〈아바타〉의 세계 판도라 행성은 두 개의 공간학적 지형도로 나누어진다. 자원 채굴을 위해 주둔한 인간들의 기지촌과 이를 둘러싼 나비족의 숲으로, 인간이 나비족의 세계로 넘어가기 위해서는 정신과 비어 있는 몸에 연결link해 조종하는 아바타가 필요하다. '껍데기 속의 영혼Ghost in the shell' 혹은 다른 몸에 빙의해 들어간 귀신의 이야기. 〈아바타〉의 철학적 상상력은 기본적으로 정신과 육체를 이원적으로 분리된 것으로 본 데카르트의 발상과 흡사하다. 제이크 설리의 변신은 낡은 육체의 회복이나 변형이 아닌 기계를 매개로 한 다른 신체, 새로운 세계의 접속access으로 이루어진다.

판도라의 자연, 사이버 공간을 은유하다

극 중 인물인 그레이스 박사는 판도라의 생태계에 대해 다음과 같이 설명한다. "나무들의 뿌리가 전기화학적으로 소통해요. 인간 신경세포의 시냅시스처럼요. 인간의 두뇌보다 더 촘촘해요. 일종의 글로벌 네트워크라고요. 나비족들은 그걸 이용해서 데이터와 메모리를 주고받을 수 있어요." 이 대목에서 제임스 카메론은 영화가 상징하는 바를 직접적으로 드러낸다. 전자와 빛이 흘러 다니며 기호언어를 퍼뜨리는 고도의 정보전달 체계, 기술유기체적 소통의 네트워크. 판도라의 자연환경은 정보화 시대의 사이버 공간cyber space에 대한 생태주의적 은유인 셈이다. 접촉하면 빛을 발하며 전기신호를 퍼뜨리는 온갖 식물들과, 나비족 선조의 기억과 목소리를 저장해 후대에 전하는 영혼의 나무 등을 통해 카메론은 인터넷 가상현실에 대한 은밀한 암시들을 영화 속에 감추어 놓는다.

그런 측면에서 보면 제이크 설리의 변신도 새로운 의미로 받아들일 수 있다. 사이버 공간으로의 로그인log-in과 로그아웃log-out. 장애로 부자유스러웠던 제이크는 아바타 속에 들어가서야 자유를 만끽하며 행복해한다. 아바타 신체를 하고 판도라의 자연에 속해 있는 한, 제이크는 휠체어를 탄 불구자의 처지가 아닌 이크란을 타고 날아다니며 부족을 이끄는 영웅으로 남을 수 있다. 그래서 본래의 몸(물리적 신체)을 치료하길 포기하고 아예 아바타(디지털 신체)를 자신의 진정한 '신체body'로 받아들인다. (온라인 게임의 유저들이 보여주듯) 실재의 사막보다는 달콤한 환상을 택할지니, 현실에서 이루지 못했던 욕구와 정체성의 결핍을 가상현실 속에서 충족하며 가상과 현실의 위상이 뒤집히게 된다.

컴퓨터 그래픽 자연의 화사함이 실사 촬영분의 칙칙함과 대조되는 영화의 미술 설계나 3D 영상의 생생한 입체감은 이런 현실과 가상의 존재론적 역전을 납득시키기 위한 장치가 된다. 실재real보다 더욱 강렬한 현실감reality으로 보는 이의 시선과 관심을 끌어들이는 〈아바타〉의 하이퍼 리얼리즘hyperrealism은 사이버 공간이 이미 우리의 살림을 구성하는 일종의 생태가 되었으며 가상과 실재의 구분이 상당 부분 무의미해졌음을 체감케 한다.

'가상현실'을 넘어 '실효현실'로

20세기 철학의 이단아 파이어아벤트는 사람들이 세계를 바라보는 시야를 편협하게 만드는 추상적 개념의 예로 '현실reality'을 들었다. '이것이 유일한 현실'이라는 강고한 믿음이 삶의 틈새에 깃든 다양한 차원의 '현실들'에 눈감게 만드는 것을 염려했기 때문이다. 가상과 현실이라는 속 편한 이분법으로 재단하기에는 이미 우리는 너무나도 다층적인, 여러 차원의 현실이 혼재된 삶을 살고 있다. 컴퓨터와 인터넷의 보급으로 대변되는 디지털 문명의 발전이 물리적 삶의 층위에 겹쳐진 다른 '현실들'을 빚어냈기 때문이다.

단적인 예로 소셜네트워크서비스SNS에서의 활동은 새로운 형태의 인간관계와 소통의 방식을 만들어내고 있으며, 온라인 금융서비스가 보편화되면서 화폐는 손에 잡히는 물질이 아닌 전자 기호가 되었다. 또한 온라인 게임의 이용자들은 자신의 아바타를 키우며 삶의 보람을 얻고 기뻐하며, 컴퓨터그래픽 기술은 감쪽같이 현실의 단면들을 복사하기에 이르렀다. 우리는 이미 가상과 현실의 공존이라는 SF적 상태 속에서 살아가고 있는 것이다. 흔히 '가상현실'로 번역되는 버추얼 스페이스virtual space의 어원을 따져보면 '가상'이 아닌 '실효virtue'라는 뜻을 담고 있다는 건 사뭇 의미심장하다.

우리에게 필요한 건 단일한 '현실'만을 고집하는 이분법의 견고함이 아니라, 디지털 기술이 만들어내는 여러 차원의 '현실들'이 인간의 존재와 의식에 어떤 영향을 미치는지 탐구하며 실용적으로 살아내려는 유연함일 것이다. 첨단의 테크놀로지가 환상의 영역을 현실로 끌어들이고, 반대로 현실이 꿈과 같이 모호해지는 가운데, 〈아바타〉는 관객에게 어떻게 복합의 '현실들' 사이를 살아낼지 묻는다.

미국영화, 테러리즘을 상상하다 〈배트맨 비긴즈〉 2005

크리스토퍼 놀란의 〈배트맨 비긴즈〉2005가 있기 이전, '어둠의 기사' 배트맨의 인기는 땅에 떨어져 있었다. 도시의 어둠 속을 암암리에 횡단하며 범죄와 맞서 싸우는 영웅의 활극은 일상적으로 위험에 드러나 있는 소시민의 공포감에 조응하며 큰 반향을 얻어왔다. 하지만 점차 현실적인 색채를 잃고 만화적인 공상의 세계로 일탈하면서 관객은 배트맨을 외면하게 되었다. 영화는 분명 상상을 시각적으로 표현하는 매체이다. 하지만 영화에 몰입감을 부여하기 위해서는 관객이 납득할 수 있는 현실성, 박진감verisimilitude이 갖추어져 있어야 한다. 〈배트맨 2〉1992 이후의 실패들은 여기서 기인한다.

영리하게도 놀란은 배트맨에 대해 리얼리즘적인 관점에서 새로이 조명했고 만화의 아이콘을 현실적인 고뇌와 불행에 빠진 인물로 재해석해냈다. 수호기사의 역할을 떠맡은 자기희생적 영웅상. 팀 버튼이 〈배트맨〉1989에서 배트맨을 복수에 미친 일종의 정신병자로 보았던 것과는 전혀 다른, 배트맨에 대한 놀란의 인간학적 접근은 21세기 영화 걸작의 반열에 오른 〈다크 나이트〉2008와 대형서사극 〈다크 나이트 라이즈〉2012로 이어지는 성공적인 시리즈의 기반이 되었다.

여행과 귀환—영웅 서사의 전형

'어둠의 기사' 삼부작의 첫 작품인 〈배트맨 비긴즈〉는 영웅 신화의 전형적인 서사 방식을 따라가는 작품이다. 브루스 웨인은 유년기에 부모를 잃은 트라우마를 안고 세계 각지를 방황하다 '그림자 연맹'이라는 비밀 집단에 들어간다. 범죄와 싸우기 위한 기술을 익히고 고향으로 돌아온 그는 박쥐를 자신의 상징으로 삼고 배트맨이 되어 고담시를 장악한 마피아 조직을 소탕한다. 중요한 건 이전의 배트맨 영화에서 빠져 있던 성장과 여행의 모티브가 이 작품의 중심이라는 점이다.

신화학자 조셉 캠벨은 『천의 얼굴을 한 영웅』에서 영웅 신화의 표준적인 패턴을 '통찰의 탐색vision quest' 내지 '홍익弘益의 탐색'이라 부른 바 있다. 자신이 속하던 세계를 떠나 더 먼 세계, 다른 세계를 경험한 영웅은 여행을 통해 얻은 깨달음, 가치관, 능력을 가지고 자신이 원해 속하던 세계로 돌아와 문제를 해결한다. 즉 영웅이란 무언가를 '찾으러' 여행을 떠나서, 위험을 감수하고 변모의 기적을 겪어 사회에 이로운 무언가를 돌려주기 위해 '돌아오는' 존재를 일컫는다. 테세우스와 오디세우스, 모세와 예수에 이르기까지 '여행과 귀환'은 거의 모든

영웅 서사의 공통된 플롯이다. 〈배트맨 비긴즈〉의 브루스 웨인 역시 고전적 영웅들이 겪는 삶의 행로를 고스란히 답습한다.

〈배트맨 비긴즈〉는 거물 마피아 두목 팔코네가 경찰에 체포되는 장면에 이르기까지 브루스 웨인이 배트맨으로 거듭나는, 개인의 트라우마를 딛고 홍익을 위해 싸우는 자경단원으로 변모하는 변증법적 과정을 상세히 다룬다. 보통의 경우는 이 시점에서 결말을 맺게 될 것이다. 그러나 놀란은 범죄투사 자경단원으로서 정체성을 얻은 배트맨에게 또 다른 시련과 역할을 부여한다. 한때 그가 몸담고 있던 '그림자 연맹'이 고담시를 파괴하기 위해 들이닥친 것이다. 영화는 여기서부터 영웅 서사가 아닌 사회정치적 콘텍스트의 문제로 넘어간다.

21세기 形 배트맨의 정체성—범죄 투사에서 對 테러영웅으로

팀 버튼의 〈배트맨〉이 나온 이래 영화상에서 배트맨의 활동 영역은 고담시를 벗어난 적이 없었다. 조커나 펭귄, 투 페이스와 같은 적 또한 도시 범죄가 낳은 일그러진 인간 군상이라는 점에서 배트맨의 거울 이미지에 다름 아니었으며 엄연히 도시의 내부에서 발생한 적이었다. 그러나 〈배트맨 비긴즈〉에서는 고담시의 바깥 세계에서 출현한 적 '어둠의 사도'가 도시로 침입해 들어온다. 티베트 밀교와 일본 닌자 집단의 외양을 결합한 것처럼 보이는 이 비밀 조직은 서구 세계에 속하지 않는 이질적이고 적대적인 타자로 등장한다.

라스 알 굴이 이끄는 '그림자 연맹'은 도시의 중심에 위치한 웨인 타워를 노린다. 상수도에 환각제를 풀어 웨인타워를 향하는 전차에 초음

파 발생기를 실어 보내면 도시 전체의 물이 일시에 증발하면서 환각 가스로 뒤덮인 무법천지를 만든다는 작전. 도시의 심장부이자 상징적인 건물을 공격함으로써 사회 구성원을 집단 공포에 빠뜨리고 혼란을 일으킨다는 '그림자 연맹'의 발상은 2001년 9월 11일 세계무역센터에 가해진 비행기 자폭 테러와 놀라우리만치 비슷하다. 외부적 타자의 침입을 상정하면서 〈배트맨 비긴즈〉는 현실에서의 테러리즘을 은유화한다.

이 지점에서 배트맨은 공권력의 부족한 치안력을 보조하는 자경단을 넘어 테러리즘에 맞서는 적극적인 전쟁영웅의 역할을 요구받는다. 시대가 달라지자 영웅에게 요구하는 사회적 역할이 달라진 것이다. 〈배트맨 비긴즈〉에서 처음으로 고담시의 바깥 세계를 선보인 놀란은 '어둠의 사도'라는 악역을 통해 도시-국가의 바깥에 도사리고 있는 테러리즘의 존재를 상정하면서 배트맨을 테러리즘의 공포에 맞서는 영웅으로 재정의 내린다. '어둠의 기사' 삼부작이 대중의 열렬한 호응을 얻었던 이유는 여기에 있는 것이 아닐까?

그런 측면에서 이 영화가 '여행'을 떠나 사회에 도움이 될 무언가를 가지고 '귀환'한다는 영웅서사의 플롯을 반복하는 것도 이해할 수 있다. 범죄 세계의 생리를 이해하기 위해 밖으로 나갔던 배트맨은 더 이상 범죄자들을 두려워하지 않게 되고 '그림자 연맹'의 실체를 알았기에 그에 맞설 수 있었다. 그는 '테러에 맞설 방법'을 가지고 나서야 고담시(미국)에 돌아온 것이다. 배트맨이 자신의 트라우마를 극복하고 고담시의 수호자로 우뚝 서는 여정은 9·11의 고통스러운 기억을 극복하고자 하는 미국의 당대에 고스란히 조응한다. 결국 〈배트맨 비긴즈〉는 테러리즘 이후의 미국 사회의 정신적 외상에 대한 영화적 반영이다.

먼저 〈엑스맨〉2000과 〈스파이더맨〉2002이 공개되었지만 〈배트맨 비긴즈〉야말로 뒤이어 나타난 슈퍼 히어로 장르 영화의 기틀이 되었다. '외부로부터 발생한 적대적 타자의 침입(테러리즘)과 이에 맞서는 對 테러 영웅'을 선보인 〈배트맨 비긴즈〉의 서사는 여타의 다른 영화들을 통해 거듭 반복 재생산되었다. 외계인의 뉴욕 공습을 그린 〈어벤저스〉2012 역시 〈배트맨 비긴즈〉가 깔아놓은 포석을 딛고 탄생한 셈이다.

당시에는 의식하지 못하더라도 한 시대의 문화적 텍스트를 분석해 보면 그 시대의 진실을 발견할 수 있다. 1950년대 미국의 B급 SF 영화들이 외계인이나 괴물 같은 존재를 등장시켜 소련 공산주의에 대한 공포를 은연중에 표현하거나 성서에 기반한 대형서사극을 통해 권위적인 반공영웅상을 우회적으로 표현한 바 있다. 21세기의 영화적 상징icon은 단연 슈퍼히어로일 것이다. 영웅의 화려한 활약상 그 이면에는 영웅의 등장을 요청하는 시대의 어두운 그림자가 깔려 있기 마련이다.

상징과 실재, 인간주의의 환상을 넘어서 〈프로메테우스〉2012

리들리 스콧이 〈프로메테우스〉2012로 30년 만에 SF 장르로 복귀한 데 대한 세간의 기대는 폭발적이었다. 단지 〈에이리언〉1979과 〈블레이드 러너〉1982 단 두 편의 영화만으로 그는 현대 SF 영화의 미학적 스타일과 철학적 구도를 정립했고, 한 세대가 지나도록 그를 뛰어넘는 장르의 혁신은 없었다. 이 분야의 마스터 리들리 스콧이 다시 공상과학 영화로 돌아올 결심을 한 데에는 필경 대단한 결심이 있었을 것이다. 에이리언의 기원과 정체불명으로 남은 외계 우주선의 비밀을 다루면서 감독은 〈에이리언〉 시리즈에 새로운 의미를 부여하려 한다.

인류의 창조주 '엔지니어' 외계인을 찾아서 일군의 탐사대가 미지의 행성 Lv-223으로 향한다. 미지의 행성에 도착해 외계생명체를 수색하지만 이윽고 위기에 처하고 많은 이들이 희생된 끝에 한 사람의 생존자만이 탈출하는 이야기라는 점에서 〈프로메테우스〉는 〈에이리언〉의 서사를 고스란히 답습한다. 그러나 우주적 공포Cosmic Horror를 표방하며 공포 영화의 정석에 충실했던 과거와 달리, 리들리 스콧은 신화적인 메타포와 상징을 활

용해 〈프로메테우스〉를 작가주의 영화로 끌고 간다. 이미 〈에이리언〉을 통해 우주에 대한 막연한 동경과 환상을 숨 막히는 공포로 뒤집어엎었던 염세주의자 리들리 스콧은 종교의 의미와 신의 존재에 관한 전복적인 사유를 영화 속에 감추어 놓는다.

'상징'으로서의 종교, '실재'로서의 세계

〈프로메테우스〉의 면면에는 기독교적 세계관에 대한 신성 모독의 혐의가 다분히 깔려 있다. 탐사대 일행은 피라미드의 내부에서 캡슐 무더기와 함께 에이리언 벽화를 발견하는데, 십자가에 결박된 듯 양각되어 있는 에이리언은 예수의 십자가 책형이라는 기독교적 도상에 대한 전복적인 패러디이다. 십자가에 매달려 있어야 할 자는 우리의 구세주savior여야 마땅하지만 우리가 목격하게 되는 건 결국 죽음의 화신 에이리언이 아니던가? 외계 바이러스에 감염된 상태의 할로웨이와 정사를 치른 쇼는 괴물을 잉태하게 되는데, 불임의 여성이 임신한다는 이 상황은 성령에 의해 예수를 잉태한 마리아의 '수태고지'를 비튼 설정이다.

탐사대는 엔지니어 외계인을 만나게 되지만 정작 이들은 불멸의 존재가 아니며 인간을 구원하기는커녕 도리어 공격하기까지 한다. 인간의 창조한 이들이면서도 엔지니어의 함선에는 지구상의 생명을 멸종시킬 가공할 생물학적 병기까지 실려 있었다. 웨이랜드가 엔지니어에게서 자신의 생명을 연장시켜줄 것을 바랐던 것처럼 우리는 죽음과 신에 대해서 '인간적인, 너무나 인간적인' 이해에 머물러 있다. 하지만 〈프로메테우스〉는 선하고 자비로우며 영원불멸하고 완전한, 죽음과 삶을 일일이 관장하는 절대적 주재자로서의 신의 모습은 인간들이 자신의 갈망에 비추어서 만들어진 착각에 지나지 않음을 꼬집는다.

이 작품은 영화를 보는 우리에게 있어 종교적 믿음에 관한 근본적인 질문을 던진다. 먼저 안드로이드인 데이빗이 여주인공 엘리자베스 쇼의 꿈을 엿보는 장면에서 아프리카 부족민들의 장례행렬을 본 어린 쇼가 죽은 자는 어디로 가는지를 묻자 그녀의 아버지는 이렇게 답한다. "그건 종교마다 달라, 천국이나 낙원heaven, paradise. 뭐라 부르든 간에 아름다운 곳이야." 이 대목에서 종교는 인간의 기대나 소망을 투영한 세계관일 뿐 실체는 그와는 다를 수 있다고, 세계는 전적으로 비인격적이며 우리의 의지나 이해와는 아무런 상관이 없다고 일갈一喝하는 리들리 스콧의 무신론적 비전이 드러난다.

신을 이해하기—인격신에서 자연신으로

〈프로메테우스〉가 신을 바라보는 관점은 스피노자의 범신론에 맞닿아 있다. 스피노자에 따르면 신이란 인간의 형상을 하고서 따로 존재하는 단독자가 아닌, 세계 전체와 우주 만물에 깃들여진 복합적 총체이다. 신은 우주 만물을 통해서 자신을 펼쳐내고explication 있으며, 마찬가지로 만물은 그 안에 신을 내포하고implication 있다. 그에 따르면 신은 인격적 단독자가 아니라 생명의 원리, 그 자체가 된다. 엔지니어의 육체가 산산조각이 나면서 지구 생명의 씨앗이 되는 영화의 도입부는 그런 점에서 무척이나 상징적이다. 이제 우리는 기독교적인 통념에 근거한 인격신 '하나님-아버지' 에 대한 믿음 대신 스피노자의 신에 대한 이해를 받아들일 필요를 느끼게 된다.

인간을 비롯한 각 생명의 개체들에게 있어 죽음은 심각한 문제이며 그러기에 생명은 자신의 존재를 유지하고 확장하려는 욕망을 지닌다. 그러나 자연의 관점에서 죽음은 그리 문제가 되지 않는다. 데이빗이 엔지니어들의 의도를 추측하며 "때로는 새로운 것을 만들기 위해 기존의 것을 파괴해야 하는 법"이라고 한 대사를 상기해보자. 우리는 죽음을 통해 존재의 붕괴와 해체를 경험하지만 신이라면 ('흙으로 돌아간다'는 오래된 표현처럼) 우리의 죽음마저 새로운 태어남을 위한 재료로 바라볼 것이다. 원시지구에서 자신의 몸을 해체해 생명의 씨를 뿌린 엔지니어는 더 이상 살아있는 개별적 자아로서의 실존을 유지하지 못하지만 해체된 그의 몸과 세포는 DNA 정보로서 다른 원소와 결합하거나 흡수되어 무수한 생명을 잉태할 것이다. '질량보존의 법칙'처럼 신은 우리가 죽음이라 부르는 것조차도 전체적인 의미에서 생성의 과정이며, 변형되기는 하겠지만 사라지지는 않는다고 볼 것이다.

그러므로 쇼가 깨어난 엔지니어에게 "왜 우리를 멸망시키려 하는가"를 항변하듯이 묻더라도 이는 죽음을 폭력적이고 우발적인 것으로서 받아들이는 수준의 인식에 지나지 않을 것이다. 엔지니어, 혹은 신의 관점에서는 지구에 뿌리려는 검은 액체가 생명의 죽음이 아닌 새로운 생명의 태동을 촉진하는 매개로 비칠 것이기 때문이다. 이처럼 〈프로메테우스〉는 스피노자 철학의 신에 대한 관점을 끌어들여 생명을 총체적인 관점에서 이해하는 신의 관점과 죽음을 애써 피하려 하며 두려움에 떠는 인간의 관점, 상반된 두 개의 벡터vector를 동시에 드러냄으로써 신과 자연, 우주에 대한 종교적인 상상을 완전히 박살 낸다.

인간 중심주의를 벗어나

신화에서 종교에 이르기까지 인간이 세계를 바라보는 관념은 철저히 인간 중심주의에 바탕을 두고 있으며, 인간의 이해에 따라 선한 것과 악한 것, 이로운 것과 해로운 것을 구분해왔다. 신에 대한 관념, 죽음에 대한 관념 역시 다분히 인간적인 이해 속에서 생겨난 것이다. 그러나 자연 현상에 있어서 이와 같은 도덕적 분별은 아무 의미 없으며, 세계를 바라보는 우리의 시야를 제약하는 편견과 선입견이 될 뿐이다. 〈프로메테우스〉는 관객에게 있는 그대로의 세계를, 날것의 진실을 받아들일 것을 요청한다. 죽음은 피할 수 없으며, 세계는 우리의 희망이나 의지완 상관없이 돌아간다는 불편한 진실을….

아비투스habitus란 무엇인가? 〈가장 따뜻한 색, 블루〉 2013

동명의 그래픽노블을 영화로 만든 〈가장 따뜻한 색, 블루〉2013의 플롯은 전형적인 멜로를 표방한다. 우연한 만남으로 서로에게 이끌린 두 사람이 연인이 되어가는 과정을 그린다는 점에서 이 영화는 멜로드라마의 보편적인 이야기를 벗어나지 않는다. 아델과 엠마 두 주인공 사이에 빚어지는 감정의 교류, 생활의 풍경은 사랑에 빠진 연인들의 평범한 일상과 별반 다르지 않다. 차이가 있다면 아델과 엠마가 동성애자 커플이라는 점, 그리고 두 사람이 속한 각각의 세계가 다르다는 점일 것이다.

인위적인 색채를 지우고 현실을 바라보려는 영화의 다큐멘터리적인 시선은 '아델의 삶 La vie d'Adele (이 영화의 프랑스어 제목이기도 함)'의 궤적을 그대로 따라가면서 그녀가 처하게 되는 사회의 군상들을 비춘다. 그러면서 영화는 학생들의 사회 참여가 거리의 축제처럼 일상화될 정도로 개방적인 한편 여전히 동성애를 둘러싼 편견이 작용하는 프랑스 사회의 모순과 명암을 동시에 포착한다. 이처럼 압델라티프 케시시 감독은 보편적인 사랑이야기의 여백에 현대의 프랑스 사회에 관한 자신의 관점을 심어 놓으려 한다. 그리고 이 작은 차이가 영화를 평범한 멜로를 넘어선 사회학적 텍스트로 만든다.

🎥 라이프스타일, 사랑을 찢어놓다

아델이 엠마를 만나면서 동성애에 눈을 뜨고 이를 이단시하는 사회 풍토에 직면하게 된다는 점에서 〈가장 따뜻한 색, 블루〉는 일단 성적 소수자의 입장을 대변하려는 퀴어 시네마queer cinema의 성격을 가진다. 그러나 엠마의 머리색이 푸른빛에서 금발로 바뀌고, 둘의 관계가 권태로워지는 시점부터 〈가장 따뜻한 색, 블루〉는 아델과 엠마 두 사람의 관계가 어떻게 파탄을 맞이하고 갈라서게 되는지에 집중한다.

평범한 서민 가정의 딸인 아델은 유치원 교사로서 평범한 일상을 누리는데 만족하고, 반면 중산층 가정에서 성장해 예술의 세계로 투신한 엠마는 아델이 스스로의 예술가적 감수성을 발견하고 보다 특별한 일을 하기를 원한다. 성장 과정에서 수동적으로 환경에 순응하며 살아온 아델은 점차 보편적인 이성과의 결혼생활에 대한 유혹에 빠지고, 그런 아델을 엠마는 배신자로 취급하게 된다. 헤어진 후 카페에서 재회한 두 사람은 그 자리에서 서로에 대한 사랑을 확인하지만 그럼에도 끝내 이들은 재결합하지 못한다.

각자 다른 영역에서 활동하며 다른 삶의 방향을 꿈꾸는, 서로의 희망을 공유하지 못하는 두 사람의 엇갈림은 둘의 관계를 원치 않는 결별로 몰아간다. 이들 사이에는 라이프 스타일life style의 차이라는, 깊고 넓은 괴리감의 계곡이 놓여 있기 때문이다. 두 사람이 아무리 내면 깊숙이 서로에 대한 사랑을 간직하고 있더라도 넘어설 수 없는….

아비투스habitus와 구별짓기distinction

프랑스의 사회학자이자 문화비평가였던 피에르 부르디외는 그의 저술 『구별짓기』에서 현대 사회의 계급, 신분에 대한 새로운 정의를 내린다. 일반적으로 자본주의 사회에서의 신분이란 경제력으로, 돈으로 환산될 수 있는 물질적 가치에 의해 판가름 나는 것으로 이해되기 쉽다. 그러나 부르디외는 이런 '경제적 자본' 이외에도 다른 형태의 '자본'이 우리 사회에 영향력을 발휘한다는 점을, '자본'이라는 단어의 의미를 보다 넓은 범주로 이해할 것을 요청한다. 교육 수준에 따라 얻게 되는 지적 미학적 능력(문화적 자본), 학연이나 지연, 인맥 등의 사회적 관계(사회적 자본), 명예나 인기, 평판(상징적 자본) 등 주변을 둘러보면 우리 주변에는 물질로 당장 바꿀 수 없더라도 엄연히 힘을 발휘하는 다양한 형태의 자본들이 이미 혼재되어 있지 않은가?

평범한 서민층의 젊은이가 사회로 진출하면서 성공을 거두기 어려운 데에는 '경제적 자본'의 결여만이 아니라 다양한 형태의 '자본들'을 자기 생활의 라이프스타일life style로 습득하지 못한 점에 있다고 부르디외는 말한다. 예를 들어 부유한 집안의 자제들이 미학적 취향 등 질적인 면을 중요시하며 문화상품을 소비하는 반면, 서민 가정의 자녀들이 쾌락지향적인 대중문화에 익숙해져 있고 상품의 실용성, 기능성을 따지는 것처럼 말이다. 성장하면서 접하게 되는 환경의 차이는 생활 습관과 문화적 수준, 교양과 미적 취향에 큰 영향을 끼치며, 어떤 방식의 언어 습관, 행동양식을 가지고 있는가에 따라서 다시 계급이 나뉘고 삶의 영역이 달라진다.

"인간의 내면에 자리 잡게 된 사회 질서의 표현". 부르디외는 이를 '아비투스habitus'라는 용어로 규정한다. 어떠한 생활 습관을 가지고 있는가, 아니면 어떤 물건을 소유하고 있는가가 그 사람이 속한 계급성을 표현한다. 일반적으로 박물관이나 미술관에서 해설을 하며 자신의 해박한 지적 능력을 드러내 보이거나, 명품을 몸에 두르고 다닌다거나, 흔히 쉽게 배우지 못하는 서화와 다도를 한다든가 하는 투로 자신의 '인상을 관리impression management'하려는 일련의 행위들은 개인의 삶의 양식이기 이전에 그 자체로 자신의 계급성을 표현하고 남과 '구별짓는 distinction' 몸부림이 아니던가? 〈가장 따뜻한 색, 블루〉에서는 아델과 엠마가 서로의 가정을 방문하는 장면을 통해 이 점을 잘 드러내고 있다.

그리고 이런 라이프 스타일로 드러나는 문화적 자본의 '격차'는 서로 다른 계급 사이에 폭력으로 작용하기 마련이다. 한 개인의 몸에서 배어 나오는 다양한 외적 표현에는 은연중에 '나는 당신과는 다르며 보다 높은 계급에 속한 사람이다'라는 암시가 담겨 있기 때문이다. 관계를 회복하기 위해 아델은 과거를 상기시키는 파란 색의 옷을 입고 엠마의 작품 전시회를 찾는다. 하지만 미술계의 명사들이 모인 그 자리의 대화에 끼지 못하고 위화감을 느낀 아델은 결국 전시회장을 빠져나온다. 이 장면을 통해서 감독은 라이프 스타일의 차이에서 발생하는 계급의 격차가 인간 사회의 관계망에서 얼마나 큰 폭력으로 작용하는지를 관객에게 전하고 있는 것이다.

평소 그녀에게 관심을 가지고 있던 아랍계 배우가 떠나는 아델의 뒤를 좇으며 영화는 끝난다. 이 결말은 희망적이기도 하면서 절망적인, 다분히 중의적이다. 이 남성과의 관계를 통해 아델은 보통의 연애를 하고 가정을 꾸리며 사회의 정상성 속으로 들어올 수 있겠지만, 한편으로는 이 두 사람에게는 국적과 인종의 차이라는 또 다른 아비투스의 장벽이 놓여 있을 것이기 때문이다. 과연 계급을 넘어선 사랑, 아비투스를 넘어선 우정과 연대는 가능할 것인가? 〈가장 따뜻한 색, 블루〉는 우리의 일상 속에 편재한 경계의 존재들을 관객들에게 일깨운다.

리들리 스콧의 〈글래디에이터〉2000는 21세기 영화계에 르네상스를 불러온 작품이다. 〈벤허〉1959의 성공으로 로마시대를 배경으로 한 대규모 역사극이 유행했지만, 〈클레오파트라〉1963가 흥행에 실패하면서 명맥이 단절되었다. 하지만 이 영화가 성공을 거두면서 새로운 역사극 영화 전성기가 열리게 된다. 사실주의적인 연출과 고증으로 사라져 버린 고대 로마를 생생히 재현한 〈글래디에이터〉는 현대 역사극의 기준점이 되었다.

오현제五賢帝 시대 마지막 인물인 마르쿠스 아우렐리우스가 서거하고 폭군 코모두스가 즉위하자 로마 제국은 '3세기의 위기'를 맞게 된다. 『명상록』을 쓴 저명한 스토아 철학자이자 현명한 정치가였던 아우렐리우스는 비록 아들이라 할지라도 코모두스 같은 부적격자를 후계자로 지

명할 리 없었기에 그가 암살되었으리라는 추측은 많은 역사가들의 상상을 자극해왔다. 이런 가설을 바탕으로 만들어진 영화가 스티븐 보이드 주연의 〈로마제국의 멸망〉1964이었고, 〈글래디에이터〉는 비슷한 이야기를 새롭게 각색한다.

〈글래디에이터〉는 가족을 잃고 노예 신세로 전락한 남자의 복수극인 동시에 부당한 권력에 맞서 싸우는 투사적 영웅의 이야기, 저항의 서사이기도 하다. 그렇다면 막시무스가 저항하고자 하는 권력의 실체는 무엇이며, 그가 해방시키고자 하는 민중의 성격은 어떠한가? 무엇보다도 〈글래디에이터〉는 정치권력과 대중매체의 관계에 관한 풍자적 메타시네마로 다시 읽힐 필요가 있다.

검투경기, 미디어를 은유하다

독일의 사회학자 위르겐 하버마스는『공론장의 구조변동』에서 국민여론의 이중성에 관해 논하며 여론의 유형을 '공중公衆의 의견'과 '일반대중大衆의 의견'으로 구분한다. 그에 따르면 '공중의 의견'은 정치에 관해 합리적인 비판과 검증의 역할을 하지만 반면 '대중의 의견'은 오히려 권력자와 헤게모니 계층의 의향에 의해 쉽게 조작되고 이용당할 수 있으며, 따라서 객관적인 공공선公共善을 담보할 수 없는 것이다.

하버마스의 주장은 이렇다. 일정한 재산만이 아니라 지성과 교양을 정치 참여의 중요한 자격으로 여겼던 부르주아 중심의 근대 시민 민주주의는 여론의 합리성과 타당성을 비판적으로 토론하고 검증할 수 있었다. 반면 19세기 이후 투표권의 허용으로 대중이 직접 정치에 참여하는 대중 민주주의 시대에 들어서는 여론이 정치 토론과 합의, 비판 기능을 잃어버렸다. 〈글래디에이터〉에서 묘사되는 고대 로마의 사회상은 하버마스가 지적하는 대중 민주주의 사회의 속성과 일치한다. 민중의 불만을 잠재우기 위해 코모두스가 대규모의 검투경기를 제공하자 군중은 정치에 대한 관심을 잃고 콜로세움에서의 피비린내 나는 유희에 몰두한다.

권력은 미디어를 장악하는 것으로 대중의 여론을 좌지우지하려는 유혹에 쉽게 빠진다. (3S 정책의 예처럼) 현대 정치 엘리트들이 대중 매체, 미디어를 장악해 국민을 우민화愚民化시키며 여론을 조종하듯, 코모두스 같은 로마 위정자들 역시 오락거리를 적절히 이용하면서 군중을 다루었던 셈이다. 검투경기는 현대 스포츠나 예능으로, 콜로세움은 대중매체로, 로마인들을 현대 대중으로 바꿔서 이해해보면 어떨까? 콜로세움의 경기에 흥분하는 관중을 두고 일방적인 미디어의 무비판적 수용자이자 소비의 노예로 전락한 현대인의 자화상을 비춰볼 수 있지 않겠는가? 이런 환원적인 독법에 의하면 〈글래디에이터〉는 황혼이 찾아온 현대 민주주의와 대중의 속성에 관한 비판적 텍스트일 수 있다.

'영웅-스타', 군중을 사로잡다

배우가 연출자보다 우선해선 안 된다. 운동선수는 게임의 주최자보다 강력해서는 안 된다. 이것이야말로 연극과 스포츠의 정치적 룰이다. 하지만 영화에서 막시무스는 이 암묵적인 규칙을 당당히 위반한다. 온 로마 시민의 시선이 집중된 무대 한가운데서 일개 검투사 노예가 황제에 맞서 명령을 거부한 것이다. 개인의 능력이 권력에 맞설 수 있음을 입증하는 표상의 출현은 곧 권력에 대한 대중의 경시로 이어진다. 대중의 여론을 휘어잡기 위해 마련된 오락의 장이 순식간에 정치 저항의 장으로 뒤집히는 역전의 장면을 보게 된다.

검투사 양성소 주인인 프록시모는 막시무스에게 말한다. "내가 최고가 되어 여기까지 올라오게 된 것은 내가 상대를 빨리 죽여서가 아니라 군중들이 나를 좋아했기 때문이야. 군중을 사로잡으면 자넨 자유롭게 될 걸세." 막시무스는 일개 검투사에 지나지 않지만 그가 대중의 인기와 지지를 한 몸에 받게 되자 코모두스는 그를 함부로 처리하지 못한다. 권력기반인 민중의 지지를 상실하는 것이 두려웠기 때문이다. 막시무스는 고전적인 비극의 인물이지만, 그의 저항은 군사적인 능력을 통해서가 아니라 콜로세움이라는 미디어, 대중 여론의 장場을 장악했기 때문에 가능하다. 그는 현대적인 의미에서의 연예인, 스타에 가깝다.

이 점에서 〈글래디에이터〉는 고대를 배경으로 삼으면서도 무척이나 현대적인 정치 대안을 내놓는다. 미디어—콜로세움은 권력의 손아귀에 쥐어져 있지만, 그 안에서 검투—공연행위를 하는 주체는 엄연히 민중이며, 따라서 선전과 세뇌의 수단으로 전락하기 십상인 미디어가 반대로 민중의 계몽과 혁명을 위한 도구가 될 수 있음을 보여주고 있는 것이다. 황제의 명령에 따르지 않고 패한 상대 검투사의 목숨을 거두지 않음으로써 개인의 자유의지를 천명하는 막시무스의 모습에 대중들이 감동받고 지지의사를 표시하는 장면은 이 영화가 지닌 정치적 담론과 희망을 가장 감동적으로 드러내는 대목일 것이다.

하버마스는 정치 엘리트들이 살롱이나 카페에 모여 앉아 문학과 예술을 논하고 정치적인 의사도 표출했던 근대 시민 민주주의의 토론을 '이상적 의사소통 조건ideal speech condition'을 갖춘 '공론의 장public sphere'으로 보았다. 그러나 리들리 스콧 감독은 〈글래디에이터〉에서 역으로 대중 민주주의 사회에서도 대중의 정치적 무지無知와 무관심을 깨치고 올바른 공론公論을 회복할 수 있는 가능성을 바라본다. 역설적이게도 그 희망은 미디어를 통해서, 스타를 통해서 가능할지도 모른다.

공인公人에게 요구되는 도덕성을 연예인들에게 요구하는 것은 그들이 대중에게 끼치는 영향력이 적지 않다는 현실을 방증하는 것이 아닐까? '현실에 참여'하는 연예인의 모습에서 미래 정치의 조형을 보는 것도 우리가 선택할 수 있는 대안의 한 형태가 아니겠는가?

탈脫 지구적Post-global 상상력은 가능한가? 〈그래비티〉 2013

알폰소 쿠아론의 〈그래비티〉2013는 아슬아슬한 경계선에서 펼쳐지는 회귀回歸의 드라마이다. 허블 우주 망원경을 수리하는 주인공 일행은 엄밀히 말하자면 완전한 무중력 상태가 아닌, 지구 중력이 미약하게나마 작용하는 극미중력 상태 속에 처해 있다. 지구 중력의 자장磁場을 아주 벗어나 먼 우주로 나아가는가, 아니면 임무를 마치고 다시 지구의 흙과 물을 밟는가라는 선택의 기로. 극 중 인물들은 다른 두 세계의 접점 사이에 놓여 있는 것이다. 지구 상공을 맴돌던 인공위성의 파편이 우주 망원경 수리 작업을 하던 현장을 덮치게 되면서 주인공 일행에게 위기가 찾아온다.

동료를 잃고 겨우 살아남은 여성 과학자 라이언 스톤은 우주의 미아가 될 위기를 벗어나 지구로 돌아오게 된다. 〈그래비티〉는 90분 남짓한 상영시간 내내 스톤이 고립된 상황에서 외로움과 절망감을 버텨내는 과정을 마치 우주에서 촬영하는 다큐멘터리 영화처럼 섬세히 포착해낸다. 우주에서의 진정한 공포는 지구 궤도를 돌며 수시로 찾아오는 우주 쓰레기의 파편 조각이 아니라 나의 곁에 아무도 없다는, 어느 누구와도 대화할 수 없고 온기를 나눌 수 없다는 절대적인 고독이다. 영화는 적막하고 차가운 우주와 푸른빛과 녹음綠陰으로 감싸인 지구를 대비시키며 우리가 발을 디딘 대지에 대한 그리움nostalgia을 상기시킨다.

중력, 삶의 조건으로서의 부자유

중력Gravity은 만물을 지구 중심으로 끌어당기는 힘이다. 지구 표면에 존재하는 사물이 우주 공간으로 내쳐지지 않고 대지 위에 머물 수 있는 건 중력이 작용하기 때문이다. 〈그래비티〉에서 감독은 중력을 과학적으로 실재하는 힘인 동시에 인간을 인간답게 살도록 하는 삶의 조건으로서의 '관계'에 대한 은유로 재해석한다. 스톤은 우주로 표류할 상황에서 동료 맷 코왈스키의 도움으로 살아남게 되는데 이때 영화는 두 사람의 우주복을 연결하는connect 끈의 이미지를 강조하며, 서로를 끌어당기고 옭아매는 중력 관계가 이어지면 살 수 있지만 끊어지면 의미를 상실하고 죽음의 선을 그릴 수밖에 없는 인간의 삶을 상징적으로 보여준다.

"우주에 오니까 가장 좋은 게 뭐야?"라고 묻는 코왈스키의 질문에 스톤은 '고요함'이라 답한다. 아이를 잃고 지구에서의 일상과 인간관계에 염증을 느낀 스톤은 자청해서 우주로 나와 무중력 공간의 고요와 자유를 만끽한다. 하지만 의지할 벽이나 중심, 소리를 전달하고 숨 쉴 공기도 없는, 타자와 나를 매개할 그 무엇도 없이 적막한 우주의 실체를 경험한 그녀는 "난 우주가 싫어."라고 독백한다. 사고를 겪고 간신히 중국 우주선 텐공에 갈아탄 스톤은 라디오 전파 수신으로 들려오는 에스키모와의 대화에 눈물 흘린다.

이처럼 〈그래비티〉는 끌어당기는 '중력'이 없는 삶, 나를 타자와 이어줄 '관계'가 없는 삶의 공허空虛와 무의미를 응시하면서, 부자유의 조건으로만 여겨졌던 인간과 인간 '사이'의 소중함을 역설한다. 우주에서 다시 지구로 돌아온 스톤은 마치 양수로 찬 자궁에서 빠져나온 아기처럼 수초로 가득한 물속에서 헤엄쳐 올라와 대지에 발을 디딘다. '어울려 사는 세계'의 가치를 새로이 깨달은 존재의 거듭남. 그녀는 이제 다시금 자신을 지상 위에 옭아맬 지구의 중력을 버티어내고, 다시 한번 관계 속의 삶을 살아낼 수 있을 것이다.

'세계'의 확장—지구globe에서 우주space로

공간적 배경은 우주이지만 정작 〈그래비티〉는 머나먼 우주의 저편으로 시선을 돌리지 않는다. 이 영화에는 지구만이 인류가 살아갈 수 있는 유일한 터전이자 반드시 돌아가야 할 고향으로 보는 전통적인 세계인식이 깔려 있다. 그런 점에서 알폰소 쿠아론의 철학적 발상은 안드레이 타르코프스키의 〈솔라리스〉1972를 21세기에 새로운 버전으로 부활시킨 것이라 할 수 있다.

문제는 '하나뿐인 지구'라는 말처럼 지구globe를 세계world 그 자체로

보려는 이런 사유가 지구라는 영역 안에 인류의 활동 영역을 고정 짓는 우를 범하는 것은 아닌가 하는 우려다. 우주 역시 인류에게 세계가 되었으며, 미래의 인류가 더욱 넓은 세계로 나아갈 무한한 가능성을 쥐게 되었음을 쿠아론 감독은 미처 살피지 못한다. 허블 망원경이 파괴되는 장면은 우주를 전망하지 않고 지구 안으로 세계를 한계 지으려는 감독의 인식을 은연중에 드러낸다. 그런 점에서 〈그래비티〉는 여전히 '우주영화'가 아닌 '지구영화'의 한계에 머문다.

우리는 보통 '인간이 살아있는 동안 활동하는 영역'을 '세계world'라고 부른다. 그러나 역사가 흐르면서 인류에게 '세계'라는 단어의 의미가 변화해 왔다는 점을 잊곤 한다. 로마나 중국은 지구의 육지 중 극히 일부만을 정복하고 문명화했을 따름이지만 자신들의 영역을 세계mvndi 내지 천하天下로 규정했다. 중세 유럽 사회는 항해를 통해 지리상의 발견을 하기 전까지 지중해 연안만을 세계로 보았으며 그 너머에는 세상의 끝이나 연옥이 있다고 믿었다. 20세기에 들어서 정보 통신, 운송 기술의 극적인 발전으로 지구촌화globalization가 이루어지고 나서야 우리는 세계라는 단어를 지구 전역을 가리키는 등식으로 받아들이게 되었다.

다시 말해 '세계'라는 개념은 고정된 결과가 아닌, 항상 진행 중인 과정의 개념이며 인류의 시선과 발걸음이 뻗어 나가는 만큼 세계의 외연은 얼마든지 팽창할 수 있는 것이다. 그런 면에서 〈그래비티〉가 지구 전체의 풍경을 보여주는 장면은 감독의 의도와 달리 우리에게 세계의 개념을 새롭게 정의내릴 필요성을 가져다준다. 우주에서 지구를 관찰하게 된 시점부터 인간에게 지구는 하나의 지역local이 되었으며, 우주 또한 우리가 활동할 세계의 일부가 되었기 때문이다.

철학자 김용석은 『문화적인 것과 인간적인 것』에서 지구의 모든 영역을 개척하는 전지구성globality을 넘어 지구를 벗어나는 탈지구성Post-globality을 추구하는 방향으로 인류 문명이 발전할 가능성이 있다고 지적한다. "전지구화는 인류가 지구에서 이루는 역사 발전의 마지막 단계일지도 모른다. 그 이후의 역사는 지구 밖에서 시작할지도 모른다. 전지구화가 완결되기 전에 인류는 탈지구를 준비한다." 지구를 벗어나 다른 행성으로 이주하는 SF 소설과도 같은 작업이 당장 현실화되지 않더라도, 우주를 향해 눈길을 돌리게 된 인류와 문명이 그런 발전 방향에 따라갈 가능성을 충분히 내포하고 있다는 점에서 탈지구화 시대는 이미 열려 있는 것인지도 모른다.

이제까지 인류의 문명사는 지구라는 영역 안에 국한되어 왔다. 하지만 이제는 불안한 한편으론 호기심 어린 시선으로 저 너머의 우주를, 더 넓은 가능성의 지평을 응시해야 하지 않을까? 이것이 〈그래비티〉의 향수nostalgia를 넘어서서 내다보는, 새로운 천 년을 위한 미래에의 제안이 될 것이다.

흡혈귀라는 은유 〈박쥐〉 2009

박찬욱의 〈박쥐〉2009는 한국 영화로는 드물게 흡혈귀 영화를 표방한 작품이다. F.W 무르나우의 〈노스페라투〉1922가 흡혈귀 영화 역사를 시작한 이래 고전적인 흡혈귀 영화들은 똑같은 이야기를 변주해 왔다. 드라큘라와 같은 흡혈귀가 등장하면서 마을이 공포에 휩싸이고, 피를 빨린 사람들은 전염되어 흡혈귀의 하수인으로 전락한다. 성직자나 과학자를 중심으로 뭉친 사람들은 결국 흡혈귀를 물리칠 방법을 찾아내고 퇴치한다. 하지만 〈박쥐〉는 이런 전형적인 이야기 흐름을 따르지 않는다.

장르 영화의 전통이 없는 한국의 풍토에서 박찬욱 감독은 흡혈귀라는 소재만을 가져올 뿐 전혀 다른 인물과 이야기를 그린다. 이 영화는 일종의 종교극이다. 병자를 구원하지 못한 무력감과 죄책감으로 실의에 빠진 신부 상현은 백신 개발 실험에 자원하기 위해 아프리카로 떠난다. 바이러스에 감염되어 죽음을 맞게 되지만 수혈을 받는 과정에서 상현은 다시 살아나고 이를 기적으로 여긴 신도들은 상현을 성자로 여기게 된다. 하지만 그는 흡혈귀로 부활한 것이었으며,

그로 인해 피와 쾌락에 대한 자신의 욕망과 성직자로서의 윤리 가운데서 딜레마에 처하게 된다. 그리고 그런 상현 앞에 욕망의 화신 태주가 등장한다.

흡혈귀, 적대적 타자로서의 자본주의

흡혈귀가 인류 문화사의 아이콘으로 정착한 이래, 흡혈귀 소재 영화에는 대개 다음과 같은 분석이 적용된다. 남들이 일하는 낮에는 숙면하고 밤에 활동하며, 노동하지 않고 타인의 피를 빨아먹는 것으로 기생해 살아가는 숙주. 그러면서도 평범한 인간의 능력을 넘어서며 타인을 자신의 의지대로 조종하는 초월적 지배자. 인간과 비슷한 외양을 하고 군중 속에 섞여 살아가지만 그들과는 상반된 생리로 살아가는 적대적인 타자. 현대에 와서 흡혈귀는 자본주의 시대의 특권층인 자본가 계급에 대한 은유로서 받아들여져 왔다.

〈박쥐〉는 끊임없이 피를 탐하는 뱀파이어의 식욕과 인도주의적 지성 사이에서 도덕적 딜레마에 처해 선한 의지를 시험받는 인간의 이야기를 보여준다. 영화는 윤리학에 대한 복합적인 탐구이면서도 동시에 자본과 권력이 지배하는 문명사회의 보이지 않는 폭력에 관한 성찰이며, 당대의 헤게모니가 민중의 피를 수탈하는 착취의 경로를 우화의 형식으로서 보여준다. 영문 제목이 '악마의 삶Evil live'이었다가 '갈증Thirst'으로 바뀌었다고 해도 이것이 영화의 성격까지 바꾸지는 않는다. 어떤 방식으로든 타인을 착취하면서 살아갈 수밖에 없다는 자본주의 사회의 냉혹한 생리는 흡혈이라는 은유적 표현으로 치환되면서 〈박쥐〉는 해석학적인 영화가 된다.

상현은 보살피던 환자의 피를 취하거나 자살을 원하는 이들을 인터넷으로 모집해서 안락사의 대가로 피를 모은다. 신자들이 피를 내어주면 상현은 그들에게 일시적인 피안을 제공하고, 태주가 몸을 내어주면 상현은 고통을 동반한 가학적 쾌감을 선사한다. 죽인 손님의 시체를 푸줏간 쇠고리에 걸린 고기처럼 절단해 욕조 위에 매달아 놓거나 냉장고에 여분의 피를 비축하는 장면에 이르면 〈박쥐〉에서 흡혈은 식사가 아니라 공장에서의 생산 과정처럼 보인다. 단번에 죽이기보다는 살려두고 서서히, 지속가능한 착취를 지향하는 수렵에서 목축으로의 진보. 피의 생산성, 착취의 효율성을 놀라울 정도로 향상시키고 잉여이윤을 창출하는 흡혈의 공업화 내지 자본주의화.

흥미로운 건 〈박쥐〉에서 상현의 주변 인물들은 흡혈귀의 피해자이면서도 그를 물리쳐야 할 적이 아니라 동경의 대상으로 바라본다는 점이다. 착취자에 저항하기보다는 그에 순응하고, 마찬가지로 특권계층이 되기를 바라는 군중의 모습. 흡혈귀를 바라보는 시선의 변화는 어쩌면 신자유주의 시대의 증후일까? 드라마 속 재벌을 바라보는 부러움 섞인 시선들처럼.

한국식 근대화, 전통과 가족을 파괴하다

몽유병을 핑계 삼아 태주는 밤마다 집을 벗어나 맨발로 도로를 달린다. 낡은 건물로 둘러싸인 골목길을 달리는 태주의 목적지는 지붕 너머로 보이는 고층 빌딩의 세계이며, 하층민인 그녀의 갈망은 상류층의 질서에 편입되고자 하는 것이다. 영화의 공간학적 지형도는 상현이 머무는 병원과 태주가 거주하는 한복집을 통해 간편한 이분법적 구도로 분할된다. 병원과 성당은 주어진 부와 권력에 걸맞게 단정한 선과 면으로 짜여 있는 데 반해 한복집은 천박함을 강조하는 가지각색의 컬러 외에는 미학적 강조점 없이 평범하게만 묘사된다.

성聖의 공간과 한복집이란 속俗의 공간은 근대modern와 구식의 전통을 대비시킨다. 상현과의 불륜 관계를 통해 태주는 무능력한 남편과 한복집으로 표상되는 궁핍과 가난, 가족과 전통으로부터 벗어나고자 한다. 외래 바이러스에 감염되어 흡혈귀가 된 이질적 타자 상현은 태주의 남편을 죽이고 라여사를 식물인간으로 만들며, 낡은 한복집의 실내를 아파트처럼 꾸민다. 가족 관계를 파괴하고 모던한 인테리어로 실내 공간을 다시 꾸미는 상현-태주 커플의 행동은 공교롭게도 전통적인 공동체와 가치, 낡은 것들을 무너뜨리고 무너진 빈자리를 깔끔하고 새로운 것으로 채우고자 하는 자본주의적 욕망, 한국식 근대화의 속성과 일치한다.

일시적으로 죽음을 맞았지만 상현의 피를 받아 흡혈귀로 부활한 태주는 아무런 거리낌 없이 평소에 알던 주변 인물들의 피를 취한다. 전통적인 가족 관계와 공동체가 깨어지자 친지든 이웃이든 아무런 가책 없이 착취와 흡혈의 대상으로 여긴다. 인텔리인 상현이 내면의 갈등을 겪으며 비폭력적인 방식으로 피를 얻으려 한 반면, 태주의 흡혈은 무차별적이고 폭력적이며 한계가 없다. 이처럼 〈박쥐〉는 급속한 근대화, 서구화의 과정에서 가치관을 상실하고 자본주의의 폭력적인 맨얼굴을 대면하게 된 현대 한국의 현실을 풍자적 우화로 표현한다.

악행에 동조했던 상현은 태주를 끌어안고 죽음을 자처함으로써 이피의 악순환, 착취의 연쇄로부터 벗어나 속죄한다. 구원을 가져오려던 시도가 타락과 파멸을 가져오듯, 풍요와 번영을 위한 근대화가 착취와 폭력을 낳는 지독한 아이러니. 둘은 흡혈귀로서 햇살을 맞지만 인간으로서 죽는다. 마치 〈런던의 늑대 인간〉이나 『지킬 박사와 하이드』의 마지막처럼. 율리우스 카이사르는 말했다. "나쁜 결과로 끝난 일이더라도 그 시작은 선의"였다고.

무책임의 세상에서 속죄를 외치다 〈시〉 2010

이창동의 〈시〉2010는 한국 사회에서 벌어지는 범죄의 현실을 바탕으로 한다. 강물에 한 여중생의 시체가 떠내려오는 장면으로 시작된 영화는 이 소녀의 이름이 박희진이라는 것과 그녀가 6개월간 같은 학교 남학생 여섯 명으로부터 성폭행을 당하다 견디지 못하고 강에 몸을 던졌음을 관객에게 알려준다. 한 여중생의 죽음 이후 남은 자들. 가해자와 가해자의 부모들은 책임을 회피할 궁리에 여념이 없고, 피해 학생 희진의 어머니에게 위자료 3천만 원을 주는 것으로 사건을 조용히 무마시키려 한다.

영화는 여섯 명의 가해 학생 중 한 명인 종욱의 할머니 양미자의 입장에서 바라본 한국 사회가 처한 윤리의 바닥을 보여준다. 파출부 생활을 하며 손자를 키우는 미자는 서민 연립주택에 살며 가난한 살림에도 화려한 꽃장식 모자로 치장하는 멋쟁이 할머니다. 우연히 동네 문화원에서 문학 강좌를 수강한 그녀는 시를 쓰는 일에 몰두하고, 그동안 무심히 지나쳤던 일상의 세부를 들여다보며 세상의 아름다움을 찾으려 한다. 그런 그녀에게 손자가 성폭행 사건에 연루된 사실이 전해진다. 전혀 아름답지 않은 세상, 가난과 폭력과 몰인정의 현실을 마주하고서 그녀는 기어이 '시詩'를 쓸 수 있을 것인가?

가해자의 논리—무책임의 체계

〈시〉의 각본은 실제 일어났던 '밀양 여중생 성폭행 사건'에서 모티브를 얻어 쓰였다. 영화는 성폭행 사건을 둘러싼 우리 사회의 추악한 풍경들을 적나라하게 보여준다. 경찰은 피해자의 고소가 없다는 이유로 조사에 손을 대지 않으며, 학교는 피해자 부모를 윽박질러 합의를 강요하고, 가해자 부모들 역시 이에 편승해 적당한 선에서 사건을 묻어버리려 한다. 심지어 대책 회의를 위해 모인 가해자 부모 중 일부는 "피해 학생도 좋아서 했다는데…"라는 말을 아무렇지 않게 내뱉기까지 한다. 저질러진 범죄에 대해 어떠한 사회적, 도의적 책임도 지지 않으려는 모종의 공모가 당연하다는 듯이 벌어지고 있는 것이다.

일본의 정치학자 마루야마 마사오는 『일본의 사상』에서 이런 유의 도덕적 해이를 두고 '무책임의 체계'라고 지적한다. 일본은 전쟁으로 인해 수많은 사람들의 목숨을 빼앗았고 자국 역시 엄청난 경제적 피해와 인명 손실을 입었지만, 그럼에도 군부세력 일부를 제외하고는 전범으로 처형되어 마땅한 이들 다수가 처벌받지 않았다. 이처럼 정의가 실현되지 않는 상황은 누구도 책임을 지고 반성하거나 피해자에게 사죄하지 않아도 된다는 그릇된 의식을 사회 구성원에게 불어넣을 따름이다. 도리어 가해자의 논리로 피해자를 윽박지를 수 있는 적반하장은 이와 같은 사회현실의 토대에서 자라고 번성한다.

이런 지적이 비단 일본만의 것인가? 반민족 범죄와 군사 독재에 영합한 이들은 사회지도층 행세를 하며, 강간 피해자에게 도리어 책임을 전가하는 적반하장에, 세월호 참사에 대해 누구도 처벌받거나 책임지지 않는 암울한 현실에서 '무책임의 체계'는 이미 일상이 되어 있지 않은가? 〈시〉, 〈도가니〉2011, 〈한공주〉2013 등 일련의 영화에서 목격하게 되는 한국사회의 공모된 무책임, 도덕적 해이는 비틀린 근현대사가 배태한 구조적 재앙이다. 이창동 감독은 이를 〈박하사탕〉을 통해 보여준 바 있고, 그 연장선에서 〈밀양〉2007과 〈시〉를 이어가고 있다.

하나 되기at-one-ment—속죄를 향하여

12세기 프랑스 신학자 피에르 아벨라르는 그리스도의 십자가형에 대해 색다른 견해를 밝힌 바 있다. 그에 따르면 그리스도는 메마를 대로 메말라버린 인간의 마음 한가운데에 삶의 고통에 대한 연민의 감정을 샘솟게 하기 위해, 이 세상의 물질에 눈이 멀어버린 인간의 머리와 가음을 깨치기 위해 십자가에 못 박히길 자처했다는 것이다. 요컨대 십자가 책형은 남의 고통에 절실히 공감하고 모두가 '하나 되도록at-one-ment' 하는, 분열된 삶을 하나로 묶는 '화해'이자 '속죄atonement'의 행위였다.

아벨라르는 신앙하는 이들이 그리스도에게 향하게 만드는 그리스도의 신성神性이란 바로 '연민'에 바탕하고 있다고 주장한다. 그의 희생과 죽음을 되새기면서 우리는 우리로 하여금 비인간적인 삶을 살도록 강요하는 주변 삶의 조건들을 되돌아보게 되며, 내면 깊숙이 잠들어 버린 인간으로서의 감수성과 휴머니즘을 회복할 필요를 일깨우게 되는 것이다.

〈시〉의 주인공 미자는 희진이 다닌 학교의 운동장과 성폭행 현장이었던 과학실습실, 집을 차례대로 방문한다. 희생자의 처지를 이해하기 위한 이 추모의 순례를 통해서 미자는 희진이 살아온 삶과 피해자로서 그녀가 감당했어야 할 고통을 이해하게 된다. 가해자 부모들 간의 대책회의에 참석해 창밖의 맨드라미를 바라보며 현실에서 눈 돌렸던 그녀는 차츰 시를 쓰면서 "시상은 찾아오는 게 아니라 필사적으로 찾는 것이다. 그러나 멀리가 아닌 내 주변, 내가 있는 자리에서 얻는 것"이라는 시인의 조언을 몸소 실천하며 자신의 손자가 저지른 일로부터, 비극의 현실로부터 눈 돌리는 일이 불가능하다는 사실을 깨달아간다.

마침내 미자의 선택은 희진의 처지에 자신을 대입하는 것으로 이어진다. 파출부로 일하던 집의 강노인과 원하지 않는 섹스를 억지로 함으로써 성폭행당했던 희진의 상황을 가슴으로, 온몸으로 체화하게 된다. 여기서 미자의 행위는 접신接神한 무당이 억울하게 죽은 원혼의 행동을 대신해주며 그 혼을 달래는 해원解冤의 행위처럼 보인다. 〈시〉가 보여주는 미자의 모습은 아벨라르가 말하는 '속죄', 타인의 고통에 연민을 가지고 몸소 함께 나누는 진정한 의미에서의 '하나 됨'일 것이다. 합의가 임박한 시점에 미자는 경찰에 손자를 고발하고 직접 지은 시 한 수를 남긴 채 사라진다. 희진이 그랬던 것처럼 미자의 시신도 강물에 떠내려 오리라는 암시가 영화의 마지막 장면에 감돈다.

아도르노는 "홀로코스트 이후에 시를 쓰는 건 야만"이라고 말했다. 이 일갈에는 낭만과 서정의 언어로 현실을 포장하고 외면하는 짓거리가 벌어지는 걸 두고 볼 수 없었던 지식인의 분노가 절절히 서려 있다. 그러나 〈시〉에서 이창동 감독은 아도르노의 일갈에 화답하듯 시 쓰기를 통해 세상을 직시하고 가슴 아픔에도 현실의 참담함을 받아들이는 한 영혼을 보여준다. 타인의 고통으로부터 눈 돌리지 않고, 세상의 저주받은 자들과 함께하려는 의지를 가지는 것. 우리 세계의 비극성에 대해 눈 뜨게 하는 데서부터 참된 문학의 길이 열린다고 〈시〉는 우리에게 전하고 있다.

디스토피아는 어떻게 만들어지는가? 〈로보캅〉 1987

미래를 비관적인 시선으로 내다보고 음울하게 그린 일련의 문학, 영상 작품들이 있다. 풍요를 안겨다 줄 것으로 믿었던 문명의 이기가 인간을 억압하는 도구로 전용되고, 자본에 의한 새로운 형태의 독재가 민주주의를 대체해 사람들은 자본의 노예가 되어 살아가며, 공해에 찌든 하늘과 고층 빌딩이 번창해 자연광을 가린 채 버려진 도심이 슬럼가가 되어 가는 암울한 세계. 유토피아적 전망이 뒤집혀 버린dis+utopia 역운逆運의 얄궂음. 이런 유의 근미래적 상상을 통틀어 디스토피아dystopia라고 부른다.

폴 버호벤의 〈로보캅〉1987이 지금까지도 SF 장르에 손꼽히는 명작으로 회자되는 건 바로 이런 디스토피아적 세계관을 바탕에 깔고 있기 때문이다. 미래의 디트로이트시. 도시가 급속하게 슬럼화되고, 마약 밀

매를 기반으로 범죄 집단이 번창하게 되자 초국적 기업 OCP는 기존의 경찰을 대신할 강력한 치안 보조 수단을 개발한다. 마침 범죄 수사 과정에서 치명적인 총상을 입고 후송된 경찰 알렉스 머피는 OCP의 실험 대상이 되고, 기계 신체를 결합한 로보캅robo-cop으로 거듭나 범죄 소탕에 나선다.

반은 기계, 반은 인간—잃어버린 정체성을 찾아서

"부분은 인간, 부분은 기계, 결국 경찰Part Man, Part Machine, All Cop"이라는 포스터 문구처럼 〈로보캅〉은 생명과 기계의 경계선에 처해 정체성의 혼란을 겪는 중간자의 이야기다. 자신이 머피가 맞는지 묻는 동료 앤 루이스의 질문과 겁에 질려 도망치면서 "넌 죽었어."라고 하는 갱의 외침은 로보캅으로 하여금 죽기 이전 인간으로서의 기억을 일깨운다. 하지만 아무리 자신을 되찾으려 노력해도 현실은 그가 인간 알렉스 머피로 돌아오는 것을 허락하지 않는다.

남은 것은 경찰이란 직업적 정체성이지만 이 역시 취약하기 그지없다. 그의 두뇌에는 3가지 필수 수칙보다 우선하는 제4의 조항 "OCP의 간부는 체포하지 못한다."가 입력되어 있기 때문에 OCP 간부가 범죄의 막후에 있더라도 저항할 수가 없다. 인간으로서의 정체성과 직업적 사명감은 자신의 것이되, 로봇의 기계 신체는 자본의 소유였으니 공익을 위해 일해야 하는 경찰로서의 직분 역시 완전히 부정되는 것이다. 머피는 한 가정의 평범한 가장이자 직무에 충실한 경찰로 살고자 하지만, 자본에 의해 지배된 미래 사회에서 그의 정체성은 단지 입력한 대로 일해야 하는 기계이며, 인격체가 아닌 기업 OCP 소유의 재산일 따름이다.

〈로보캅〉에서 폴 버호벤은 기계론mechanism의 관점으로 인간 존재를 바라본다. 기계론의 관점에서는 인간은 단지 기계의 또 다른 형태이며 인간의 판단과 감정 역시 정교한 기계적 메커니즘의 결과물이 된다. 국가의 권력에 의해 공통의 교육을 받고 훈련을 받으며, 자신의 신체와 능력을 기업의 필요에 충족하기 위해 획일적으로 개조하도록 강요받는 자본주의 사회의 현실 속에서 인간의 신체와 의식은 더 이상 개인의 것이 아니라 그의 생존 조건을 둘러싼 국가와 기업의 것이 된다.

필요 없어지면 얼마든지 해고될 수 있고, 다른 노동력이 투입되거나 산업용 로봇이 발명되면 그들의 신체는 얼마든지 폐기될 수 있을 것이다. 마치 정교한 기계장치의 부품Vorrat처럼. 경비로봇 ED-209에 의해 로보캅이 '폐기'되는 장면은 그런 점에서 사뭇 의미심장하다. 이처럼 〈로보캅〉은 '나 자신은 누구인가'라는 존재론적 질문을 던지며 현대 사회를 살아가는 소시민의 처지와 자본주의의 생리를 풍자한다.

〈로보캅〉, 신자유주의 시대의 묵시록

난세가 영웅을 부른다는 말처럼 로보캅의 등장은 그런 존재를 요청하는 사회구조의 문제를 상정한다. 〈로보캅〉은 영웅물이기보다 사회에 관한 풍자극에 가깝다. 적자에 허덕이는 디트로이트시 전체를 인수해 사실상 국가 권력을 대체한 OCP는 사회의 공공부문을 차례대로 민영화한다. 공무원들은 국가 예산이 아닌 OCP의 주머니에서 봉급을 받으며, 치안을 유지하고 정의를 수호해야 하는 직업의식이 아무리 발버둥쳐 봤자 기업의 정책에 따르지 않으면 해고당한다는 점에서 동료 경찰의 처지도 로보캅과 하등 다를 것이 없다.

OCP는 델타시티 건설과 시장 개척을 목표로 걸림돌이 되는 반대 세력이나 저항하는 시민들을 몰아붙이려 범죄 조직과 밀월 관계를 형성한다. 항구적인 발전, 지속적인 이윤 창출을 위한 재생산은 필연적으로 파괴를 동반한다. 뒤에서 갱들을 부추겨 치안을 악화시키면 도시는 폐허가 되고, 사람들이 떠나간 빈자리를 싸게 매입해 철거하고 그 위에 신도시 델타시티를 건설해 개발 이익을 챙긴다. 이 더러운 사업을 추진하기 위해 OCP는 범죄조직의 힘이 필요했지만, 그들의 폭력성이 통제를 벗어난 위험수위에 이르자 적당한 수준에서 치안을 유지하고 시민의 지지를 얻기 위한 선전 수단으로 경찰을 인수하고 로보캅을 창조했다. 역설적이게도 로보캅과 범죄 조직은 타락한 야수적 자본주의가 지닌 야누스의 두 얼굴이다.

마침내 머피가 살인 용의자인 OCP 중역 딕 존스를 코너로 몰아넣지만, 인간으로서의 기억과 정체성이 회복되었다고 해도 그에게 프로그램을 거스를 수 있는 힘은 없다. 독자성을 박탈당한 그의 신체는 영원히 로보캅이고 기업의 재산일 수밖에 없기 때문이다. 머피가 딕 존스를 저격할 수 있었던 것도 OCP회장이 긴급히 해고 선언을 해버렸기 때문에 가능하지 않았는가. 성장이라는 미명 아래 파괴를 자행하고 전 세계를 시장화하려는 OCP의 야욕은 근절되지 않고, 본질적인 문제는 무엇 하나 해결되지 않은 상태에서 영화는 서둘러 종결을 맺어버린다.

1980년대 무렵 레이거노믹스 시대를 비판적으로 바라본 버호벤은 공공기관의 민영화를 대거 추진하던 미국 사회가 어떤 미래를 맞이할 것인가에 대한 상상에서 〈로보캅〉 속 세계를 창조해냈다. 그런데 이것이 과연 30여 년 전의 공상에만 그치는 것일까? 공공부문의 민영화가 진행되어가는 오늘날, 〈로보캅〉이 예언한 묵시록적 세계관이 머지않은 장래에 현실이 되지 않는다고 어느 누가 장담할 수 있겠는가? 자기증식만을 일삼는 자본에는 양심이 없다. 〈로보캅〉에 담긴 문명비판의 경고를 귀담아듣지 않는다면 영화의 디스토피아는 스크린 속 찰나의 이미지가 아닌 현실이 될지도 모른다.

상생과 공존의 윤리학 〈노아〉 2014

대런 아로노프스키의 〈노아〉2014는 문자 그대로 '노아의 방주'로 유명한 기독교 신화에 기반하여 만들어진 영화이다. 신이 타락한 인간 세계를 정죄하기 위해 큰 홍수를 일으키지만, 선량한 인간 노아를 선택해 자신의 창조물들이 살아남을 수 있도록 거대한 방주를 만들게 한다. 신화학자들은 이 유대-기독교의 전승을 실제 사건이라기보다 길가메시 서사시를 비롯해 고대 사회에 널리 퍼져 있던 다양한 홍수 전설에서 모티브를 얻어 만들어진 것으로 보고 있다.

『구약성서』의 「창세기」 편에 기술된 이 짤막한 이야기에 감독은 여러 가지 설정과 각색, 상징적인 영상을 덧붙인다. 신의 뜻을 거스르고 아벨을 죽인 카인의 후손들이 도망간 곳에서 도시 문명을 건설, 확장하며 자연을 파괴하는 한편, 카인, 아벨의 다른 동생 셋의 후손인 노아는 태초부터 신의 창조물들을 지키며 환경에 순응해 살아간다. 노아가 신이 내린 계시에 따라 타락천사들의 도움을 받아 방주를 만드는 과정에서 자원 고갈로 새로운 터전을 찾던 카인의 후손들이 노아의 영역을 침범하면서 양쪽의 충돌이 빚어지게 된다.

근대 문명의 욕망에 관하여

〈노아〉는 기독교 전설 영화나 시대극이라기보다 종말론적 SF, 포스트 아포칼립스Post-Apocalypse 영화에 가깝다. 전통적인 시대극과는 전혀

다른 시각적 디자인과 미장센을 통해 시대 불명, 국적 불명의 세계를 그리면서 영화의 배경이 어쩌면 태초가 아니라 문명이 절멸한 이후일지도 모른다는 분위기를 은연중에 풍긴다. 영화는 노아가 여행 중에 지나치는 폐허, 더 이상 소모할 자원과 노동력이 없어 덩그러니 버려진 장소들을 비추며 근대 문명이 다다를 종착지를 예언하는 듯하다.

카인의 후예들을 이끄는 리더로 두발카인이라는 인물이 등장한다. 「창세기」 원전에는 나타나지 않는 이 인물은 타락한 인간들의 입장을 대변하는 캐릭터로서 노아와 대립각을 세우는데, 그의 입장에 따르면 인간이 살기 위해서라면 어떠한 폭력과 살상도 정당화될 수 있다. 두발카인과 그의 백성들은 신이 창조한 천지만물, 생물과 무생물, 온갖 광물 등 자연은 인간을 위한 자원으로 소모되어야 한다고 믿는다.

이런 태도는 자연을 정복하고 이용할 대상으로서만 바라본, 모든 것을 인간 중심적인 관점에서 가치 지었던 근대 서구의 자연관과 정확히 일치한다. 근대 기술의 본질에 관하여 하이데거는 "내놓도록 닦달하는 것her-aus-forden"이라 지적한 바 있고, 프랜시스 베이컨 역시 "자연이란 여신을 무릎 꿇리고 복종케 하여 남김없이 그녀의 비밀을 털어놓게 해야 한다"고 한 바 있다. 원유를 가공해 연료와 아스팔트를 추출하고, 광석을 정련해 필요한 금속을 뽑아내고, 황폐한 농지에 비료를 쏟아부어 남아 있는 지력마저 고갈시키는 것처럼 우리는 자연을 닦달하고 착취할 대상으로 바라보는 데에 익숙해져 있다.

대상을 부품으로만 취급하는 타자화의 폭력은 비단 자연만이 아니라 인간에게도 마찬가지로 적용된다. 두발카인은 고갈된 광석을 차지하기 위해 노아의 아버지 라멕를 살해해 땅을 빼앗았고, 두 아들의 며느릿감을 찾기 위해 두발카인의 마을에 잠입한 노아는 그곳에서 사람을 팔아 그 값으로 먹을 것을 사는 아비규환을 목격한다. 인간을 도구 내지 부품으로 다루며 자기 삶을 갉아 먹는 데서 쾌락과 행복을 찾는, 인간 자신조차 부품 취급하는 문명의 잔인한 역설이란.

'홀로-살기' 아닌 '서로-살기'로

〈더 레슬러〉2008와 〈블랙 스완〉2010을 통해 인간의 육체성을 탐구해 온 아로노프스키의 철학적 비전은 〈노아〉에 이르러서는 인간 존재의 육체성에서 원죄原罪의 근원을 찾기에 이른다.

육체를 가진 존재는 무의식적으로 자신의 생명을 유지하고 연장하기 위해 행동하기 마련이다. 신화 속의 영적 존재가 아닌 이상, 물리적 육체를 지고 산다는 것은 육체를 유지하기 위해 필요한 것들을 욕망해야 함을 의미한다. 스피노자는『에티카』에서 이러한 생명의지를 두고 코나투스conatus라고 부른다. '잘 살아보자'는 명제에는 어떠한 이견도 있을 수 없는 것처럼 모든 생명은 보다 나은 삶을 위해 노력하며 신은 이러한 개별 존재들의 욕망에 반대하지 않는다.

"너희는 생육하고 번성하며 땅에 가득하여 그중에서 번성하라 하셨더라."(「창세기」 9장 7절)는 성서의 구절처럼, 오히려 신은 잘 살아보려는 인간의 노력과 휴머니즘적 기획을 긍정할 것이다. 문제는 살기 위해서 저지르는 인간의 행동들 즉, 살육과 파괴는 다른 존재의 생명을 부수는 일인 동시에 자기 자신마저 죽음의 선으로 내모는 일이다. 인간은 살기 위해 최선을 다해 자원을 채취하고 동물을 도살하며 농지를 혹사시키지만, 이 모든 것이 고갈되는 만큼이나 죽음에 가까워지기도 한다.

바로 이러한 점에서 신이 두발카인을 버리고 노아를 선택한 이유를 짐작할 수 있다. 영화의 도입부에서 노아는 사냥감으로 쫓기던 짐승을 구해주고, 약초를 캐더라도 필요한 것 이상은 캐치 않도록 자식들에게 주지시킨다. 방주를 만들고서도 어떻게 서로 다른 종의 동물들이 별탈 없이 살아남을 수 있을지 고민하고 방법을 강구한다. 노아에겐 '대상과 어떠한 관계를 맺으며 어울릴 것인가?'라는 윤리적 고민, 상생과 공존에 대한 고려가 있는 것이다. 심지어 그는 신의 창조물을 구하기 위해 인간인 자신과 가족들 역시 없어져야 한다는 극단적인 회의감에 빠지기까지 한다.

〈노아〉에서 신은 자신의 형상을 드러내지 않지만 대신 노아를 선택해 지구상의 생명체들을 구하고 타락한 인간에게 물의 징벌을 보내는 것으로 자신의 의지를 분명하게 '표현'한다. 신은 인간의 생명 의지를 존중하는 동시에 다른 생명 역시 인간 못지않게 생육하고 번성해야 하며,

우리가 우리를 둘러싼 환경과 다른 존재와 맺은 상호 교환적 관계가 파괴된다면 그 안에서 상생하고 공존해야 하는 우리 자신의 실존 역시 파괴되고 말 것임을 경고한다.

인간이 더 나은 삶을 누리려 노력하는 것 자체는 악하지 않다. 하지만 순전히 이기적인 욕망에 의해서 억압과 위계를 만든다면 그로부터 죄와 타락은 시작된다. 우리에게 필요한 건 "인간과 우주의 나머지와의 새로운 관계"(클리버)를 사유하는 일이다. 만약에 신이 있다면 우리에게 이를 바라지 않겠는가?

차이와 반복, 007 시리즈의 생존전략 〈007 골드핑거〉 1964

〈007 살인번호〉1962가 만들어진 이래 〈007 스카이폴〉2012에 이르기까지 007 시리즈는 무려 50년 동안 관객의 사랑을 받아왔다. 제임스 본드는 영화를 통해 국적과 시대를 넘어선 문화적 아이콘이 되었으며, 뒤를 따라 등장한 첩보 액션 영화들은 모두 007 시리즈의 영향 아래 놓여 있다 해도 틀린 말은 아닐 것이다. 냉전이 종식되고 시대는 달라졌지만 그럼에도 007 시리즈의 인기는 현재진행형이다. 미국과 소련의 대립이라는 정치적 맥락에서 007 시리즈의 흥행 요인을 찾았던 콘텍스트 비평에 상당한 수정이 필요한 이유이기도 하다.

가이 해밀턴의 〈007 골드핑거〉1964는 23편에 달하는 007 시리즈 중에서도 손꼽히는 기념비적 걸작으로 평가된다. 인물의 특징, 서사의 구조 등 여러 가지 측면에서 보면, 현재까지 이어지는 007 영화들은 〈007 골드핑거〉에 달린 주석이나 변주일 것이다. 원형元型의 서사. 이 한 편을 통해서, 우리는 007 시리즈가 무수한 비판에도 불구하고 반세기 되는 시

간 동안 대중의 열광적인 지지를 받은 이유를 짐작해볼 수 있을 것이다.

합법적인 기업인을 가장한 범죄 세계의 큰손 오릭 골드핑거는 교묘한 수법으로 금을 해외로 밀반출하고, 영국 정보국에서는 이를 조사하기 위해 제임스 본드를 투입한다. 수사하는 도중에 본드는 골드핑거가 '그랜드 슬램 작전'이라 명명한 모종의 음모를 꾸미고 있음을 알아낸다. 골드핑거는 미국 정부의 금괴 저장소 포트녹스에 침투한 다음 원자탄을 터뜨릴 계획을 세운 것이다. 방사능 반감기인 58년 동안 서방 세계의 금을 무용지물로 만들고 자신이 보유한 금의 가치를 천정부지로 올린다는 경제 교란 작전. 거듭되는 위기 상황을 헤치고 본드는 마침내 골드핑거의 야심찬 계획을 저지하는 데 성공한다.

차이와 반복

움베르토 에코는 007 시리즈에 관하여 학문적으로 접근해 장르 문학에 대한 새로운 시각을 제시한 바 있다. 에코의 문화비평서 『대중의 영웅』에 따르면 007 소설과 영화의 서사 구조는 다음의 아홉 단계로 정리되어 설명할 수 있다.

❶ M이 제임스 본드에게 임무를 지시한다. ❷ 악당이나 그의 부하가 본드와 만나게 된다. ❸ 본드는 악당의 정체와 뒷배경을 조사한다. 마찬가지로 악당 역시 본드에 관한 정보를 탐색한다. ❹ 본드걸이 등장한다. ❺ 본드가 본드걸과 사랑에 빠진다. ❻ 악당이 본드를 붙잡는다. (상황에 따라 본드걸이 같이 있을 수도 있고 없을 수도 있다.) ❼ 악당이 본드를 심문하거나 고문

한다. ❽ 본드가 악당을 처치한다. ❾ 본드가 본드걸과 다시 조우한다.

007 시리즈에는 추리 소설이나 무협 영화처럼 관습으로 정착된 공식formula이 세워져 있다. 단순하게 공식만을 답습한다면 독자나 관객은 싫증을 내고 흥미를 잃게 될 것이다. 반면 작품을 참신하게 만들기 위해 서사 구조를 예상 불가능하게 비틀어 버린다면 익숙한 재미를 바라는 독자의 관성을 위협할 가능성이 있다. 동일한 서사를 반복하면서도 차이를 감지할 수 있도록, 이야기의 공식을 유지하되 예측이 어렵도록 능숙히 변주한다면 관객은 주인공이 이길 것이라는 점을 암묵적으론 알고 있음에도 정신없이 빠져들게 된다.

이처럼 007 영화의 서사가 주는 쾌감을 에코는 체스 경기나 축구 경기와 흡사하다고 지적한다. 체스판의 룰과 장기말의 특징, 시합에 참여하는 선수와 규칙을 미리 알고 있지만 완급을 달리하며 공격과 수비가 이어지는 걸 흥미롭게 보는 것처럼, 007 시리즈 역시 결말을 뻔히 알고 있는 게임임에도 그 안에서의 다양한 변주가 주는 재미에 흠뻑 젖어 보게 된다.

〈007 골드핑거〉는 이러한 '차이와 반복' 전략을 가장 명료하게 보여주는 작품이다. 우리는 이미 제임스 본드가 본드걸을 만나고 악당에 맞서 승리를 거둘 것임을 알고 있다. 하지만 본드걸일 줄 알았던 여성 캐릭터 둘이 영화 중반에 죽고 진짜 본드걸 푸시 갈로어가 중반 이후에 등장하는가 하면, 〈007 살인번호〉와 〈007 위기일발〉1963에서 항상 무적이었던 본드가 만만찮은 적수를 만나 죽음의 위기에 몰리게 되는 걸 보면서 아연 긴장할 수밖에 없게 된다.

대위법의 미학

007은 현대판 기사騎士 이야기이다. 중세 기사도 문학의 기사처럼 본드는 M(아서왕)으로부터 임무를 부여받고 Q(멀린)으로부터 신무기(마법)를 받아 악당(괴물용)을 물리치러 떠난다. 악을 물리침으로써 선을 회복한다는 기사도 문학의 설화적 구도는 007에서도 여전히 이어지고 있으며, 선악의 극명한 대비와 마찬가지로 본드의 적들 역시 본드와는 전혀 상반된 극점을 이루는 존재로 묘사된다. 〈007 골드핑거〉는 그런 면에서 나중에 만들어진 007 영화의 기형적 악당들에게 모티브를 제공한 영화이다.

악당들은 본드와는 정반대의 모습으로 나타나 대립 쌍을 이룬다. 본드가 건장한 체격에 매너 있는 영국 신사의 이미지로 등장한다면 골드핑거는 나치를 연상케 하는 독일계에 엄청난 뚱보로 묘사되고, 그의 부하 오드잡은 아시아계로 설정되면서 서로를 반대 극점에 처하게 만든다. 영국 정보부 요원으로서 본드가 자유 진영을 위해 싸우는 투사라면 골드핑거와 그의 하수인은 중국 공산당의 후원(플레밍의 원작 소설에서는 소련)을 받아 서구 세계의 경제를 교란하려고 한다.

본드의 상대역에 걸맞게 악당들 역시 만만찮은 능력을 가지고 있는데 〈007 골드핑거〉에서 골드핑거와 오드잡은 만능형 영웅인 본드가 지닌 속성을 둘로 나눠서 일그러뜨린 거울 이미지로 제시된다. 골프장에서 잠시 농락당하기는 했지만 골드핑거는 기상천외한 작전 능력과 지성으로 본드의 두뇌를 능가하며, 오드잡은 골프공을 맨손으로 으깨는 괴력으로 본드의 육체적 능력을 압도한다. 007 영화의 강렬함은 이처럼 전혀 다른, 서로 상반되는 양대 극점을 충돌시키면서 선과 악의 이분법을 시각화하는 대위법counterpoint에서 나온다.

동화에서처럼 플레밍과 007 영화의 감독들은 선과 악, 빛과 어둠을 단순하게 나누어 갈등구조를 만들어내는 식의 편리한 서사 전략을 취한다. 그래서 어린 시절 전설과 설화 속의 영웅을 동경했던 아이들은 자라서 어른이 된 뒤에는 제임스 본드에게서 잃어버린 유년기의 동경을 되찾는다. 인종차별에 이념 편향, 노골적인 상업성으로 무수한 비판을 받았지만 그럼에도 007 시리즈가 50년의 역사적 전통을 이어오며 영화 역사의 한 페이지를 장식하는 건 바로 이와 같이 단순하면서도 효율적인 대중오락의 메커니즘을, 원형의 서사를 취하고 있기 때문이지 않을까?

생체권력이란 무엇인가? 〈모던 타임즈〉1936

찰리 채플린이 연기한 작은 방랑자the tramp는 영화사상 가장 유명한 캐릭터 중 하나일 것이다. 무성 영화의 전성기는 사라진 지 오래지만 채플린의 코미디는 여전히 보는 이를 울리고 웃긴다. 심지어 그의 영화를 전혀 보지 않은 이들도 우스꽝스러운 콧수염에 낡아 해진 중절모를 쓰고, 지팡이를 돌리며 절룩거리는 걸음으로 거리를 방황하던 초라한 신사를 기억한다. 작은 방랑자는 빈민가에 사는 가난한 이들과 어울리며 희망과 위안을 주지만, 매번 오해를 받아 경찰에 쫓기거나 이웃의 박대에 시달린다.

채플린의 작은 방랑자는 항상 순진무구한 마음씨를 가진 따뜻한 이웃이었다. 아울러 20세기의 세속 도시, 그 안에서의 팍팍한 삶을 견뎌내지 못한 부적응자였으며, 여유와 인정과 사랑을 갈구하는 19세기 낭만주의의 음유시인이었다. 〈키드〉1921에서 〈시티 라이트〉1931에 이르기까지 채플린이 빚어낸 코미디 명작이 한결같이 "한 아름의 웃음, 어쩌면 한 방울의 눈물이 함께 하는 영화a picture with a smile. and perhaps, a tear"일 수 있었던 건 바로 이와 같은 인물과 시대 사이에 놓인 괴리에서 기인한다.

몰인정한 시대에 떨어진 천사의 이야기. 채플린의 시대착오적 방랑자는 시대의 버림받은 자들의 편에 서서 문명의 어두운 그림자를 고발하곤 했다. 산업혁명과 자본주의, 첨단 과학과 경제 호황의 시대 안에서 절망과 고통, 인간 소외를 보았던 채플린은 마침내 〈모던 타임즈〉1936

에서 20세기에 대한 자신의 비판적 철학을 여과 없이 드러낸다. 진보를 추구할수록 퇴보하고, 부유함을 추구할수록 빈곤해지는 역설의 근대에 관하여.

생체권력bio-pouvoir—'신체를 기계화하라!'

근대 기술문명의 속성을 〈모던 타임즈〉는 인상적인 시각적 상징을 통해 대번에 함축해 버린다. 초침이 돌아가는 시계를 클로즈업한 영화는 이윽고 축사에서 몰려나오는 양 떼와 지하철에서 나와 공장으로 출근하는 노동자들을 교차편집해서 보여준다. 시계로 표상되는 기계의 리듬에 맞추어 축사에 갇힌 가축처럼 인간을 관리하려는 시스템의 욕망. 자본은 분업과 표준화를 통해 시간당 생산 효율을 증대하려 하며, 기계적인 반복을 통해 노동자들의 동작을 일일이 관리하고자 한다.

채플린이 연기하는 작은 방랑자를 포함해 영화 속의 노동자들은 컨베이어 벨트를 통해 쉴 새 없이 밀려드는 기계의 너트를 조인다. 같은 동작을 반복하며, 사장의 명령에 따라 기계의 작업 속도가 조절되면 이들의 움직임 역시 그에 맞춰진다. 마치 생산시설의 일부분이 되기라도 한 것처럼. 심지어 채플린의 방랑자는 동료와 다투면서도 컨베이어 벨트의 속도에 뒤처지지 않으려고 안간힘을 쓰며, 작업을 멈춘 점심시간에도 너트 조이는 동작을 강박적으로 반복한다. 격무와 스트레스로 지쳐버린 그는 결국 신경쇠약으로 정신병원 신세를 지게 된다.

미셸 푸코는『감시와 처벌』이나『성의 역사』에서 인간의 신체를 권력이나 자본의 의지와 필요에 따라 길들이고 규칙화시키는 것을 '생체권력bio-pouvoir'이라 말한 바 있다. 자동차 왕 헨리 포드나 테일러가 바랐던 것처럼 근대 자본주의 사회는 개인 신체의 개체적 독립성을 파괴하고 자본가의 필요에 철저히 복무하는 기능적인 도구가 되도록, 모든 에너지와 관심이 정해진 작업에만 집중되도록, 기계에 전유되도록 노동자의 팔과 다리를 훈련시킨다. 이때 신체에 대한 지배는 강제로 명령하는 차원을 넘어 개인으로 하여금 자발적인 복종, 규칙에 대한 무의식적인 준수를 이끌어내는 지경에 이른다.

기계의 일부분이 되어버린 인간. 〈모던 타임즈〉에 이르면 표현은 더 이상 풍자나 은유가 아니다. 공장 기계의 안으로 딸려 들어가서도 나사를 조이는 직분에 충실하려 하며, 자동 급식기계에 매여 식사의 자율성을 상실한 방랑자의 모습은 기계의 주인이 아니라 부속품으로, 시스템의 주체가 아니라 도구로 전락한 현대인의 슬픈 자화상이다.

방랑자, 탈주하다

〈모던 타임즈〉에서 채플린의 작은 방랑자는 담배 한 대 피울 틈을 주지 않는 사장의 감시(이 장면은 푸코가 말하는 원형감옥 판옵티콘과 조지 오웰의 소설 『1984』에 나오는 빅 브라더를 연상시킨다)하에 다시 작업장으로 돌아가며 출근할 때마다 시간 체크기에 꼬박꼬박 카드를 갱신한다. 그의 일거수일투족은 지속적인 관리와 감시 아래 놓여 있으며, 공장이 아닌 곳에서도 사정은 별반 다르지 않다. 신경쇠약 증세로 공장에서 해고당한 이후 정신병원에서 치료를 받고, 우연히 데모대 행렬에 휘말려 주동자로 오인 받아 감옥 신세를 지게 된다.

근대 사회의 시스템은 주어진 환경에 순응하고 통제에 복종하도록, 정해진 시간을 준수하고 공간의 규칙을 지키는 양순한 시민이 되도록 길들인다. 만들어지는 건 단순한 '제품'만이 아니다. '인간'이 만들어진다. 생체권력은 일상의 공간에조차 뻗쳐 있다. 학교에서 직장에 이르기까지 우리는 성실한 시민, 근면한 노동자가 되도록 교육받으며, 일탈하지 않도록, 질서를 벗어나지 않도록 길들여지지 않았던가? 〈모던 타임즈〉는 방랑자로 살아가는 채플린이 어떻게 주변으로부터 소외되고 억압받는지를 계속해서 보여준다. 영화에서 채플린의 캐릭터는 항상 감시와 관리의 대상이다. 그는 노동하고 가정을 꾸리며 내 집을 마련하는 데 부심하는 등, 노동과 생산과 소비의 순환을 그리는 자본주의적 삶을 벗어나 있기 때문이다.

그런 점에서 〈모던 타임즈〉 속 작은 방랑자의 동선이 공장에 이어 정신병원과 감옥의 공간학적 지형도를 그리는 것은 사뭇 의미심장하다.

자본주의 시스템은 일탈자들, 탈주한 아웃사이더들을 방치하지 않고 다시 붙잡아다 노동과 생산과 소비의 순환 속으로 돌아가도록 재사회화하려 한다. '비정상적'인 것을 '정상화'하려는, 정상적인 시민, 근면한 노동자를 재생산해내고 개인의 신체를 지배하기 쉬운 몸으로 바꿔내려는 자본의 욕망이 여실히 드러난다. 하지만 채플린의 방랑자는 순응하기를 거부하고 길을 떠난다. 톱니바퀴 부품이 되지 않기 위해서, 온전히 사람으로 살기 위해서.

채플린은 근대라는 시대 속에서 정상인으로 살아가는 일이 얼마나 지난하고 비인간적인지를 방랑자의 행동을 통해서 이야기한다. 〈모던 타임즈〉는 경고의 영화이다. 드링크제와 카페인을 마셔가면서까지 열심히 일함에도 더욱 빈곤해지고, 부자유의 조건에 속박되어 있는 우리의 아이러니한 처지를 돌아보게 한다. "인간은 자유롭게 태어났다. 그리고 곳곳에서 사슬에 묶여 있다L' homme est ne libre, etpartoutil est dans les fers." 장 자크 루소의 말이다.

유목과 정착 사이, 중용中庸의 선을 타고 〈와호장룡〉 2000

리안의 〈와호장룡〉2000은 무협영화의 명작으로 손꼽히지만 동시에 이 분야에서 가장 예외적인 영화이기도 하다. 장철의 〈의리의 사나이 외팔이〉1967 이래 많은 무협영화들은 의협義俠과 복수의 서사를 반복해왔지만, 그 점에서 이 작품은 일반적인 무협과 선을 긋는다. 선한 자와 악한 자의 분별은 분명하지 않으며, 인물들의 행동은 비장하지도 장엄하지도 않다. 다만 저마다의 소망대로 살고자 하는 욕망이 뒤엉키는 세속의 삶만이, 무공을 연마했다는 점 말고는 지극히 평범한 인간들의 인생 역정이 펼쳐질 따름이다.

강호를 풍미했던 고수 이목백은 면벽수행을 그만두고 무당산을 내려온다. 그는 자신의 애검愛劍인 청명검을 북경의 철대인에게 맡기고 은퇴하여 연모하던 사매인 수련과 함께하는 인생을 꾸리려 한다. 그러나 철대인의 집에 도둑이 숨어들어 청명검을 훔치게 되면서 소란이 일어난다. 이목백은 범인이 다른 조정의 고관 옥대인의 딸 옥교룡이라는 것과

그녀의 유모가 사부를 죽인 원수 '푸른 여우'라는 걸 알고 다시 검을 들게 된다. 한편 양갓집 규수인 교룡은 원치 않는 결혼을 할 처지에 놓이자 자유를 찾아 강호에 뛰어들고, 행방이 묘연해진 그녀를 찾아 이목백은 표국으로 향하는데.

'홈 패인 공간'과 '매끄러운 공간'

들뢰즈와 가타리는 『천 개의 고원』에서 일정한 가치나 삶의 방식에 얽매이지 않고, 고정됨이 없이 거듭 갱신更新하며 새로운 영토, 새로운 가치를 찾아 살아가는 바를 두고 유목주의Nomadism라 지칭한다. 여기서 두 철학자는 공간의 성격을 '홈 패인 공간'과 '매끄러운 공간' 두 가지로 분류한다. 리안 감독이 〈와호장룡〉에서 보여주는 바는 『천 개의 고원』에서 주장하는 공간에 대한 논의와 깊은 관련이 있다. 우리는 영화에서 펼쳐내는 공간학적 지형도들, 북경과 신장, 표국의 속성을 파악하는 데서부터 다시 영화의 속뜻을 읽어내야 한다.

수련이 이목백의 검을 받아 철대인에게 전하러 가는 길에서 북경은 위압적인 규모의 도시적 공간으로 그려진다. 자금성을 중심으로 국가 권력이 장악해 사회적 규범과 질서가 강제되는 공간. 기하학적으로 질서정연하게 배치된 도로와 집들, 틈새를 나누고 가로막는 성벽과 담장들은 그 안에서 살아가는 사람들로 하여금 공간에 부여된 질서와 규칙대로 살아가도록 강제한다. 홈을 따라 굴러가는 수레바퀴를 클로즈업하는 장면에서 암시되듯, 북경은 『천 개의 고원』에서 말하는 '홈 패인 공간'에 가깝다. 물이 논밭에 패인 수로水路를 따라 흐를 수밖에 없듯 도시 공간은 사람들이 제멋대로 유랑하지 않고 일정한 방향으로 움직이도록 설계된다.

'홈 패인 공간'에서 살아가는 방법은 단 두 가지이다. 그 안에 맞추어 순응해서 살아가거나, 아니면 담장과 벽 너머의 자유로운 평면, 즉 '매끄러운 공간'으로 나아가는 탈주의 비상선을 그리는 방법이 있을 뿐이다. 가부장적 종법 질서에 복종하여 부모가 정해준 혼처에 따라 결혼을 하고 남편을 따라 순응하는 것이 여성의 전부였던 시대. 당찬 아가씨 교룡은 답답한 양갓집 규수의 삶을 벗어나 무협 소설에 나올 법한 강호의 자유분방함을 동경한다. 그런 그녀에게 탈주의 욕망을 촉발시킨 건 마적패의 두목이자 그녀의 연인인 방천운이다.

신장의 사막. 그곳은 가로막는 어떠한 경계도, 장애물도 없고 발 닿는 곳은 모두 길이 될 수 있는, 어디든지 말을 몰아 달릴 수 있는 '매끄러운 공간'이다. 조정의 권력이 미치지 못하는 사막의 무법지대에선 반상의 질서, 신분의 차이 따윈 아무 의미 없다. 사막에서 교룡과 방천운 두 사람은 단지 남녀의 관계로서 만나며 무한의 자유를 만끽한다. 욕망을 하늘 끝 간 데 없이 쏟아낼 수 있었던 사막에서의 경험은 교룡으로 하여금 스스로의 욕망을 제도의 작은 틀에 머물지 못하게 한다.

그래서인가. 〈와호장룡〉에서 교룡이 보여주는 몸짓은 모두 날아오르는 것, 중력을 무시하고 벽과 경계를 넘어서는 상승의 동선으로 귀결된다. 바로 그런 그녀와는 사뭇 다른 지점에서 우리는 이목백과 수련을 배치해서 사유할 수 있을 것이다.

중용中庸, 삶의 균형을 찾아서

강호로 진입하고자 청명검을 훔치고 결혼식을 파탄 내가며 교룡이 애쓰는 반면, 영화의 도입부에서 이목백은 역으로 강호에서 벗어나고자 북경으로 내려온다. 교룡이 동경해 마지않던 강호의 실상은 이목백의 말에 따르면 고수와 부패가 판치는 곳이며, 수련의 말처럼 살아남기 위해선 우정과 신의, 고결함이 필요한 곳이다. 강호조차 교룡이 갈망하던 만큼 이상적인 장소가 되지 못하는 것이다.

강호에 들어선 교룡은 훔친 청명검과 무공에 의지해 객잔에서 난동을 부린다. 엄연히 위계와 질서가 작용하는 강호에서 무조건적인 자유를 찾으려면 필요한 것은 힘, 방해되거나 거슬리는 것들을 박살 내고 치워 버릴 절대적인 힘이다. 악인은 자아自我에 충실하기 위해 힘을 갈구하며, 얻은 힘으로 타인을 해친다. 영화가 아닌 현실을 살아가는 우리는 이런 유의 자유를 긍정해선 안 될 것이다. 이목백이 애써 교룡을 찾아 손수 가르치려는 이유가 바로 여기에 있다. 그는 교룡이 독을 품은 용이 되지 않도록, 악당 푸른 여우처럼 되지 않도록 순응과 조화의 필요를 깨닫게 하려 한다. 그리하여 표국의 대나무숲에 이르러 두 사람은 서로 검을 겨루게 된다.

교룡은 대나무를 발판 삼아 허공으로 솟구쳐 오르려 하지만, 이목백은 대나무에 발이 뿌리내린 듯 흐트러짐 없이 평정을 유지한다. 대나무의 흔들림에 동참하며 여유로운 표정을 짓는 이목백의 모습은 교룡이 추구하는 것과는 다른 경지를 보여준다. 흐름에 따라 몸을 맞추지만 그에 속박되지는 않으며, 매여 있지는 않지만 한계 없이 일탈하지는 않는다. 하늘에 오르지도 않고, 그러면서 땅에도 안착하지 않는 모호함. 빈 허공虛空도 지상도 아닌 이 공간은 자유의 허공을 향해 솟구치려는 교룡과 현실의 땅에 발붙이고 안정을 찾고자 내려오는 이목백, 둘이 마주치는 절충점이며, 도시의 '홈 패인 공간'과 사막의 '매끄러운 공간' 사이에 놓인 또 다른 상태의 공간이다.

상승과 하강, 유목과 정주 사이의 미묘한 균형점. 우리는 이 지점을 '중용中庸의 공간'이라는 다른 용어로 부를 수 있지 않을까? 표국의 대나무숲과 무당산의 안개. 〈와호장룡〉은 상반된 인생의 행로를 그리던 두 사람이 서로에게 없는 것을 교환하고 합일하는 접점을 만든다. 이목백은 마침내 수련에게 사랑을 고백하며 숨을 거두고, 교룡은 무당산을 찾아가 운무雲霧로 가득한 허공에 몸을 던진다. 이제까지의 상승 일변도와는 사뭇 상반되는 하강의 동선. 맹세에 얽매여 살았던 이는 내면의 자유를 얻고, 방종으로 치닫던 청춘은 절제와 조화를 깨닫는다. 질서와 규율에 속박됨도, 무한의 자유를 추구함도 삶의 길은 아닐지니, "내키는 대로 하여도 도리에서 어긋나지 않음從心所慾不踰矩"(공자, 『논어』)이야 말로 진정 지혜로운 자의 처신이 아니겠는가?

'리바이어던' 벗어나기 〈설국열차〉 2013

봉준호의 〈설국열차〉2013는 미래에 닥친 전 지구적 재난을 배경으로 삼는다. 온난화를 해결하기 위해 대기에 냉각제를 살포한 결과 지구는 새로운 빙하기를 맞이하고 살아남은 인류는 혹한을 피해 유람열차에 몸을 싣는다. 탑승한 승객들은 일등칸, 일반석, 무임승차한 꼬리칸의 난민들로 객차의 등급에 따라 계급이 나뉘어 각자의 위치에서 다른 삶을 영위한다. 17년 동안 노예처럼 억압과 굴종을 견뎌내던 꼬리칸의 주민들은 마침내 혁명을 일으키고, 혁명의 리더 커티스는 열차의 지배자 윌포드를 찾아가게 된다.

이 영화의 기본적인 플롯에 깊은 영향을 미친 건 프란시스 포드 코폴라의 전쟁 영화 〈지옥의 묵시록〉1979으로 보인다. 윌러드 대위가 커츠 대령을 암살하기 위해 수색하는 과정에서 베트남전의 참상을 목격하게 되는 것처럼, 〈설국열차〉에서 커티스는 윌포드를 찾아 꼬리칸에서 엔진으로 나아가면서 설국열차, 근대 문명의 종착역이자 축소판인 이 기계적 소우주의 실상을 서서히 목격하게 된다.

〈설국열차〉, '리바이어던'의 세계

엔진에 다다르는 데 성공한 커티즈에게 윌포드가 후계자의 자리를 제안하며 말한다. "저 다리 너머로 구역과 구역들이 언제나 있어 왔고 또 그대로 있을 것이네. 이 모두가 무엇을 위해선가? 이 기차일세. 지금

이 순간 인구가 적당하고 모두 제 위치에 있지. 인류를 위해서야. 이 열차가 세계일세." 그의 말은 꼬리칸 주민들을 신발에 비유하며 분수를 알고 자리를 지키라던, 세세히 구분된 각자의 위치에 머물러야 한다던 총리 메이슨의 연설과 일맥상통한다.

설국열차의 지배자들은 유기체의 각 기관이 고정된 위치와 기능을 가지고 있는 것처럼 사회의 구성원들도 배정받은 역할과 신분에 따라서 위치가 할당되어 있다고 여긴다. 정해진 배치에 따라 순응하면 질서가 조화롭게 유지되며, 만약 "신발을 머리 위에 쓰는" 것처럼 구성원의 위계를 바꾸거나 뒤흔든다면 사회의 균형과 안정이 무너진다고 주장한다. 이들의 언어는 명백하게, 사회를 유기체로 보는 보수주의자들의 관점, 즉 '사회 유기체론social organism'을 가리키고 있다.

"지도자 없이 인류가 어찌 되는지 잘 알지 않나. 서로를 삼켜 대지. (…) 이상하고 또 한심하지. 안 그런가? 자네가 저들을 저들 자신으로부터 구할 수 있네." 성난 군중이 몰려드는 걸 보면서 윌포드는 지배계급의 정당성을 역설한다. 이때 그의 논리는 정치학자 토머스 홉스의 『리바이어던』을 연상케 한다. 홉스는 『리바이어던』에서 인간이 본질적으로 이기적 존재이며 자연 상태에서는 욕망과 자기 보호를 위해 폭력을 휘두를 수밖에 없고, 결국 "만인의 만인에 대한 투쟁상태"에 빠지게 된다고 한 바 있다. 이를 막고 안정을 찾기 위해 국가라는 유기체적 질서, 즉 '괴물Leviathan'이 필요하며 사람들은 이에 복종하고 자신들의 권리를 양도해야 한다는 것이다.

복종을 대가로 한 생존과 평화의 계약. 여기서 홉스의 『리바이어던』은 위계질서를 정당화하고 명령과 복종의 관계, 소수 특권층의 기득권을 옹호하기 위한 어용의 논리로 동원되고 만다. 혹한이 전 지구를 휩쓰는 종말의 세계, 열차 안에 머무는 것 이외에는 생존의 대안이 없는 설국열차의 세계에서 지배계급의 논리는 무척이나 『리바이어던』을 닮아 있다. 폭력과 차별, 착취와 억압이 있다 하더라도 이 질서 안에서 살 수밖에 없음을 강변하는 악마의 목소리들.

'탈주'로서의 혁명

〈설국열차〉가 혁명을 그린 다른 영화들과 달리 보이는 건, 보다 근본적인 문제를 건드리며 철학적 충격을 강화하고 있기 때문이다. 꼬리칸의 정신적 지주였던 길리엄은 윌포드와 내통한 한패였으며, 혁명 또한 시스템의 필요에 따라 미리 프로그램으로 준비된 필연에 지나지 않는다. 자유의지란 피지배자의 환상에 불과하며, 순진한 계몽과 해방의 서사는 완전히 부정당하고 만다.

불평등한 체제를 갈아엎어 버리겠다는 의지로 달려온 커티스였지만, "열차가 곧 인류이며 세계"라는 윌포드의 회유에 순간 설득되기도 한다. 그의 혁명적인 움직임 역시 열차에 의지해야 인류가 생존할 수 있다는, 이제까지의 체제를 유지할 수밖에 없다는 믿음으로 인해 와해되는 것이다.

들뢰즈와 가타리는 『안티 오이디푸스』에서 이와 같이 질서의 벽에 갇혀 시스템의 일부로 포섭되는 것을 '신경증neurosis'이라 불렀으며, 더 이상의 저항과 탈주를 포기한 채 허무주의에 사로잡히는 경우를 두고 '정신병psychosis'이라 칭한 바 있다. 한때 민주주의와 혁명을 외치던 운동권의 인사들은 어느 순간 체제에 포섭되어 또 다른 기득권층이 되었으며(신경증), 무수한 시민운동과 비판의 목소리가 있었음에도 권력은 요지부동이고 사회는 개선되지 않는다. 혁명의 중심이어야 할 민중 역시 일말의 저항조차 포기한 채 현재의 질서 안에 안주(정신병)하기 십상이다. 위정자의 이름만 바뀔 뿐, 그 무엇도 개선되지 않는다. 이런 딜레마로부터 벗어나는 방법은 없을까?

의외로 출구로 빠져나오는 새로운 접점은 혁명아 커티스가 아니라 보안설계자 남궁민수에게서 발견된다. "이 바깥으로 나가는 문들 말이야. 워낙 18년째 꽁꽁 얼어 있다 보니 이게 무슨 벽처럼 생각하게 됐는데, 사실은 그냥 문일 뿐이란 말이지." 남궁민수가 엔진으로 통하는 앞의 문이 아닌, 바깥세상으로 통하는 옆문을 열고자 했던 것을 두고 들뢰즈와 가타리라면 '홈 패인 공간'을 벗어나 '매끄러운 평면'으로 나아가는 탈주의 몸짓이라 높이 평가했을 것이다.

열차 안에 속박된 이들은 열차라는 틀 안에서, 체제와 가치관 안에서

'인류humanity'를 정의하지만 그것은 기껏해야 정해진 틀 안에서의 순환에 지나지 않는다. 이런 악순환에서 벗어나는 길은 열차로 표상되는 기존의 체제, 틀 자체로부터 벗어나 자유로워지는 것이며 아예 바깥에서 새로운 가능성을 찾아보아야 하는 것이다. 열차로 표상된 질서가 완전히 파괴되어 버린 빈자리에서 살아남은 아이들의 미래는 알 수 없다. 그러나 분명한 것은 이제까지 있어 왔던 것과는 전혀 다른, 불확실한 만큼이나 무한한 가능성과 끝없는 선택의 신세기가 펼쳐질 것이란 것이다.

리미츠 오브 컨트롤, 합리와 이성을 넘어서

〈엑소더스—신들과 왕들〉 2014

〈엑소더스—신들과 왕들〉2014의 이야기는 「출애굽기」의 큰 틀에서 벗어나지 않는다. 이집트 왕실의 일원이자 유능한 장군이었던 모세가 추방된 후 유목생활을 하다 신의 계시를 받고, 이집트로 돌아가 갖은 기적을 일으키며 히브리 민중을 고향땅으로 이끌어낸다. 다만 인물의 성격과 연출의 방향에 있어선 전혀 다른 지점을 향해간다. 〈십계〉1956에서 찰튼 헤스턴이 연기한 모세는 견실하고 모범적인 영웅이자 흔들림 없는 카리스마를 지닌 신앙의 화신으로 그려진 바 있다. 그러나 크리스천 베일의 몸을 입고 재해석된 모세는 다르다.

첫 등장에서 모세는 이성적 판단을 중시하며 신과 신탁, 이에 따르는 주변인들의 종교적 심성을 냉소하는 합리주의자의 모습으로 출발한다. 히타이트와의 전쟁을 목전에 둔 파라오 세티 1세는 신관에게 점괘를 묻

는다. 신관은 전투의 승패에 대한 확답은 회피하는 대신 "이번 전투에서 한 남자가 지도자를 구하고, 그 남자는 훗날 지도자가 될 것"이라는 모호한 신탁을 남긴다. 그런 신관을 모세는 비웃는다. 〈로빈 후드〉2010에서 감독이 주인공을 중세에 도착한 현대 민주주의의 선구자로 그렸던 것처럼, 이 영화에서의 모세 또한 마치 시간여행이라도 한 것처럼 고대인들의 세계에 홀로 떨어진 현대의 무신론자처럼 보인다. 이것은 재해석을 넘어선 파괴적인 재창조이며, 고전의 드라마를 답습하되 그 안에 철학적 심도를 불어넣고자 한 감독 리들리 스콧의 야심이 빚어낸 결과이다.

근대적 인간, 신과 씨름하다

모세는 전쟁의 승리가 신의 뜻이 아닌 전략과 전술에 달렸다고 믿는다. 영화의 도입부를 장식하는 카데슈 전투의 승리를 주도한 그는 히브리인들의 지도자가 된 뒤에도 군사 지휘관으로서 병사들을 훈련시키고, 전면전이 아닌 게릴라 전술로 이집트를 괴롭히며 람세스 2세를 협상 테이블로 끌어내려 한다. 그러나 의도와 달리 람세스 2세는 히브리인 거주 구역에 군사를 파견하며 더욱 강경한 자세로 맞서고, 독립을 쟁취하기 위한 투쟁은 도리어 탄압의 강도를 높이는 역효과를 불러오기만 한다. (이 대목은 은연중 이스라엘과 팔레스타인의 분쟁이라는 현대의 시사를 반대 구도로 역전시킨 것처럼 보인다.)

"모습을 감춰서 뭘 말씀하시려는 겁니까? 절 굴복시키려고 이러십니까? 전 절대 굴복하지 않습니다!"

영화의 플롯은 두 개의 갈등 구도를 설정하고 동시에 진행시킨다. 모세와 람세스 2세가 각각 히브리인과 이집트 두 민족의 정치적 지도자로서 대립각을 세운다면, 또 다른 한편에는 인간 모세와 신, 이 둘 간의 상반된 입장 차이가 자리한다. 〈십계〉에서 신 앞에 순종하던 모세는 〈엑소더스〉에서는 신들의 계략에 온몸을 내던져 맞서는 그리스 신화의 오디세우스처럼 바뀌어 있다. 모세는 신의 개입 없이 오로지 인간의 능력만으로 상황을 바꾸고 독립을 쟁취할 수 있음을 입증하려 한다. 그리고 모든 군사적 시도가 실패로 돌아간 후, 이집트에 열 개의 재앙이 내린다. 무신론을 고수하며 인간의 힘과 의지로 역사를 움직일 수 있다 믿는 모세의 이성, 세속의 절대군주 람세스 2세의 권력은 신 또는 그로서 표상되는 자연의 불가해함 앞에서 속수무책일 따름이다.

이때 펼쳐지는 재앙을 묘사하는 감독의 연출이 무척 특이하다. 〈십계〉에서 재앙이 단지 기적으로만 묘사되었다면, 여기선 알렉스 프로야스의 〈노잉〉2009에서처럼 인과 관계가 뚜렷한 자연 현상처럼 그려진다. 악어들의 이상 난동으로 나일강이 오염되고, 적조 현상으로 물고기들이 폐사하고, 이를 피해 물 밖으로 뛰쳐나온 개구리들도 죽으면서 그 시체에서 파리와 같은 해충이 들끓어 전염병이 창궐하는 연쇄 작용이 일어난다. 연이어 냉해와 우박, 메뚜기 떼가 밀어닥친다. 장자의 죽음을 제외하면 모두 과학적인 설명이 가능한 현상인 것이다. 심지어 바다가 갈라져 길이 열리는 기적 또한 바다에 운석이 떨어진 여파로 쓰나미가 발생하면서 일시적으로 물이 빠진 것처럼 묘사된다.

계몽주의 시대 이래의 인간들은 스스로 신화와 마술의 세계로부터 벗어나 자연을 지배하는 주체가 되었다고 생각해 왔다. 그러나 합리주의와 이성을 추구한 끝에 도달한 결론은 역설적이게도 인간의 능력과 역량만으로는 세계를 온전히 이해할 수도, 통제할 수도 없다는 진실이었다. 극 중 이집트 왕실의 학자가 나름의 과학적 추론을 내놓고도 처형당하는 것처럼, 설령 자연의 이변을 이해한다고 해서 그걸 해결한다는 건 전혀 다른 문제다.

리들리 스콧은 이 영화에서 신의 존재를 기독교적 전통에서의 인격적 존재인지, 아니면 세상의 모든 것을 포괄하고 사물을 통해 자신을 표현하는 범신론적 자연신인지 구분되지 않을 만큼 모호하게 연출한다. 소년의 모습을 한 절대자이든, 아니면 자연에 인격을 부여한 인간주의적 해석의 산물이든, 신의 실체가 무엇인지는 중요하지 않다. 중요한 건 세계의 거대함을 마주한 인간 존재의 왜소함과 무력함에 있다.

숭고, 그리고 아나그노리시스anagnorisis

〈엑소더스〉의 많은 장면들은 자연을 거대하고 압도적으로, 인간을 작고 위축된 모습으로 크기를 대조시킴으로써 "단적으로 큰"(임마누엘 칸트) 세계의 웅장함을 강조한다. 이는 카스파 다비드 프리드리히나 윌리엄 터너, 존 콘스터블과 같은 19세기 유럽 낭만주의 화가들의 미학적 전략을 영화적으로 차용한 것이다. 인간의 합리적 이성과 인식의 한계를 아득히 넘어가는 것을 마주했을 때의 형이상학적인 감정과 감각, 신 앞에서의 또는 자연 앞에서의 '숭고sublime'야말로 〈엑소더스〉의 주제이며, 리들리 스콧이 다시 한 번 「출애굽기」를 영화화하고자 한 이유일 것이다.

영화의 가장 핵심적인 순간은 모세가 히브리 군중을 이끌고 나와 이

읏고 바다에 다다랐을 때 나온다. 〈십계〉와는 달리 길을 잃고 헤맨 끝에 바다에 도달한 모세는 모습을 보이지 않는 신에게 자신의 오만과 무력함을 고백하며 허리춤에 찬 자신의 칼을 바다의 파도 속으로 집어 던진다. 광활한 바다와 그 안에 한 점의 조약돌처럼 던져진 검의 시각적 대비. 세계 속에 내던져진 존재의 숭고. 형제 람세스와의 인연의 증표이자, 동시에 장군의 능력과 권위를 함축하는 상징물을 내던지는 이 순간을 기점으로 모세는 이집트의 고위 장군이라는 과거와 단절하는 동시에 히브리 민족의 종교적 지도자로 변모한다. 합리적 이성의 근대인이 도리어 신화와 종교의 세계로 돌아가는 역전. 세계 속 인간 존재의 미약함과 이성의 한계를 절감한 끝에 모세는 마침내 아집을 내려놓고 겸허히 신을, 인간을 넘어선 세계의 거대함을 받아들이게 된 것이다.

그리스 비극에서 인간 비극성의 본질이란 '아나그노리시스anagnorisis', 즉 인간 자신이 세상 속의 자신을 비극적 존재로 '인정'하는 것이었다. 흔히 '인지recognition' 또는 '깨달음'으로 번역되곤 하는 이 말은 『일리아드』나 『오디세이아』 속 그리스 신화의 영웅들이 신들이 내린 시험과 고난을 감당해낸 끝에 자기 존재의 한계를 인정하고, 무지에서 벗어나 삶의 진실과 운명에 눈뜨는 것을 이른다. 신적 존재의 비열함과 무자비함, 숙명의 불가해함에 맞서 대항함으로써 존재의 의미를 재구성하는 인간형의 등장. 감독 리들리 스콧의 사유는 아리스토텔레스의 『시학』 또는 루카치의 『비극의 형이상학』이 지적한 바와 같은 그리스 비극의 고전적 실존주의와 맥이 닿아 있다.

세계는 결코 우리 인간의 상상과 같지 않고, 의지대로 돌아가지 않는다. 시지프스의 딜레마처럼 인간 존재는 자기 의지를 가지고 숙명에 저항하지만, 종국에는 '세계 속 존재'로서의 자신을 깨닫고 받아들일 수밖에 없다. 신과 자연으로 표상되는 세계의 비인격성, 그리고 앞에 선 인간을 대비시킴에서 배어 나오는 '숭고'의 감정. 〈엑소더스〉는 기본적으로 모세와 람세스의 대결을 그리지만, 보다 메타적인 층위에서 보자면 세계 속 인간의 자기 인식에 관한 영화이기도 하다. 헤브라이즘의 영웅 모세를 다분히 헬레니즘적인 관점에서 재조명함으로써 리들리 스콧은 종교와 신화의 기원에 관한 통찰을 영화에 담고자 한다. 종교와 신화는 무지의 산물이 아니며, 오히려 세상은 불가역하고 불가해한 것임을 인지하고 인정하게 된, '보다 큰 차원meta'에서의 이성의 발로일 수 있음을 지적하고 있는 것이다.

2부 한국 영화의 풍경(들)

"사람은 세계가 아니고 세계는 사람과 동일하지 않지만,
사람은 그 안에 존재하고 그 세계에 주의를 기울이지요.
그게 바로 작가의 일입니다. 작가는 세계에 주의를 기울여요."

수전 손택

봉준호 영화와 '사건'의 철학 〈기생충〉 2019

『존재와 시간』에서 하이데거는 인간이 생각하는 동물이라는 명제에 한 줄을 덧붙인다. 분명 인간은 생각하는 동물이지만, '항상' 생각을 하면서 사는 건 아니다. 전혀 기대하지 않았던 '사건'을 마주하는 순간, 어떤 '낯섦'과 조우하고 나서야 인간은 갑자기 들이닥친 당황스럽고 불편한 것을 이해하고자 사유를 하게 된다. 이를 설명하기 위해 하이데거는 고장 난 망치의 비유를 든다, 벽에 못을 박거나 달군 쇠를 두들길 때, 손안의 망치는 도구로서의 기능에 충실하기에 개별적으로 인지되지 않는다. 그러나 자루가 빠져 더 이상 편리하지 않게 된 망치는 자명성의 영역에서 벗어나 불편함의 대상이 됨으로써 역설적으로 멀쩡한 망치가 '존재했음'을 상기케 한다.

봉준호의 영화들은 마치 하이데거의 망치와도 같다. 〈괴물〉2006에서 괴물은 영화가 시작한 지 15분 만에 갑자기 출몰해 한강변을 헤집는다. 괴물을 소재로 한 영화들이 그 정체를 중후반까지 감추고 서서히 밝혀가는 구성을 취하는 걸 떠올리면 장르 안에서 이 구성은 괴물의 생김새만큼이나 기형적이다. 애당초 괴물 자체는 중요하지 않다는 감독의 선언. 정작 영화가 말하고자 하는 바는 괴물의 출현이라는 '사건'을 통해서 드러나는 어떤 '낯선' 것들, 일상의 층위 아래 감춰져 왔던 한국 사회의 공포와 불안을 가시성의 표면 위로 끌어올리고 '탈은폐'하는 데 있다. 영화가 겨냥하는 진정한 괴물은 괴물 자체가 아니라, 인물의 대응 과정에서 드러나는 국가의 부재, 제 살길만 도모할 뿐 연대하지 않는 민중과 변절한 운동권 등 침묵 속에 묻어둔 한국사회의 병폐들이다.

이처럼 '사건'을 계기 삼아 불편한 진실에 다가서려는 '탈은폐'의 모티브는 일말의 서스펜스를 동반하며 봉준호 영화의 서사를 추동하는 원동력이 된다. 〈마더〉2009에서 아들이 살인자가 아님을 입증하고자 나섰던 어머니의 탐사는 도리어 약자들끼리 서로를 갉아먹는 밑바닥의 불편한 진실을 마주하게 되고, 〈기생충〉2019에서 탄탄한·성공대로를 달릴 것만 같았던 기우 가족의 사기극은 지하실에 봉인된 비밀의 문을 열어젖히면서부터, 상부 구조에 기생하면서 같은 계급끼리는 투쟁하는 계급적 현실의 역설을 희비극적으로 드러내고 만다. 〈설국열차〉2013의 말미에서도 주인공 커티스는 첫 칸의 밑바닥을 열고 지하의 기관실에서 부속품처럼 소모되는 계급 사회의 실상을 목격하지 않았던가?

코로나 사태를 맞이하면서 문득 봉준호의 영화 속 장면들을 떠올렸다. 바이러스 확산 못잖게 무서운 건, 이 돌발적 '사건'이 들이닥친 뒤 연쇄적으로 터져 나오는 한국사회의 어그러진 풍경들, 당장의 생계유지

에 위기를 맞은 서민의 계급적 현실과 민중들 삶의 불안을 파고든 사이비 종교의 실체였다. 공교롭게도 지금의 양상들은 봉준호 영화가 추구해온 발화의 형식과도 맥이 닿아 있다. 우리는 평소에 외면해 왔던 우리 사회의 감춰진 진실들을 이 파국적 상황을 겪고 나서야 비로소 거울을 대하듯 마주하고 있는 것이다. 〈기생충〉의 말미에서 기우의 아버지 기택은 저택의 전등을 깜빡이며 모르스 신호를 보낸다. 무관심한 이들에겐 단지 전등의 고장이겠지만, 신호를 해독할 수 있는 이에겐 위급함을 알리는 '존재의 목소리'에 다름 아니다. 그 신호에 응답하는 순간부터 위기를 타개할 하나의 전환이 일어날 수 있지 않을까 생각해보는 것이다.

천국과 지옥

〈기생충〉은 두 개의 가족으로 표상되는 두 개의 계급을 다룬다. 남루한 반지하에 거주하는 빈민 가족의 반대편에는 언덕길의 고급 주택가에 사는 상류층 가족이 배치된다. 공간의 높고 낮음을 통해 계급을 분할하는 수직적 배치와 계단을 오르내리는 동선은 김기영의 〈하녀〉1960, 반듯한 고급주택과 슬럼화된 빈민가로 명료한 이미지의 대비는 구로사와 아키라의 〈천국과 지옥〉1963을 상기시킨다. 이러한 설정은 안이하게 다루었다간 평면적인 적대 구도의 함정에 빠지기 쉽다. 부유층은 퇴폐적이고 악이고 빈민층은 정직하고 선하다는 식의 이분법적 구도는 한국 대중 영화의 전형적 관습이며, 많은 창작자들은 이 상투성에 기대어 손쉽게 카타르시스를 자아내려는 유혹에 빠진다. 봉준호는 다른 국면으로 영화를 끌고 간다.

기우최우식가 과외 선생으로 들어간다는 작위적인 사건의 발단부터, 두 계급을 한 공간의 실내극에 묶고자 한 감독의 고민이 엿보인다. 〈하녀〉의 중산층 가족은 계단을 사이에 두고 신분 상승을 꾀하는 식모와 충돌하며, 〈천국과 지옥〉의 기업인 곤도는 교도소 면회실의 창문에서나마 유괴범과 마주할 수 있었다. 하지만 오늘날의 현실에서 두 계급은 더 이상 만나지 않는다. 한국 사회의 상류층은 빈민들과 접촉할 어떠한 시공간적 접점도 갖지 않기 때문이다. 박사장이선균 일가가 지하실에 무엇이 있는지, 수몰된 빈민가의 상황이 어떤지 전연 무관심하듯, 다른 공간을 점유한 이들에게 서민들이 겪는 비극은 딴 세상 이야기에 지나지 않는다. 결국 이것은 한 편의 우화이다. 〈기생충〉은 연극적인 무대 세팅에서 바깥의 현실을 끌어들이고 함축하려 한 김기영 영화의 화법을 이어받아, 현대의 계급적 양상에 대한 이야기를 하고자 한다.

〈살인의 추억〉2003과 〈괴물〉에서 국가장치의 중력에 짓눌린 민중을 다루었던 봉준호는 지배와 피지배의 단순한 구도를 버리고 복잡 미묘한 상황을 연출한다. 두 가족의 관계는 대립이 아닌, 자본을 매개로 한 암묵적 공조에 가깝다. 기우의 가족은 생존을 위해 박사장 댁에 기생하고, 박사장 일가는 고용인이 제공하는 노동의 편의에 만족할 뿐 정체 따윈 궁금해하지 않는다. 이러한 기생 내지 공생 관계는 '선을 넘지 않는' 계급 구분이 지켜지는 한, 안정적으로 유지된다. 등장인물에게 선악을 묻는 건 무의미하다. 그들은 오로지 각자의 계급적 이해에만 충실할 따름이다. 박사장 일가의 매너와 착함은 풍요로운 물질적 기반이 있기에 가능하며, 기우 가족의 악다구니는 생존을 위해서라는 명목이 있기에 함부로 비난할 수 없다.

계급 관계를 다루는 소재의 측면에서는 동일하지만 봉준호의 관점은 이창동과는 전혀 다르다. 〈버닝〉2018에서 청년 세대를 대변하는 인물인 종수는 벤을 살해함으로써 계급의식의 각성을 통한 '저항'의 함의를 전한다. 하지만 봉준호는 이들 계급이 무지한 게 아니며, 도리어 자신의 계급성을 영악하리만치 잘 알고 있기에 저항이 아닌 '기생'을 택하는 것으로 본다. 고도화된 자본주의 질서 안에서 아我와 피彼의 구분은 쉽지 않다. 도리어 계급 투쟁은 유산계급과 무산계급 사이에서가 아니라 같은 계급끼리의 이전투구가 되어 훨씬 끔찍한 양상을 띤다. 오로지 자본만이 승리를 구가하는 가운데, 밑바닥의 삶과 그로부터 올라오는 구조 요청의 신호는 무시되고 은폐되며 잊힌다. 이것이 2010년대 우리 세계의 풍경이며 위기의 징후라고 〈기생충〉은 경고한다.

교감이 사라진 자본주의의 세속, 존재의 목소리에 귀를 기울이면

〈옥자〉 2017

〈옥자〉2017는 옥자라는 이름의 돼지를 둘러싼 두 인물의 이야기이다. 강원도 산골에서 옥자를 가족처럼 키워온 미자안서현의 반대편에, 유전자 조작 동물을 개발해 이윤을 추구하는 글로벌 기업의 CEO 루시 미란도틸다 스윈튼가 있다. 영화는 전혀 다른 시선으로 옥자를 바라보는 두 측의 입장을 번갈아 보여준다. 미자에게 있어 옥자는 떼어놓을 수 없는 단짝이지만, 미란도의 입장에서는 '슈퍼 돼지 프로젝트'의 일환으로 생산한 엄연한 제품이며 부위별로 해체할 수 있는 고깃덩어리에 지나지 않는다. 미란도 기업이 옥자를 회수해 뉴욕으로 옮기려 하자 미자는 동물 보호 단체 ALF의 운동가들과 손잡고 옥자를 되찾는 여정에 오른다.

봉준호 감독이 〈옥자〉를 통해 드러내는 주제의식은 생기론vitalism과 기계론mechanism의 대립이라는 철학의 전통적인 주제와 맞닿아 있다. 생명체에는 단순히 물질로만 여길 수 없는 고유한 개체적 특질, 영혼anima이 있다고 믿는 생기론자들과는 달리 기계론자들은 생명체 또한 기계와 마찬가지로 구조적 동일성을 지니고 있으며, 따라서 얼마든지 다른 것으로 손쉽게 대체될 수 있다고 본다. 전자가 자연과 불가분의 관계를 맺고 살아야 했던 고대인의 관념에 가깝다면, 후자는 인간 이외의 타자를 정복과 이용의 대상, 주인과 노예의 관계로만 여겼던 근대인의 냉혹한 시선을 그대로 투영한다.

한때 친구이자 가족이었던 유기체적 존재를 한갓 고깃덩어리 내지 매매의 대상으로 바라보는 시선의 전환. 일찍이 마르크스는 이러한 대상화를 두고 물화物化, reification라 불렀다. 미자가 전화로 들리는 울음소리만 가지고 옥자와 소통하는 장면이 낯설게 여겨지는 건, 인간이 더 이상 다른 생명과 동등한 입장에서 교감하는 태도를 알지 못하기 때문이다. 근대의 계몽적 이성과 산업혁명 이후의 인간은 문명의 발전을 구가하며 세계의 지배자로 발돋움했지만, 다른 대상을 지배하게 된 순간 자신을 둘러싼 자연과 환경, 생명과 맺어왔던 모든 관계를 잃어버렸다. 만나는 모든 것을 자신의 필요로만 이해하고 소유물로 간주하게 된 근대인에겐 더 이상 관계를 맺고 교감할 타자가 남아 있지 않다. 심지어 인간 스스로조차도.

〈모던 타임즈〉1936의 도입부에서 채플린은 축사로 몰려가는 양 떼의 이미지를 자본주의 사회의 노동자들 위로 겹쳐놓은 바 있다. 〈옥자〉에도 이와 유사한 연출이 여러 번 반복된다. 컨베이어 벨트가 실어 오는 고기를 절단하고 가공하는 공장 노동자들의 일사불란한 움직임은 정교한 기계 설비의 운행에 맞춰 차례차례 도축되는 돼지들과 고스란히 포개지며, 사물을 넘어 자기 자신조차 개성을 잃은 기계적 시스템의 부속품이자 일개 돈벌이 수단으로 소외시킨 자본주의 시대의 섬뜩한 진풍경을 들추어낸다.

이런 존재의 궁지로부터 빠져나올 길은 없을까? 문제는 어떠한 시선, 어떠한 가치관으로 생명과 존재를 바라보고 관계 맺는가이다. 감독은 금돼지를 내팽개치고 옥자를 찾으러 간 미자의 선택으로부터 희망의 빛을 보는 듯하다. 살아있는 모든 것을 일개 사물이 아닌 영혼을 지닌 존재로 받아들이고 그로부터 들려오는 목소리에 화답하는 순간, 거기에서부터 어떤 인식의 전환이 일어날 수도 있지 않겠는가? 비록 그 희망이 세계의 총체를 바꾸기엔 작고 미약한 것일지라도.

자연 속에서의 단순한 삶은 가능한가 〈리틀 포레스트〉 2018

자연으로 돌아가는 삶의 단순성을 예찬하는 목소리는 늘 있었다. 2년 동안 월든 호숫가 오두막에서 은둔 생활을 하며 얻은 사색을 기록한 헨리 데이비드 소로의 『월든』이나 스콧 니어링의 『조화로운 삶』과 같이 현대 문명의 부박함을 피해 숲으로, 시골로 들어온 은자隱者들의 '생활담'은 근대사회의 도시 시스템이 성립된 이래, 많은 이의 공감을 불러일으키며 베스트셀러로 주목받았다. 단순함과 느림을 추구하는 자연 회귀의 삶에 대한 동경과 환상은 도시적 일상이 가하는 피로와 속도, 경쟁과 스트레스에 짓눌린 현대의 소시민에게 한줄기 위안이자 대안적 삶의 방식으로 받아들여져 왔다.

임순례 감독의 〈리틀 포레스트〉2018 또한 이와 같은 자연 회귀의 정서를 벗어나지 않는다. 동명 원작에서 도호쿠의 작은 농촌으로 귀향해 자급자족하는 이치코의 이야기는 서울에서의 고단한 삶을 견디다 못해 귀농한 혜원과 고향에 남은 친구들의 전원생활 이야기로 국적을 옮겨 이식된다. 이 영화가 얻고 있는 반향은 오늘날 도시화된 한국사회에서 보통 사람의 평범한 일상이 건강하고 여유 있는 삶과는 거리가 먼 피폐한 환경임을 반증한다. 영화가 담고 있는 자연회귀 정서, 농촌에 대한 향수는 도시 소시민의 일상이 처한 병폐와 비인간성을 돌아보고 성찰할 기회를 준다는 점에서 긍정적으로 작용할 수 있을 것이다.

그러나 〈리틀 포레스트〉가 전하려는 치유의 메시지는 사뭇 비판적인 접근을 필요로 하는지도 모른다. 먼저 혜원이 만든 음식을 일일이 클

로즈업으로 포착하는 영화의 이미지즘은 (연출가의 의도가 어떠하였든) 음식의 비주얼만 극도로 강조해 식욕을 자극하는 콘텐츠를 일컫는 '푸드 포르노Food Porno'처럼 받아들여진다. 작물 재배의 지난한 과정, 시골의 폐쇄적 공동체 문화 탓에 정착에 실패하는 경우가 많은 귀농의 어두운 현실은 정성 들인 음식의 빛깔과 차짐을 강조하려는 클로즈업 때문에 그리고 실제보다 강력한 이미지simulacre에 의해 뭉개지고, 낭만적인 농촌의 인상만 쉽게 소비될 팬시상품으로 남는다.

더 큰 문제는 영화와는 달리 절대다수의 사람에게는 도시를 벗어나 자유로운 삶을 살 기회가 열려 있지 않다는 사실이다. 자연 속에서 조용하고 단순한 삶을 살 수 있는 건, 역설적으로 경제적인 부를 축적해두었거나 안정된 수입이 들어올 직업 기반을 다진 사람들일 뿐이다. 『월든』의 소로는 명망가 출신이고, 니어링 부부에게는 학계의 경력과 명망 덕에 고정된 인세와 강연 수입이 있었으며, 현실에서도 그러한 삶을 누리는 건 CEO나 엘리트 인력이다. 돌아갈 자연의 터전은 넉넉히 남아 있지 않고 대다수 도시의 서민은 생계와 일상을 유지하기 위해, 해고되지 않기 위해 도시의 끈을 쉽사리 끊어낼 수 없다. 극 중 혜원의 생활과는 달리, 자연과 동화된 삶의 이면에 남겨진 실상은 계급 불평등의 차가운 현실일 따름이다.

환경Eco의 그리스어 어원인 오이코스oikos는 본래 자연만이 아니라 인간 삶을 구성하는 모든 것의 총체를 일컫는 말이었다. 소수에게만 열린 자연으로의 도피, 찰나에 그칠 피안彼岸과 복고復古의 환상보다 중요한 건 콘크리트 도시에 처한 다수의 부박한 삶을 더 안정되고 풍요로운 환경으로 바꾸고자 하는 사유의 전환이 아닐까? 〈리틀 포레스트〉의 메시지에 쉬이 동감할 수 없는 건 그런 이유에서이다.

〈대관람차〉2018의 중심을 관통하는 화두는 '탈선脫線'이다. 작중 등장하는 인물들은 한결같이 오랫동안 고수해 왔던 삶의 궤적을 벗어나 어딘가로 홀연히 떠나간다. 선박회사 대리로 오사카에 출장 온 우주강두는 회사에 사표를 던지고, 동물원 사육사로 일하던 하루나호리 하루나는 죽은 코끼리의 유골을 고향으로 보내 주고자 인도행 비행기에 몸을 싣는다. 바의 주인 스노우는 갖고 있던 보트와 가게를 처분하고 아내와 딸이 기다리는 캐나다로 떠난다. 오사카에서 밴드를 결성해 짧은 우정과 연대의 시간을 보냈던 이들은 각자의 꿈과 소원을 좇아, 아직 알지 못하는 미래의 불확실성을 향해 인생의 길을 간다.

얼핏 〈비긴 어게인〉2013 같은 종류의 음악 영화처럼 보이는 〈대관람차〉는 사뭇 의미심장한 함의를 품은 작품이다. 선박 사고로 실종된 직

장 선배 대정지대한이 우주에게 남긴 (2014년 발행연도인) 500원 동전은 은연중 세월호 사건을 암시하며, 우주와 길거리 공연으로 합을 맞추는 하루나는 동일본 대지진 때 후쿠시마에서 어머니를 잃었다. 밴드를 꿈꾸던 대정을 대신하듯 우주는 손을 놨던 기타를 다시 잡고, 하루나는 아내를 잃은 뒤 음악을 그만둔 아버지를 대신하듯 틈틈이 공연을 준비한다. 다시 말해 둘의 공연은 국가적 재난 상황을 겪고 후유증을 앓는 한·일 두 나라의 피해자들이 한데 뭉쳐, 사라져간 사람들을 추모하고 남은 이들의 상처를 치유하는 위령의 의식인 셈이다.

도입부에서 우주는 관람차 안에 탄 채 바깥 풍경을 바라보는 모습으로 등장한다. 이 장면은 공항에서 하루나를 떠나보낸 뒤 스노우와 근처 바닷가를 거니는 장면에서 지평선 너머의 관람차를 응시하는 것으로 수미쌍관을 이루듯 뒤집혀 있다. 관람차에 탄 승객은 단지 기계의 움직임에 몸을 맡긴 채 가만히 앉아 있을 뿐이다. 하지만 내린 다음부터는 자신의 의지대로 어디로든 발길을 옮길 수 있다. 다람쥐 쳇바퀴처럼 원환을 그리며 돌아가는 대관람차의 의미는 오사카 시가지를 가로지르는 전철의 선線과도 겹쳐진다. 전철의 승객은 정해진 노선을 따라 오갈 뿐이지만, 내린 사람은 선 바깥의 면面을 향해 이탈할 수 있다.

관람차의 이미지는 경로를 벗어나지 않는 모범적 시민의 삶의 정상성, 나아가 국가 시스템에 대한 은유로까지 비약한다. 세월호와 후쿠시마는 사회구성원의 생명과 안전, 일상의 평화를 책임져야 할 국가의 기능이 전혀 작동하지 않았음을 폭로한 사건이었으며, 관람차에 올라탄 승객처럼 법과 규율에 순응하며 살아오던 양국 시민들은 시스템의 부재, '모든 시민의 난민화'라는 초유의 사태를 경험했다. 충격적인 사건을 겪고 외상을 입은 사람들은 다신 그 이전의 삶, 정상적인 일상으로 돌아갈 수 없다. 안정된 삶의 경로를 보장하던 공동체에 대한 신뢰가 깨진 뒤 남은 길은, 그로부터 이탈해 삶의 자기 결정권을 찾는 게 아닐까. 영화는 바로 이 점을 질문하고자 한다.

그런 점에서 영화의 결말은 씁쓸한 뉘앙스를 남긴다. 비록 〈대관람차〉의 인물들은 퇴사하고 여행길에 오르며 국외자의 삶을 택하지만 그들의 미래엔 어떠한 대안도 마련되어 있지 않기 때문이다. 근대 국가의 이념이 무기력해진 사회상에 대한 영화적 반영. 비록 소규모 독립영화이지만 〈대관람차〉가 품고 있는 함의만큼은 절대 작지 않다.

불안은 영혼을 잠식한다 〈벌새〉 2018

은희는 닫혀 있는 집 문을 두들긴다. 한참을 밖에서 문을 열어 달라 외치던 그녀는 902호란 번호를 본 뒤에야 자신이 엉뚱한 곳을 집으로 착각하고 있었음을 깨닫는다. 이윽고 천천히 물러서는 카메라는 건너편에서 바라본 아파트의 전경으로 시야를 넓힌다. 〈벌새〉2018의 오프닝은 영화의 메시지와 전개를 단숨에 함축한다. 이 영화는 집이란 공간으로 표상되는 가족 이데올로기의 정상성에 들어서지 못한, 불안으로 가득 찬 영혼의 내밀한 이야기이자, 한국사회의 구성원이라면 다들 겪었을 법한 보편적 경험의 이야기이다. 김보라 감독은 간결하고도 엄격한 구성의 도입부에서 넌지시 암시를 건넨 뒤, 관객의 의식을 재현된 근현대사의 시공간 속으로 끌고 간다. 아직 역사라 부르기엔 낯익고 금세 손에 잡힐 듯한, 하지만 닿자마자 바스라질 듯 위태위태한 기억의 시간 속으로.

〈벌새〉가 보여주는 1994년은 전혀 낭만적인 정취를 띠지 않는다. 〈유열의 음악앨범〉2019이 노스탤지어의 대상이자 통속적 멜로드라마의 배경 삼아 과거를 극적으로 윤색하고 소비한다면, 〈벌새〉의 시선은 반대로 미세한 일상 속에서 반복되었을 폭력과 소외의 순간들, 비루하고 데데한 가족의 초상에 집중한다. 이 영화의 정서는 그리움이라기보다는, 쓸쓸하고도 처연한 독백에 가깝다. 누구나 경험했지만 잊고 외면코자 했던, 기억의 쓰레기장 저편에 파묻혀 애써 기억해주지 않으면 잊히고 말았을 상처를 영화는 은희의 눈을 통해 들추고 환기해내고자 한다.

허공에 떠 있기 위해 쉬지 않고 날갯짓을 해야 하는 벌새처럼, 은희

는 집에 정을 주지 못하고 바깥을 맴돈다. 집은 공부를 강요하며 욕설을 일삼는 아버지와 히스테릭한 오빠의 폭력, 교실은 성적을 잣대로 학생들을 구분하고 차별하는 선생이 장악하고 있다. 〈벌새〉의 인물들은 공부를 매개로 계급과 신분을 유지, 재생산하는데 목을 매는 한국 사회의 구조적 피해자들이다. 오빠는 서울대란 목표를 부여받은 스트레스를 은희에게 가하는 폭력으로 풀고, 언니는 일탈을 거듭하며, 은희 또한 부모의 시선을 피해 골목이나 트램플린, 디스코장과 같이 숨을 트일 수 있는 틈새를 찾아서 방황한다. 교감이 단절된 채 명령만이 주어지는 억압의 양상 속에서 인물의 심리는 이중적으로 분열되고 일그러진다. 이들에게 절실한 건 서예학원의 선생님과 같이 안정을 찾을 수 있는 안식처, 교감을 나눌 가족적 관계이지만, 정작 가족은 정서적인 연대감을 결여한 채 경제 공동체로서의 기능만 남아버렸다.

남은 것은 친구 간의 우정 또는 사랑이겠지만, 〈벌새〉는 이 남은 틈새마저 막혀 버린 현실의 출구 없음을 응시한다. 은희의 남자친구가 "얘가 방앗간집 딸 개니?"라는 어머니의 손에 강제로 끌려가는 장면에서처럼, 연애에도 계급이 있고 차별이 있다. 그리고 영화는 1994년 10월 21일, 성수대교 붕괴사건의 기억으로 우리를 초대한다. 무너져 끊겨 버린 성수대교의 교각. 그것은 가족애, 우정, 사랑 등 그 어떠한 인간적 가치, 소통과 교감의 관계망이 끊겨버린 한국사회, 단절과 고립의 현실에 대한 역사적, 시각적 대응물에 다름 아니다. 〈벌새〉는 단절의 구조 속에서 소통의 활로를 찾아 헤매는 영혼의 몸부림에 관한 영화인 동시에 개인의 시점에서 사회구조의 총체를 환기해내는 명민한 화법의 영화이다. 우리는 〈고령가 소년 살인사건〉1991의 에드워드 양에 필적할 만한 젊은 거장의 탄생을 맞고 있는 건지도 모른다.

세대에 걸친 국가범죄의 역사 〈파도치는 땅〉 2018

학원 사업에 실패하고 돈이 필요해진 문성박정학은 아버지가 위독하다는 소식을 듣고 30년 만에 고향 군산을 찾는다. 간첩조작사건에 엮여 고초를 치른 아버지에겐 무죄가 선고되어 받은 거액의 국가보상금이 걸려 있다.

중년의 위기에 처한 남자가 삶에 돌파구를 찾기 위해 고향으로 향한다. 이런 유형의 이야기는 흔하다. 만약 평범한 연출가였다면 재산 처분과 진로 문제를 둘러싼 인물 간의 갈등과 충돌에 힘을 쏟으며 통속적인 드라마를 만들었을 것이다. 〈파도치는 땅〉2018에서 감독 임태규의 선택은 다르다. 그는 범용한 이야기로도 얼마든지 결이 다른 영화, 작가의 영화를 만들어낼 수 있다는 점을 아는 연출가이다. 서사는 이미지를 보여주기 위한 핑계에 지나지 않는다. 영화의 메시지는 문학적 내러티브

가 아닌 이미지의 논리에 담겨 있기 때문이다. 최소한으로 축소된 이야기 안에서 감독은 인물과 공간을 풍경처럼 다룬다.

먼저 눈에 띄는 건 와이드 숏으로 포착되는 영화의 공간학적 지형도이다. 아파트와 고층빌딩으로 단정히 구획 지어진 도시 공간 서울의 깔끔함은 근대의 흔적들이 낡고 풍화된 채로 버려진, 인적조차 드문 군산의 황량함과 대비를 이룬다. 서울에서 군산으로의 여정은 곧 현재에서 과거로 향하는 시간의 여행과도 같다. 현재의 번영에 묻혀 모두가 잊어버린 비참한 과거, 심지어 알고 있는 이들조차 일부러 외면했고 누군가의 독백으로서만 남을 수밖에 없는 집단적 기억으로서의 역사. 문성이 병실에서 다시 아버지를 마주하며 상념에 잠기듯, 관객은 카메라가 훑는 장소마다 그 안에 깃든 역사의 이미지를 환기하게 된다. 군산의 현재 풍경을 과거 간첩조작 사건 피해자들의 사진과 뉴스릴에 교차시키는 몽타주는 영화의 의도를 직접적으로 드러낸다.

〈폭력의 씨앗〉2017에서 인물의 뒷모습을 따라 움직이는 스테디캠 촬영을 구사한 감독은 이 영화에선 엿보듯 관조하는 스틸 숏과 고정된 카메라의 수평 이동에 기댄다. 영화에는 세심하게 의도된 두 번의 패닝(수평 이동) 숏이 있다. 노인과 대화하는 문성을 보여주던 카메라는 파노라마처럼 군산의 전경을 조망하고는 화면 좌측의 끝에서 기다리고 있던 아들을 비춘다. 이 패닝은 여관 발코니에서 밖을 바라보는 아들과 실내의 아버지를 한 호흡에 연결하며 역방향으로 반복된다. 비정상적이다 싶을 정도로 긴 이 패닝은 마치 과거 세대와 미래 세대를 간신히 연결하려는 기나긴 끈과도 같은 인상을 준다.

할아버지의 장례식으로 한 세대는 저물고 국가 폭력의 역사는 망각

속으로 사라지는 듯하다. 하지만 용의주도하게 설계된 영화의 엔딩, 유치원에서 손녀를 챙기는 아들을 문성이 지켜보는 장면은 그렇지 않다고 은밀히 속삭인다. 거울에 반사된 모습으로 화면 구석에 흐릿하게 등장하는 문성은 카메라가 아들과 손녀에게 초점을 맞추고 줌 인하면서 사라진다. 과거 세대의 퇴장. 그러나 남겨진 현재와 미래 세대가 국가 시스템 안에서 행복하리라 안도하기엔 영화의 미장센은 불길하다. 손녀가 머리에 맨 노란 리본, 찰흙으로 빚은 모형 배는 세월호 참사를 암시하며 과거의 국가범죄를 현재와 연결시키고 있기 때문이다. 〈파도치는 땅〉은 세대에 걸쳐 반복되는 역사에 관한 영화이다. 국가의 본성이 달라지지 않는 한 역사의 비극은 반복될 것이라는 묵직한 경고가 파도치는 해변의 소금 거품처럼 씁쓸한 여운을 남긴다.

첩보극으로 본 남북관계의 '오래된 미래' 〈공작〉 2018

윤종빈의 〈공작〉2018은 관계의 아이러니에 관한 영화이다. 반대 진영에 속한 적으로부터 진정한 친구, 신뢰의 대상을 발견하게 된다는 역설. 물론 이는 〈의형제〉2010를 거쳐 〈강철비〉2017로 이어지는, 분단 현실을 다루는 장르 영화들이 줄기차게 취한 인물 구도의 기본이기는 하다. 만남을 거듭하면서 피아의 경계가 모호해져 가는 두 주인공의 사이는 곧 각자가 속한 남과 북의 희망적 미래, 통일에 대한 정치적 메타포로 치환되기 마련이다. 다만 그중에서 〈공작〉이 남다른 면이 있다면 남파공작원의 가공된 무용담이 아니라 거꾸로 북파공작원 흑금성의 실화라는 점, 그리고 콘크리트 벽과 같은 냉철한 표면 아래 용암 같은 뜨거움을 품은, 방심할 순 없지만 매혹적인 상대방이 등장한다는 점이다.

분단 상황의 정치적 특수성을 단지 한국형 블록버스터를 위한 구실로 소모했던 여타의 영화들과 달리 〈공작〉에는 과시적인 총격전이나 육체적 액션이 등장하지 않는다. 속물적 스펙터클의 유혹을 떨쳐내고, 시대의 공기를 재현하는 데 집중하는 영화의 미장센과 분장의 세공력은 그 놀라운 사실성으로 165억 원의 제작비가 낭비되지 않았다는 걸 증명한다.

영화의 각본 또한 탁월하다. 분단 소재의 여러 영화가 두 주인공을 가족 이데올로기에서 확장된 통속적 민족주의의 틀로 편리하게 묶어 버린다면, 〈공작〉의 박석영황정민과 리처장이성민을 엮는 동기는 지극히 현실적인 이해관계로부터 출발한다. 대북 사업가로 위장한 흑금성 박석

영은 북한 내부의 정보를 캐내기 위한 통로로서 리처장에게 접근하고, 리처장으로선 외부 자금을 조달하기 위한 비즈니스 파트너로서 박석영을 필요로 한다.

남은 건 동업자 관계로서 상대를 신뢰할 수 있는가의 문제다. 에스피오나지Espionage(스파이의 활동을 극사실적으로 다루는 장르)물로서 〈공작〉이 주는 첨예한 긴장감은 양자가 신뢰를 구축하기 위해 서로 속여야 한다는 이율배반에서 나온다. 리처장은 공작원인지 여부를 가리고자 박석영을 가짜 골동품으로 시험하고, 박석영은 진심을 사고자 가짜 롤렉스를 건넨다. 양자 간 접근 과정의 조심스러움과 지난함은 첩보물의 서스펜스를 유지하는 원천인 동시에 경직된 남북 관계를 풀어가는 접근 방식에 대한 감독의 관점을 드러내는 바이기도 하다. 상대에 대한 모든 검증을 마친 리처장이 '호연지기' 네 글자를 박석영에게 건네는 순간을 기점으로 마치 〈팅커 테일러 솔저 스파이〉2011처럼 차분했던 영화의 감정선은

〈첩혈쌍웅〉1989으로 대변되는 과거 홍콩 느와르처럼 끓어오른다.

상호교류를 통한 점진적 관계 개선을 추진하는 두 주인공의 반대 극점에 분단 상황의 고착화로 정치적 이익을 도모하는 수구 우익 진영이 배치돼 대척점을 이룬다. 〈범죄와의 전쟁〉2012으로 한국적 가부장주의의 심층을 파헤쳤던 감독의 역사적 시선은 '공작'에서 반세기 이상 끌어온 '적대적 공생 관계'라는 분단체제 메커니즘을 해부하는 동시에, 남북관계에서 지나쳐온 과거와 도래할 미래, 퇴보와 진보가 교차한 과도기적 순간으로 '흑금성 사건'을 재해석한다. 동일 이슈 영화의 전형성을 탈피하고, 극사실적 첩보극의 구도 안에 일말의 성찰을 녹여내면서 〈공작〉은 〈공동경비구역 JSA〉2000 이래 분단 소재 영화의 한 정점을 이룩했다.

한국화된 서부극과 제노포비아 〈범죄도시〉 2017

〈범죄도시〉2017는 한국 영화 일련의 범죄 느와르 중 독특한 면면을 보여준다. 영화의 시선은 마석도마동석 형사가 순찰하는 차이나타운의 일상에 머무른다. 경찰의 관리감독하에 조직폭력배들은 큰 말썽 없이 공생 관계를 유지하고, 마을의 주민들은 나름 평화를 구가하며 살아가는 작은 소우주. 그러던 중 마을에 갑자기 신흥 폭력조직 흑룡파의 두목 장첸윤계상이 들어와 기존의 조직들을 무너뜨리고 급격히 세력을 불린다.

악한은 술집을 거점 삼아 조금씩 마을을 장악하고 횡포를 일삼자, 경찰과 주민들, 지역의 폭력배까지 합심해 장첸과 그의 조직을 몰아내고자 한다. 〈범죄도시〉의 특이한 점은 암울한 사회정치상과 각자도생各自

圖生의 분열하는 인간 군상을 주로 다루어 온 한국 영화에서 좀처럼 드물게 공동체가 살아있는 풍경을 그려내는 데 있다. 외부 세력이 들어와 마을의 질서를 어지럽히자 보안관을 중심으로 뭉친 내부 구성원이 이를 물리친다는 서사의 얼개. 그런 점에서 영화의 플롯은 기존의 한국형 범죄 느와르보다는 고전적인 정통 서부극에 가깝다.

총잡이들의 연대로 갱을 소탕하는 하워드 혹스의 〈리오 브라보〉1959, 다양한 목적과 이해관계에 놓인 인물들이 아파치족의 습격에 맞서 단합하는 존 포드의 〈역마차〉1939와 같은 서부극의 구도가 현대 한국을 배경으로 변주되고 있는 셈이다. 보안관은 형사로, 인디언 내지 갱단은 조선족 범죄조직으로 치환되며, 공동의 적을 맞아 미묘한 갈등을 봉합하고 내부의 결속을 다지는 서부극의 이데올로기는 조선족 악한을 상대로 일체 단결하는 〈범죄도시〉의 인물들을 통해 한국의 사회적 맥락 속에 자연스럽게 이식된다.

문제는 이러한 공동체의 단합이 적대적 타자의 존재를 설정함으로써 성립한다는 점이다. 〈황해〉2010와 〈신세계〉2012에서 전조를 드러낸 지속적인 조선족에 대한 범죄자 프레임은 〈청년경찰〉2017처럼 강력범죄의 온상으로 지목하고 미디어와 대중의 편견, 근거 없는 괴담과 혐오를 투영하는 작품이 나오기까지 극단화되어 〈범죄도시〉에까지 이어진다. 특정 외국인 집단에 대한 혐오의 조장과 이를 통해 공동체의 결속을 주장하는 일련의 흐름은 은연중 〈유대인 쥐스〉1940와 같이 유대인 혐오를 자국민 단결의 구실로 삼았던 나치 집권기의 독일 영화까지 상기케 한다. 물론 〈범죄도시〉는 한국 사회의 구성원으로 적응해 살아가는 조선족 주민에 대한 묘사를 잃지 않으며 균형을 맞추지만 내지인과 외지인의 충돌이라는 전형성, 제노포비아Xenophobia(외국인 혐오증)의 배타적 함의를 피하기 어렵다.

안타고니스트Antagonist(이야기상의 적대자)를 어떻게 설정하는가에 따라서 영화는 만들어진 시대의 사회정치 상을 증언한다. 〈국가의 탄생〉1914의 흑인, 서부극의 아메리카 원주민을 다루는 태도에서 지금의 관객은 당대 사회의 인종 차별주의가 투영되어 있음을 관찰할 수 있다. 그런 점에서 한국 영화가 외국인 집단에 대한 적대를 설정하고 있음은 위험의 징후인지도 모른다. 다문화의 시대에 접어들어 섞임과 공존의 화두를 두고서, 한국 영화는 얼마나 정치적으로 올바를 수 있는가? 웰메이드 장르 영화임에도 〈범죄도시〉를 끝까지 편하게 바라볼 수 없는 건 이런 이유에서다.

장르 영화에 감춰진 정치성 〈곤지암〉 2018

정범식의 〈곤지암〉2018은 일견 '파운드 푸티지Found Footage'라는 소장르의 범주에서 볼 수 있는 작품이다. 인위적으로 연출된 상황을 마치 실제 현실에 들어간 사람의 시점인 듯 다룸으로써 생생한 현장감을 자아내는 페이크 다큐멘터리의 형식이다. 이는 〈84 찰리 모픽〉1989이 관객을 만들어진 베트남의 전쟁터로 초대하면서 일찍이 정립된 바 있으며, 이를 호러 영화에 접목해 본격적인 파운드 푸티지의 시효가 된 〈블레어 위치〉1998의 성공은 유사한 일련의 작품군을 대거 양산하며 현대 공포물의 한 페이지를 연 바 있다. 이 영화는 한국 영화에선 드물게 시도되는 본격적인 파운드 푸티지 호러이다.

영화의 서사적 얼개는 단순하다. CNN 선정 세계 7대 괴기 장소로 꼽히는 곤지암 남양정신병원으로 카메라를 든 일군의 젊은이들이 찾아간다. '호러 타임즈'라는 유튜브 채널을 운영하는 이들은 가벼운 마음으로 폐허가 된 정신병원에 잠입해 영상을 촬영하지만, 이윽고 초자연적 현상을 접하게 되면서 목숨을 위협받는 지경에 처하게 된다. 버려진 정신병원 내부를 탐사한다는 콘셉트는 〈그레이브 인카운터〉2011, 기법의 측면에서 〈블레어 위치〉와 〈샤이닝〉1980의 흔적 또한 엿보인다. 숱한 호러 영화에서 반복되어온 '방탕한 행실을 일삼거나, 그릇된 동기를 가진 젊은이들이 금기를 범하고 저지른 악덕의 대가로 살해당한다'는 장르의 클리셰Cliche는 〈곤지암〉에서도 어김없이 지켜진다.

이처럼 익숙한 요소로 찬 장르영화이기도 하지만, 한편으로 〈곤지암〉

은 보다 진지한 독해를 필요로 하는 작품이기도 하다. 이 영화는 마치 감독의 전작인 〈기담〉2007의 정신적 속편처럼 보인다. 기담의 주 배경이었던 안생병원이 1940년대 일제강점기를 거쳐 1970년 유신정권의 시대에 허물어진다면, 망령이 가득한 채 시간이 멈춰버린 곤지암 정신병원은 전혀 다른 공간임에도 안생병원의 연장선에 있는 것처럼 보인다. 산업화와 근대화, 국민 계몽의 미명하에 온 사회와 국가를 병영 사회화하며 국민을 통제하고 도구화한 박정희의 유신은 강제로 환자를 가두고 교정하는 정신병원이라는 은유로 치환된다. 이러한 역사성을 상기시키는 공간의 설정을 통해 감독은 기담이 종결된 자리에서 다시 한번 역사와 현재의 연결고리를 물으려 한다.

등장하는 청년들은 호러 영화에서 익히 접하는 망령의 사냥감인 동시에, 21세기에도 반복되는 유신 체제의 희생양이라는 담론적 위상 또한 갖는다. 물속에 가두어진 것처럼 표현되는 장면에서 피해자들은 정신병원의 환자들과 동일시되며, 이로써 〈곤지암〉은 군사독재의 종식과 함께 버려지고 봉인되어야 했을 과거의 그림자가 현재에도 남아 세월호 참사와 같이 오늘날에도 피해자를 낳고 있는 건 아닌가 하는 일말의 정치적 해석을 은밀히 내비친다. 〈택시 운전사〉2017나 〈1987〉2017처럼 정치를 직접 다루려 하는 영화일수록 도리어 탈정치적 멜로드라마에 처하게 되는 한국 영화의 경향에서 빗겨나, 〈곤지암〉은 오히려 장르 영화 안에서야말로 진정한 의미에서의 정치성이 가능하다는 역설을 실천해낸다. 마치 야누스의 얼굴이 새겨진 동전의 양면과 같이, 〈곤지암〉은 호러 영화에 기대하는 장르성에 충실한 이면에 사회 정치상에 대한 메타포를 감춰 놓으면서 장르 그 너머를 지향한다.

연애의 풍속도에 담긴 청춘 세대의 현실 〈메이트〉 2019

〈메이트〉2019의 도입부는 빼어나다. 영화는 주인공 준호심희섭가 전 애인과 헤어지는 장면으로 막을 연다. 준호는 결별을 통보하는 애인에게 눈길 제대로 주지 않은 채 모니터 속 부부의 웨딩 사진 보정 작업에 골몰한다. 평범해 보이는 일상의 장면이지만 정대건 감독은 영화의 핵심을 이루고 있는 배경과 장치들을 세심히 배치하고 작품의 주제를 미리 누설한다. 연애 관계가 파탄 난 현실과 모니터 속 결혼의 가공된 이미지 사이의 괴리감, "언제까지 아르바이트만 할 거야?" 묻는 애인, 학자금 대출 상환을 독촉하는 문자. 라면으로 때우는 한 끼와 허름한 옥탑방. 3분 남짓한 시간 안에 작품의 모티브와 한국의 청년 현실을 단번에 함축해 버리는 도입부의 합리적 구성, 묘사의 사실성이 단연 돋보인다.

"꼭 TV 예능 보는 것 같다니까, 결혼 가능한 사람들 보면. 나와는 다른 세계에 사는 연예인을 보는 느낌." 〈메이트〉는 점차 무너져가는 근

대적 가족 질서의 환상에 관한 영화이다. 근대적 가족의 형태는 구성원의 생계를 책임지는 가장과 '짝mate'으로서 부부 관계 안에서 삶의 안정을 갈구하는 주부(그리고 보호와 관심 아래에 놓이는 자녀)로 이뤄진다. 그러나 "결혼을 안 하는 게 아니라 못하는 거야."라는 대사처럼, 영화 속 청년 세대는 가족을 구성하고픈 욕망을 갖고 있지만, 그 실현으로부터 차단당한 계급으로 존재한다. 은지정혜성의 대사는 이들 세대의 욕망을 정확히 지적한다. "그래도 얘는 팔자 좋네. 누가 밥도 주고, 집도 있고." 집을 짊어지고 다니는 소라게는 안정된 삶에 대한 준호와 은지의 욕망이 투사되는 대상이지만, 그에 이르는 길은 유리장으로 은유되는 현실의 벽에 가로막혀 있다.

깊은 연애 관계를 회피하는 준호의 심층 심리에는 한국의 자본주의 환경 앞에 놓인 청년의 자폐적인 절망과 허무가 깔려 있다. 근대적 가족 질서에서 연애는 결혼의 전 단계이며, 이를 통해 가정을 꾸린 가장은 일가족의 경제를 짊어지고 부담해야 한다. 그러나 경제적으로 안정된 직장 내지 사회적으로 인정받는 지위가 거의 불가능한 현재의 상태에선 가족을 받쳐 줄 돈이 없다. 데이트 어플로 만나는 일회적인 관계를 추구하지만, 정작 은지의 사생활에 집착하는 준호의 모순은 무거운 짐을 지탱하기엔 허약하고 부실한 자신의 현실을 인지하면서도 가장-되기를 욕망하는 이중성에 기인한다.

서로 상반된 연애관을 가진 준호와 은지를 묶는 공통분모는 가족의 붕괴에 대한 경험이다. 그런 점에서 〈메이트〉는 〈초록 물고기〉1997와 〈박하사탕〉1999에서 해체된 한국적 가족의 후일담 같다. 사회적 기반의 변화에 따라 결혼과 연애에 대한 인식 또한 달라진다. 취재 나온 벽화

마을에서 은지는 길가에 버려진 낡은 물건들을 바라보며 지속가능한 관계가 어려워진 세태에 대한 불안을 투사한다.

연애의 풍속도에 사회의 변화상을 응축한 〈메이트〉는 한 발 더 나아가 남녀 관계의 성적, 도덕적 이중성과 도덕적 긴장감에 대한 탐구를 잊지 않는다. 연애 상대에 대한 정절fidelity과 무의식 저편에서 꿈틀대는 욕망의 충돌, 둘의 관계에 대한 전망을 쉽사리 밝히지 않는 결말의 영리한 처리는 은연중에 〈아이즈 와이드 셧〉1999까지 연상시킨다. 〈메이트〉는 정제된 영화언어로 자기 세대의 당대를 투영하는 한국 영화의 차세대가 등장하고 있음을 알리는 괄목할 만한 증거이다.

청년을 위한 나라는 없다 〈성혜의 나라〉 2018

〈성혜의 나라〉2018의 도입부에서 진단을 받으러 온 성혜에게 의사는 말한다. 불면증은 심리적인 요인이 크다고, 휴식을 취하고 안정을 갖는 게 중요하다고. 그리고 다음 장면에서 우리는 성혜의 하루 일과를 소묘하는 몽타주를 보게 된다. 어느 한 곳에 정주하지 못하고 쉼 없이 이동하는 성혜의 모습을 영화는 수평이 강조된 시네마스코프 프레임과 절제된 카메라 움직임으로 포착한다. 전주국제영화제 이후 이 영화를 다시 보면서 놀란 건 인물에게 주어질 법한 휴식의 시간이 거의 묘사되지 않는다는 점이었다. 강박에 사로잡힌 듯 휴식 없이 일하고, 공부하고, 구직에 나서는 성혜의 얼굴은 말라버린 고목처럼 항상 무표정하다. 잘 먹고 잘 쉬라는 의사의 조언은 냉엄한 노동의 현실 앞에 부정되고 마는 셈이다. 대사와 영상을 충돌시키는 이 편집은 다분히 의도적이며, 오늘날 현실에 던지는 감독의 발언에 다름 아니다.

자전거나 스쿠터로 돌아다니는 성혜의 동선을 지속적으로 따라가는 이동의 모티브는 인물이 겪는 고독과 소외의 감정을 부각시킨다. 쉼 없는 노동의 연속. 둥지 없이 떠도는 도시 유랑민의 삶. 영화는 29세의 한 젊은 여성이 처한 현실의 풍경을 비추는 걸로 118분을 일관한다. 노력해서 대기업 인턴사원으로 들어가기는 했지만, 성추행을 당하고 인권위원회에 고발한 뒤로는 어느 기업의 면접을 봐도 떨어지기만 한다. 편의점 아르바이트와 신문 배달을 병행하며 취업 공부를 하지만, 방세 내고 나면 빠듯한 수입을 쪼개 집안 병원비에 보태야 한다. 집주인이 보증금

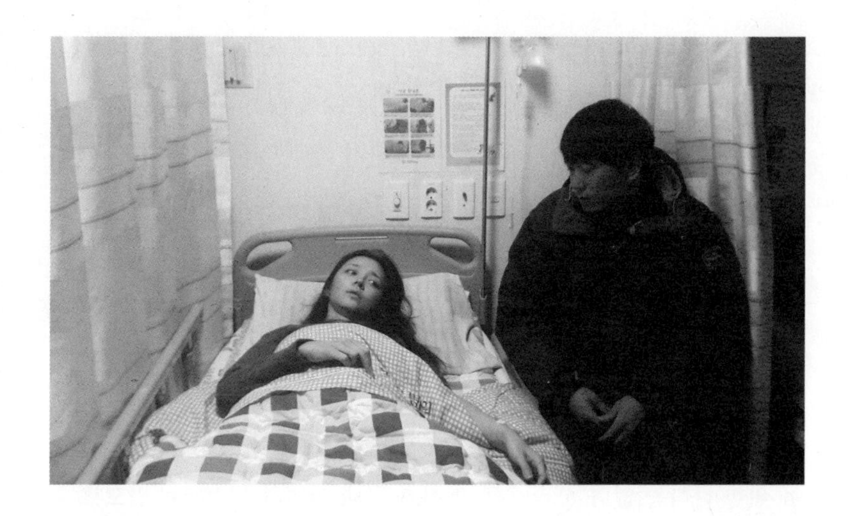

을 올려서 거리로 나앉을 판에, 남자친구의 아이를 임신했지만 낳아서 가정을 꾸리는 미래를 상상하기엔 당장이 급하다. 이 모든 상황이 극적인 사건의 개입, 양식화된 연기 따위를 일체 배제한 담담하고 건조한 분위기 속에, 핏기없이 창백한 흑백 영상에 담긴다.

근래 한국 영화에서 청년 세대를 그린 대표적인 영화를 꼽자면 이병헌의 〈스물〉2014이나 김주환의 〈청년경찰〉2017, 독립영화 진영에선 신수원의 근작 〈젊은이의 양지〉2019 정도가 있을 것이다. 그러나 이상의 영화들은 청년으로 세대만 바꾸었을 뿐 실상은 기성 장르 영화의 배역을 답습하거나, 상업영화에 요구되는 서사의 관습과 타협하면서 현실감을 잃은 작위적인 전개와 윗세대의 시점에서 내려다보는 계몽의 함정에 빠지고 만다. 정형석 감독의 영리한 점은 장르와의 영합을 포기함과 더불어 섣부른 감정이입을 지양하고 인물을 관조하는 태도의 객관성에 있다. 장르 영화의 관성과 낙관주의를 거부하고 현대의 서울에서 펼쳐지는 청년 빈곤의 이야기를 정제된 형식주의와 리얼리즘으로 대체하면서 〈성혜의 나라〉는 모던 시네마modern cinema의 전통을 현대로 다시 불러온다. 이 영화는 이만희의 〈휴일〉1968에 대한 21세기 한국 영화의 응답처럼 보인다.

〈휴일〉에서 이만희는 60년대의 서울을 배경으로 가난한 청년의 방황과 좌절, 현실의 가망 없음을 그렸다. 그리고 우리 시대에 〈성혜의 나라〉가 도착했다. 커피 한 잔 값도 아까워 거리를 서성이고, 낙태 수술비를 구하기 위해 곳곳을 전전해야 했던 청년의 우울, 서울로 표상되는 한국 사회의 삭막함은 반세기가 지나서도 달라지지 않은 것이다. 청년을 위한 나라는 없다. 한국 상업영화가 끝내 외면하고 스크린 밖으로 퇴출해온 현실의 정직함, 출구를 찾아 헤매는 청춘의 불안한 초상이 바로 이 영화에 있다.

청춘 4부작의 완성 〈변산〉 2018

〈변산〉2018을 두고 이준익 감독은 〈동주〉2015와 〈박열〉2016을 잇는, 이른바 청춘 3부작의 마지막 장이라고 말한다. 엄밀히 말해 이 분류는 옳지 않다. 〈사도〉2014까지 아우르며 '청춘 4부작'이라 새로 묶는 편이 더 적절할 것이다. 〈변산〉은 마치 〈사도〉의 대칭점이자 수미쌍관을 이루는 영화처럼 보인다. 〈사도〉는 임금으로서의 정치권력을 유지하고자 아들을 희생시키는 아버지 영조와 후계자로서의 역할만을 강요받을 뿐 가족으로서의 정과 유대의 끈을 상실한 아들 사도세자 간의 이야기였다. 이러한 부자父子 관계의 양상은 〈변산〉에선 거울처럼 뒤집혀져 있다. 가족을 저버렸던 조폭 출신 아버지는 노쇠하여 힘을 잃었고, 가족과 고향의 주박으로부터 벗어나고픈 아들은 마침내 오랜 세월 불화해 왔던

아버지를 받아들이고 외면해 왔던 과거와 화해하게 된다.

이준익 감독의 영화 속 청춘은 어디에도 뿌리내리지 못한 채 자리를 찾아 방황하는 군상群像, "잃어버린 세대"(거트루드 스타인)의 연속이었다. 보살핌과 가르침을 주어야 할 (실체적 또는 상징적) 아버지의 자리, 정서적 안정감을 주어야 할 공동체의 자리는 항상 비어 있거나 닫혀 있다. 〈사도〉의 사도세자에겐 군주가 아닌 가족으로서의 아버지에게 다가가는 길이 차단되어 있고, 〈동주〉의 윤동주는 조국을 잃은 채 "육첩방은 남의 나라"에서 번민했으며, 〈박열〉에서 박열과 후미코, 그들의 동료는 동지라는 유사 가족 관계를 만들지 않고선 뼈를 묻을 자리조차 잡을 수 없는 국외자들이었다. 서자라는 이유만으로 일족과 국가 모두로부터 버림받는 〈구르믈 버서난 달처럼〉2010의 견자 또한 이러한 뿌리를 상실한 청춘의 범주에 넣을 수 있을 것이다. 시대적 배경은 다르지만, 감독이 바라보는 한국의 청춘들에겐 그들을 감싸고 보듬어줄 아버지—국가 혹은 가족—공동체 따위는 어디에도 없었던 것이다.

이만희의 〈삼포가는 길〉1975이나 이장호의 〈어둠의 자식들〉1981이 그러하듯 한국 영화가 방화라 불리던 시절부터 '귀향歸鄕'의 서사는 익히 존재했다. 〈변산〉 또한 익숙한 귀향의 모티브를 깔고 전개된다. 출중한 랩 실력을 지닌 뮤지션이지만 결정적인 순간마다 고배를 들이키고 아르바이트를 전전하는 학수박정민는 아버지가 뇌졸중으로 쓰러졌다는 소식에 고향으로 내려간다. 아버지가 싫어 서울로 떠났던 학수에게 다시 찾아온 고향의 인연들은 애증이 뒤섞인 채 지워지지 않는 공동체의 기억들을 상기시킨다. 친구, 선배, 아버지, 그리고 짝사랑. 반드시 유쾌하지는 않다. 그 안에는 추억이라는 이름만으로 낭만화되기 어려운 상처와 고통, 오욕의 비극적 색채 또한 선연하다. 그러나 외면해 왔고 때론 무성의하게 지나치곤 했던 인연들을 마주하는 순간, 그 또한 자기 삶의 역사였으며 돌아가야 할 장소이자 뿌리였음을 인정하는 순간, 거기서부터 존재의 전환점이 온다. 학수는 자신을 기다려왔던 사랑과 관계에 눈뜨고 아버지와의 해묵은 갈등을 풀며 마침내 해원解冤에 이른다.

지역과 공동체에 대한 인간미 어린 향수가 현실적으로 얼마나 큰 효력을 가질지는 알 수 없다. 하지만 도리어 그렇기에 돌아갈 자리, 뿌리로서의 공동체를 회복하고, 세대 간의 화해를 요청하는 〈변산〉의 메시지에 더욱 절실함이 실리는 건지도 모른다. 빈곤에 허덕이고 소외로 얼룩진 이 시대의 청춘들에게 감독이 건네는, 작지만 감동적인 영화의 위안이다.

귀향, 또 다른 삶의 지평을 찾아서 〈국도극장〉 2018

전지희의 〈국도극장〉2018은 버스 터미널의 적막한 풍경으로 막을 연다. 만년 고시생으로 사법고시를 붙잡고 있던 기태이동휘는 어머니의 병환을 전해 듣고는 고향 벌교로 돌아간다. 사법고시는 폐지되었고 취업 활동도 여의치 않자, 기태는 지역의 낡은 재개봉관 '국도극장'에서 아르바이트를 잡게 된다. 그는 오랜 시간 동안 떠나 있던 고향에서 과거의 인연을 마주하게 된다. 이준익의 〈변산〉2017이 청년으로 하여금, 자신의 기원, 정서적 토포스topos를 마주함으로써 묵은 감정의 골을 푸는 해원解冤의 이야기였던 것처럼, 이것은 또 다른 귀향의 드라마이다.

영화에서 고향은 결코 살갑고 따스한 정취를 띠지 않는다. 어머니는 치매의 증세가 있고, 가정을 꾸린 형은 이민을 준비 중이며, 가수지망생인 옛 친구 영은이상희는 그곳을 떠나 서울로 가려 한다. 오실장이한위은 극장 구석에서 숙식을 해결하며 극장의 남아 있는 나날들을 정리한다. 찾는 사람 거의 없이 철 지난 영화를 상영하는, 언제 문 닫을지 알 수 없는 국도극장처럼, 영화는 낡고 헤진 동네의 풍경과 삶의 균열을 담담히 훑을 뿐, 섣불리 낭만화하지도, 긍정도 부정도 하지 않는다.

거칠게 말하자면 한국 영화에는 '상행선'의 영화 그리고 '하행선'의 영화라 해도 좋을 두 개의 전통이 있다. 김기영의 〈하녀〉1960, 김호선의 〈영자의 전성시대〉1975, 이장호의 〈바람 불어 좋은 날〉1980이 지역에서 상경해 살길을 찾는 이들의 이야기라는 점에서 공통된다면, 그와 상반된 극점에 〈삼포 가는 길〉1975이나 〈안녕하세요, 하나님〉1987처럼 역으

로 도시를 떠나 지역으로 향하는 방랑의 영화들이 나란히 자리한다. 전자의 서사를 추동하는 동력이 서울이라는 공간으로 표상되는 세속적 성공에 대한 동경, 또는 모더니티에 대한 욕망이라면, 후자는 근대화의 과정에서 상처 입은 이들이 갖는 치유와 피안에 대한 바람이다.

도시의 삶에 대한 매혹은 자석처럼 주변부의 사람들을 내부로 끌어들이지만, 반대로 그 안에 속하지 못하는 이들, 적응하지 못하는 사람들을 솎아내고 다시 바깥으로 몰아낸다. 오실장과 담배를 피우면서 기태는 말한다. "서울은 이제 싫어요. 외로운 곳이에요." 도시에서의 삶은 직업과 성공의 기회를 미끼로 흔들지만, 그것을 추구한 대가는 유기적으로 연결되어 있던 가족, 공동체로부터 찢어지는 아픔과 상실이다. 영화는 서울에서 기태의 삶이 어떠했는가를 보여주지 않지만, 그러한 생략으로 인해 관객은 스스로의 경험을 공백에 포개 넣음으로써 공감과 이입의 여지를 갖게 된다.

이야기가 진행되면서 국도극장의 간판은 여러 번 교체된다. 〈흐르는 강물처럼〉1992에서 〈봄날은 간다〉2001, 〈첨밀밀〉1996에서 〈영웅본색〉1986의 순서로 바뀌는 간판은 고향에 돌아오고, 옛 친구와 사랑의 감정을 싹 틔우게 되고, 종국엔 떠나지 않고 고향에 머물게 되는 기태의 내적 심리를 암시하는 장치로 작용한다. 〈영웅본색〉의 영어 제목인 〈A better tomorrow〉처럼 기태의 미래가 밝을지는 알 수 없다. 그럼에도 분명한 건 기태는 도시로부터 일탈을 감행했다는 사실이다. 시행착오는 있겠지만 이제부턴 그의 앞날에 다른 대안과 가능성, 성공과 출세, 경쟁에 목매지 않아도 되는 삶의 또 다른 지평이 열릴 것이기 때문이다.

책임과 욕망 사이 〈강변호텔〉 2018

〈강변호텔〉2018은 어느 호텔을 무대로 벌어지는 두 사람과 방문객 간의 일을 그린다. 시인 영환기주봉은 오랫동안 만나지 않았던 두 아들을 부르고, 애인으로부터 버림받은 상희김민희는 위로를 받고자 연주를 부른다. 같은 호텔에 투숙한 두 사람은 서로의 지인을 부르지만 대하는 태도는 상반된다. 영환은 방까지 찾아오려는 아들을 만류하며 로비의 카페에서 기다리게 하는 반면, 상희는 연주송선미의 방문을 기꺼이 맞아들이며 두 사람만의 사적인 시간을 향유한다. 이 영화의 공간은 호텔 객실의 안과 밖으로 나뉘어 있다. 남자는 사생활의 공간에 타인이 들어서는 걸 바라지 않고, 두 여성은 밀실 안에서 내밀한 이야기까지 공유하며 서로 자족한다. 바깥세상에서 상처받은 이들은 호텔로 온다. 고독 속에 죽음을 기다리든, 오랜 벗을 환영하든 그들에겐 불청객의 시선에 침범 당하지 않을 자신만의 방이 필요하다.

〈지금은 맞고 그때는 틀리다〉2015에서 〈풀잎들〉2017에 이르기까지 홍상수 감독 근작에서 짙어지는 자기 반영의 함의를 짚는 일은 쉽다. 도입부의 내레이션부터 실제 삶과 영화 사이의 경계를 모호하게 흐트러뜨리는 의도는 명확하다. 바람이 나 가족을 버린 노작가와 영화감독을 하는 그의 둘째 아들유준상, 유부남과의 관계에서 상처 입은 상희의 설정은 실제 감독과 배우의 굴절된 거울 이미지이며, 영화 또한 굳이 이를 감추지 않는다. 〈강변호텔〉이 유별난 건 영화적 유언장이 되는 게 아닌가 싶을 만큼 죽음에 대한 암시와 강박이 짙어졌다는 점이다. 데뷔작 〈돼지가 우물에 빠진 날〉1996 이래 홍상수는 오랜만에 죽음을 직접적으로 묘사한다. 생애의 만년에 접어든 작가가 죽음을 목전에 두고 읊조리는 독백 같은 영화라는 점에서 〈강변호텔〉은 홍상수의 버전으로 일그러진 〈마다다요〉1993(수필가 우치다 햣켄의 노년을 다룬 영화)의 각색본 같다.

시인 영환은 같은 공간에 있음에도 종종 아들들과는 엇갈린다. 아니, 일부러 비껴나간다. 반면 상희와 연주 두 사람과는 굳이 마주칠 필요가 없음에도 설원부터 식당에까지 일부러 따라가서 만난다. 죽음을 직감한 영환은 아버지의 자격으로 두 아들과 재회해 오랜 세월의 응어리를 풀고 유언을 남기려는 듯하지만, 결국 그에게 가장 중요한 건 가부장으로서 남은 일말의 책임감과 도덕률이 아니라, 두 여인으로 표상되는 관능과 욕망의 세계이다.

영화에서 기묘한 부분은 강물의 표현이다. 호텔의 카페에서 두 아들과 마주하는 순간 풀 숏에서 유리창 너머로 줄기차게 흐르던 강물은 신기하게도 영환이 상희와 연주에게 치근덕거리는 순간에는 얼어붙어 있다. 유동하는 물과 고체화된 얼음, 시간성에 관한 두 개의 상반된 이미지. 아들과 마주해 자기 과거의 과오와 무책임함을 마주해야 하는 순간의 시간은 얼른 흘려보내고 싶지만, 두 여인과 함께하는 순간만큼은 “멈추어라, 그대는 너무나도 아름답구나.”라고 외치는 파우스트처럼 이대로 멈춰 있고 싶다는 의지의 표현인 것인가?

〈강변호텔〉은 사회적 책무와 시선을 떠나 관능과 유미의 세계로 침잠하고 싶어 하는 한 자유주의자의 독백과도 같다는 인상을 준다. 옳든 그르든 홍상수는 자기 길을 가며, 발길을 멈추는 순간까지 자신은 변하지 않을 것임을 이 영화로 천명한다. 인간의 계몽과 진보를 믿지 않는 그의 냉소는 자신마저도 예외로 삼지 않는다. 이를 긍정하는가 아닌가.

죽다 살아난 아티스트, 예술의 본질에 대해 묻다
〈아티스트—다시 태어나다〉 2017

〈아티스트—다시 태어나다〉2017는 한 젊은 화가의 죽음을 기리는 추도식으로 막을 연다. 예술의 죽음을 선언하는 서늘한 도입부. 지젤이란 예명을 쓰는 여류화가 오인숙류현경은 덴마크에서 동양화를 전공하고 돌아와 과외 선생으로 일하던 중, 갤러리 대표 재범박정민의 눈에 들어 개인전을 열게 된다. 신인 지젤의 그림은 해외 미술계로부터 주목받고 유명해지지만, 정작 작가인 오인숙은 급성 심장마비로 숨을 거둔다. 데뷔하자마자 사라진 천재 화가. 극적인 우연이 겹치면서 그림의 가치는 천정부지로 치솟고, 성공에 도취된 재범은 지젤의 이름을 이용해 더욱 과감한 기획을 추진한다. 그러나 죽은 줄 알았던 오인숙이 예상치 않게 병원에서 다시 깨어나 돌아오면서 재범은 자신의 성공이 단번에 무너질 위기에 직면한다.

현대 예술은 무가치하며 작품에 매겨지는 가치는 일종의 '공모'의 산물이라고 지적한 건 미학자 장 보드리야르였다. 〈아티스트—다시 태어나다〉에서 김경원 감독은 예술의 근원적 가치 따위는 없다는 보드리야르의 명제에 응답한다. 극 중 지젤은 나름 예술의 본질을 추구하는 작가가 되고자 하지만, 정작 얻게 된 명성과 평가는 본연의 의도나 작품의 속성과는 하등 상관이 없다. 값을 올려서 그림을 팔려는 화랑의 마케팅 전략, 여기에 가담한 비평에 의해 작품의 의미와 가치가 매겨지며, 심지어 필요하다면 작가의 인생까지도 대중의 구미에 맞춰 드라마틱하게

조작할 수 있는 상품이 된다. 죽은 것으로 알려진 천재 작가 지젤의 허상이 살아있는 오인숙 본인을 덮어버리고, 재범은 지젤의 브랜드 가치를 떨어뜨리지 않기 위해 실체인 오인숙에게 침묵을 강요한다. 그림자가 실체를 압도해버리는 기막힌 역전. 이것을 보드리야르는 시뮬라크르simulacre라 부른다.

일본 다도의 창시자 센 리큐는 대나무 수저나 통발 같은 흔한 물건도 자신이 보고 마음에 들면 감정가를 붙여 명품으로 대접받게 했다고 한다. 현대 미술도 그와 같다. 고전 미술은 자연을 얼마나 생생하게 재현하는지가 평가의 잣대가 되지만, 모더니즘 이후의 현대 미술에서는 해석이 중요해진다. 물감을 흩뿌리고(잭슨 폴락), 공장에서 막 생산된 변기를 가져다 전시(마르셀 뒤샹)하고, 무대에서 피아노를 때려 부수는 퍼포먼스(백남준)를 벌이는 등, 현대 미술은 조형적 아름다움을 포기한 대신, 기괴함 또는 기발함에 대한 해석을 요구한다. 그리고 얼마나 그럴듯한 해석이 붙는가에 따라서 값어치가 정해진다. 오인숙은 예술을 평가하는 데는 객관적인 기준이 있어야 한다고 외치며 미술계의 중진 박중식이순재 화백에게 "선생님 작품이 과대평가된 거 아시죠?"라고 속삭이지만, 무수한 차이를 빚어낸 현대 미술에서 객관적 기준이나 본질적 가치 같은 건 사라져버린 것인지도 모른다.

인간의 감성을 고양시키고 존재의 아름다움을 일깨운다는 예술의 낭만주의적 믿음은 깨어진 지 오래다. 그러나 상품이자 껍데기로서의 지젤을 버리고 예술가로서의 자기 존재를 선언하는 오인숙의 선택처럼, 영화는 냉소와 허무를 딛고 다시 예술 본연의 진정성으로 되돌아가야 함을 역설한다. 코미디의 껍데기를 쓰고 있지만 〈아티스트—다시 태어나다〉는 다시 한번, 우리 시대 예술의 본질이 무엇인가를 생각게 한다.

경계를 넘어, 소통을 찾아 〈이타미 준의 바다〉 2019

이타미 준伊丹潤은 '경계인'이었다. 재일동포였던 그는 귀화를 거부하며 유동룡庾東龍이란 본명과 한국인으로서의 문화적 정체성을 고집했고, 한국의 옛 건축과 도자기, 민화의 아름다움을 참고해 자신만의 건축 미학을 빚어나갔다. 마음은 한국에 있었지만 몸은 일본에 있었고, 일본에서는 조선인이었지만, 조국에서는 이방인이었다. 한국인도 일본인도 아닌 정체성의 모호한 긴장 속에서 평생을 살며, 현해탄을 사이에 두고 양국을 오가며 작업했던 이타미 준은 그 결과 한국과 일본 어디에도 갇히지 않고, 전통 건축과 현대 미술을 아우르는 독자적인 건축 양식을 구축할 수 있었다. 다큐멘터리 〈이타미 준의 바다〉2019는 한 건축가의 삶과 유산에 바치는 시적인 헌사이다.

예술가의 삶을 다루는 다큐멘터리는 종종 다음과 같은 함정에 빠진다. 고난과 갈등의 드라마를 부각시키며 관객의 정서적 반응을 요구하

거나, 단편적인 정보의 해설에 치중한 나머지 작가의 예술 세계를 어떠한 각도에서 접근하고 보여주어야 할 것인가에 대한 고민이 부족한 경우가 많다. 정다운 감독은 〈이타미 준의 바다〉를 일반적인 방송 다큐와는 다른 양상으로 끌고 간다. 섣부른 찬사를 보내지도, 필요 이상으로 내레이션을 남용하지도 않은 채, 연대기 순으로 따라 독백을 읊조리듯이 담담한 톤으로 이타미 준의 삶과 작품의 면면을 펼쳐놓는다. 이 영화의 언어는 차분히 절제되어 있다. 지인들로부터 취재한 증언과 자료, 산문집『돌과 바람의 소리』로부터 추려낸 단편적인 문장 외에 특별한 해설을 덧붙이지 않는다. 중요한 건 해설을 들려주는 것이 아니라, 그가 남긴 작품의 세계로 관객을 초대하는 것이다. 예술가의 내면으로 들어가는 길은 작품의 결을 섬세히 훑는 이미지즘임을 이 영화의 카메라는 잘 알고 있다.

도입부는 작품 전체의 모티브를 단번에 보여준다. 자연풍광 속의 빛과 그림자, 거미줄에 맺힌 물방울을 담은 영상은 이윽고 이타미 준이 남긴 건물의 벽면과 틈새로 드리우며 파고드는 빛과 그림자, 흔들리는 물과 바람의 결을 포갠다. 건물 또한 자연의 일부이며 건축은 환경과의 관계 속에서 생물체처럼 존재해야 한다고 믿었던 이타미 준의 건축 사상이 몽타주 컷의 이미지즘을 통해 영상시처럼 표현된다. 그리고 우리는 한 어린아이가 숲을 통과해 해변을 향하는 걸 보게 된다. 구로사와 아키라가 〈꿈〉1990의 몇몇 에피소드에서 아역 배우를 유년기의 자신으로 내세웠던 것처럼, 지평선을 바라보는 아이의 이미지는 바다 너머의 한국, 그리고 한국의 아름다움을 동경하고 그리워했던 이타미 준의 심경을 대신한다.

〈이타미 준의 바다〉의 화두는 '소통'이다. 영화의 카메라는 건물의 틈새로 파고드는 빛과 그림자, 바람에 흔들리는 수풀과 수면 위의 결들을 세심히 담아낸다. 이와 같은 정중동의 이미지는 환경과 더불어 호흡하는 건물, 풍화를 버티고 그 안에 시간과 기억을 머금는 건물을 짓고자 했던 이타미 준 건축 사상의 요체를 말없이 웅변한다. 그리고 영화는 노인 이타미 준의 대역 배우가 억새풀 가득한 언덕 너머로 낙조가 지는 바다를 바라보는 것으로 끝난다. 대구를 이루듯 도입부와는 반대 방향에서 바다를 보는 결말의 앵글은 또 하나의 소통을 암시한다. 한국과 일본, 바다의 양 끝을 부지런히 오갔던 이타미 준의 삶 그 자체야말로, 벽의 틈새를 찾아 자유로이 오가는 빛과 바람과 물처럼, 국경에 매이지 않는 소통의 길이 아니었는가 영화는 되묻고 있는 것이다.

인터넷 여론의 정념과 영화 〈인랑〉 2018

김지운의 〈인랑〉2018은 열화와 같은 혹평의 물결에 휩쓸려 침몰했다. 총제작비 230억을 들인 블록버스터의 흥행 성적은 손익분기점에 미치지 못하는 89만 관객에 그쳤고, 인터넷 평점 역시 5점대의 저조한 수준에 머물고 있다. 그러나 정작 논란의 핵심은 영화 자체가 아닌, 영화를 둘러싸고 벌어지는 발화發話의 양상으로부터 발견된다. 예멘 난민에 관련한 배우 정우성의 사회참여성 발언을 부정적으로 바라보는 여론을 비롯하여, 주연 배우들에 관한 인신공격성 발언에 이르기까지 작품 외적인 면면을 표적 삼은 격정적이고 일방적인 발화들은 단순히 영화 한 편에 관한 호오의 표시만으로 예사로이 넘기기 어렵다.

분명 〈인랑〉은 여러 문제점을 안고 있는 영화다. 주인공의 죄의식과 심리적 공황에 대한 묘사는 빈약하고, 인물 간의 관계 형성을 그리는 멜로드라마는 피상적이다 싶을 정도로 축약되어 있다. 더군다나 남북통일을 가정한 극 중 미래의 정치상이 인물의 동기에 긴밀하게 밀착되지 않다 보니 후반의 액션과 결말에 감정적인 몰입도와 설득력이 실리지 않는다. 영화의 만듦새, 내적인 결함은 얼마든지 비판받을 수 있다.

그러나 영화를 둘러싸고 벌어지는 논란의 핵심은 영화 자체보다는 도리어 발화의 형식이 아닐까 싶다. 서사와 감정선, 세계관이 유기적인 짜임새를 갖추지 않아 설득력을 얻지 못함을 지적하는 선에서라면 이성적 비판의 영역에 머물지만, 폄하와 냉소의 제스처로 넘어가는 건 감정적 비난인바 엄연히 구분되어야 한다. 영화를 비판적으로 본 평자이지

만 이런 유의 발화는 옳지 않다. 조리돌림에 가까운 비난의 언설, 배우에 대한 인신공격까지 끌어가며 영화를 죽여야 직성이 풀리겠다는 이 부정적 발화의 실체는 어쩌면 출구를 찾지 못하고 리비도의 비틀린 발산이라고 봐야 하지 않을까? 이 발화들이 놀랍도록 '혐오'의 감정과 닮아 있다는 점을 고려하자면 말이다.

공교롭게도 이건 〈군함도〉2017 때와 흡사한 양상이다. 감정적 비난이 우세한 대중 여론의 발화가 이성적 비판과 토론의 장을 봉쇄했다는 점에서 말이다. (이것은 영화에 대한 옹호 여부와는 다른 문제다. 영화의 문제점은 좀 더 진지하게, 그리고 차분하게 논의되어야 했다.) 흥미로운 건 영화에 관한 단평을 쏟아내는 네티즌 일각의 정념이다. 영화를 둘러싼 의견의 대세가 정해지면, 곧 다른 각도에서 영화를 바라보고 접근한 소수의 의견을 압살하고 조롱하고 짓밟는 양상을 종종 목격하게 된다. 집단의 의식 공동체를 이룬 다수가 소수의 의견을 배제하는 걸 유희하는 진풍경 속에서 정치적인 옳고 그름의 분별, 냉철한 비평적 시선은 작동할 여지를 잃는다. 주류에서 벗어난 관점도 존중받아야 하는 민주적 공론장(하버마스)의 기능이 마비되었음을 우리는 지적해야 한다.

언어학자 월터 옹은 『구술문화와 문자문화』에서 문자문화 사회에서의 발화가 정념의 절제와 언어의 정제, 이성과 논리에 근간한 토론인 반면, 구술문화 사회에서는 우열을 가리기 위한 내기와 승부의 양상을 띠며 손쉽게 감정적 싸움으로 몰리게 됨을 지적한다. 공교롭게도 한국의 네티즌과 기자 일각에서 보여주는 극단적 언사는 구술문화 사회에서의 언표 양상과 정확히 일치한다. 여기에는 '대중지성'도, 비평적 담론의 생성도 없다. 사안의 정치적 올바름에 관한 예리한 논증과 성찰은 찾아보기 어려워졌다. 〈인랑〉을 둘러싼 발화들은 우리 시대 대중의 징후를 보여주는 것처럼 보인다. 우리는 평론의 기능이 마비된 반지성주의의 시대, 다수의 합의라는 명목 아래 비난의 표적을 찾아 승리를 구가하며 미시적 파시즘으로 치달아가는, 비이성과 정념 과잉의 시대를 살아가는 것인지도 모른다.

현실성을 잃은 장르 영화의 공허함 〈반도〉 2020

〈반도〉2020의 도입부는 다급하다. 〈부산행〉2016이 있은 지 4년 뒤에나 도착한 이 속편은 영화 속 좀비 재난이 벌어진 이후의 시간들을 압축하는데 여념이 없다. 최후의 보루인 부산까지 무너지면서 휴전선 이남은 무인지경이 되었고, 감염을 피해 살아남은 이들은 난민이 되어 홍콩 등지에서 박대를 받으며 살아간다. 페이크 다큐멘터리의 화술을 구사하는 이 프롤로그는 너무나 많은 정보와 세계관 설정의 변화를 단번에 받아들이도록 강요한다. 이처럼 수다스럽고 번잡한 서두에선 일종의 기시감이 느껴진다. 공교롭게도 〈반도〉는 〈인랑〉2018이 저질렀던 것과 동일한 실수를 반복한다.

〈부산행〉이 호응을 얻고 성공했던 건 '제한된 공간에서의 탈출'이라는 장르적 구성을 취하는 동시에, 좀비 발생이란 재난 상황을 가정하고 명암이 엇갈리는 인간 군상을 그려냄으로써 현실을 사는 관객의 정서적 리얼리티에 조응했기 때문이었다. 그 영화는 '각자도생'이 화두로 떠올랐던 박근혜 시대에 대한 영화적 반영이자 충무로의 우회적인 대답이었다. 반면 〈반도〉가 그리는 한국의 풍경에는 현실을 반영하거나 풍자하는 면면이 드러나지 않는다. 통일 이후를 가정한 〈인랑〉의 영화 속 시간이 관객의 현재와 동떨어지면서 설득력을 잃었던 것처럼, 〈반도〉에는 붙잡고 몰입할 현재에의 실마리가 잡히지 않는다.

객차의 유리문 너머, 좀비의 시야를 막는 도구를 신문지로 설정하면서 언론이 국민의 눈과 귀를 막는다는 모종의 정치적 은유를 조형해냈던 연상호의 작가주의는 〈반도〉에선 흔적조차 보이지 않는다. 정치적 발화의 여지를 말끔히 치워낸 디스토피아 공간을 대신 채우는 건, 한국형 상업영화의 진부한 도식이다. 〈해운대〉2009에서부터 익히 질리도록 봤음직 한 가족 신파극과 헐리우드 영화를 무성의하게 복제한 아류 스펙터클의 전시. 이 영화 최대의 어트랙션attraction이라 할만한 카체이싱 시퀀스는 〈매드맥스—분노의 도로〉2015의 열화된 모방이며, 이 지점에서도 연상호는 실수를 저지르고 만다.

먼저 연출상의 실수. 액션의 쾌감을 극대화하기 위해선 피사체의 움직임이 명료하게 파악되어야 하는데, 어두운 배경은 액션의 쾌감을 깎아먹는 악수로 돌아왔다. 그리고 가장 큰 실책은 핍진성이 결여된 어트랙션은 끝내 장르적 쾌감에 도달하지 못한다는 점을 간과한 것이다. 〈부산행〉의 모든 액션은 극 중 인물이 처한 상황의 인과와 당위성에 적확히 맞물리면서 강렬한 실재감과 몰입감을 자아냈다. 하지만 〈반도〉는 역으로 액션을 위해 극의 개연성을 스스로 파괴한다. 좀비들이 어두운 밤엔 시야가 막히는 대신 청각이 예민해진다는 초반의 설정은 아무런 조심성 없이 굉음을 내며 질주하는 심야의 추격전에서 산산조각이 나고 만다.

사실 〈반도〉의 가장 흥미로운 이야기 소재는 축약하고 넘어간 4년의 시간 속에 있었을 것이다. 좀비가 창궐하는 가운데 피난처이자 임시 수도인 부산은 어떤 세계가 되었을지, 그 안엔 어떠한 사회적 갈등과 계층의 문제가 대두되고 있을지를 치밀한 세계관 설정을 통해 묘사함으로써 좀비물이 지니기 마련일 정치적 해석의 미덕을 이어갈 의무가 이 속편에 지워져 있었다. 〈시체들의 새벽〉1978 또는 〈랜드 오브 데드〉2005가 될 수 있었던 〈반도〉는 그 모든 기대와 잠재성을 저버리고 말았다.

테크니션이 빚어낸 정치영화의 시네마틱 〈더 킹〉 2017

한재림 감독의 〈더 킹〉2017은 분명 정치 영화가 범람하는 한국 영화의 한 경향 속에 들어 있는 작품이다. 〈부당거래〉2010를 기점으로 하여 〈내부자들〉2015에서 정점에 달하는 일련의 정치 느와르. 현실에 대한 풍자 또는 재현과 반영으로서의 영화들. 〈더 킹〉은 이 지점에서 한 발 더 나아가고자 한다. 유흥과 타락을 거쳐 몰락한 끝에 회개하는 한 탕아의 일대기라는 점에서 피카레스크 로망의 문학적 구성을 따르지만, 다른 한편으로는 한국의 정치상이 보이는 병폐의 기원을 시간을 거슬러 올라가며 비추려는 계보학적 탐구이기도 하다. 영화는 박태수라는 한 젊은 검사의 입신출세에 투영되는 시대의 그림자, 오욕으로 얼룩진 한국 근현대사의 이면을 훑는 일종의 파노라마가 되고자 한다.

보통 정치 영화의 수명은 짧다. 당대의 시대상을 투영한 영화는 시류에 편승한 만큼 당장의 호응은 얻을 수 있으나, 시간이 흘러 당시의 정치적 상황이 과거의 일이 되면 특정한 시기를 다룬 정치물은 자연스레 공감대와 설득력을 잃기 마련이다. 이러한 정치 영화의 태생적 한계를 〈더 킹〉은 장기간의 근현대 정치사를 포괄하는 넓은 화각의 거시적 시선과 더불어, 치밀하게 계산된 영화의 형식 미학으로 돌파하고자 한다. 이 영화의 영상에는 촬영과 편집, 조명에 이르기까지 영화를 이루는 모든 물적-기술적 요소들을 철저히 주무르고 통제하려는 연출의 완벽주의, 안이하게 소모될 일회성 정치 영화의 관성에 안주하지 않겠다는 시네아스트의 야심과 결기가 드러난다. 대사로 이야기를 전달하는 안이

한 화법을 거부하고 영화가 갖는 시각예술적 특성을 십분 활용해 무성 영화를 방불케 하는 이미지 중심의 스토리텔링을 관철함으로써 여타의 한국 정치 영화들을 넘어선 시네마틱의 한 경지를 성취하고자 하는 것이다.

수직과 수평을 장악하다

일단 촬영의 측면에서 〈더 킹〉의 프레임은 멈춰 있는 쇼트를 꼽기가 어려울 정도로 항상 피사체 아니면 카메라의 움직임이 두드러진다. 인지하지 못하고 지나치는 사소한 컷에서조차 미세한 카메라 움직임을 넣어 리듬감을 부여하며, 카메라의 수평과 수직 이동을 극 중 인물의 상황에 맞물리게 하는 연출이 돋보인다. 태수의 공부와 출세의 과정, 한강식 일당이 추진하는 정치 공작의 거듭된 성공은 종종 슬로우 모션에 수평으로 이동하는 달리 숏으로 마치 마라톤 주자가 골인하는 순간처럼 묘사되어 흥분을 자아낸다. 태수가 사법고시 합격 직후 헹가래를 받는 장면과 한강식의 펜트하우스로 가는 엘리베이터의 수직 이동, 한강식을 위시한 양동철과 박태식이 검찰청에 들어설 때 계단의 수직 이미지, 세 사람이 창가에 서 있을 때 건물 유리창에 비치는 이륙하는 비행기의 그림자는 등장인물의 정치적 입지와 위상이 상승기류를 타고 있음을 대사 한 줄 없이도 직감하게 해준다.

반대로 군사보호구역 해변에서 놀던 태수와 두식이 경찰의 보호를 받으며 돌아오는 장면에서는 차량이 언덕길을 타고 내려오는 하강의 동선을 그리며 의기양양하던 두 사람이 그다음부터는 몰락의 기점에 접어들게 되는 이야기의 전환점을 암시한다. 이와 같이 수직과 수평의 교차를 적극 활용하는 〈더 킹〉의 연출 스타일은 〈관상〉2013에서 먼저 선보인 바를 보다 과감하게 발전시킨 결과이다. 서서히 계단 너머로 올라오는 수양대군의 상승 이미지, 살기 어린 어두운 색조와 선명함은 해가 떨어지는 필로우 쇼트의 하강 이미지로 표현된 문종의 죽음, 역광에 의해 살짝 지워질 듯 흐릿한 형상으로 출현한 김종서와 극적인 대비를 이루며, 수양대군이 새 시대의 정권을 쥘 것임과 동시에, 문종과 김종서는 저무는 해와 안개처럼 곧 사라질 사람들이란 암시를 준 바 있다.

앵글의 선택에 있어서도 수직과 수평의 모티브는 관철된다. 히치콕이나 스콜세지의 영화들에서처럼 〈더 킹〉에는 부감으로 인물을 포착하는 컷의 활용 빈도가 높다. 부감은 관객을 절대적 관찰자의 시점에 두고 인물에 대한 과몰입으로부터 빠져나오도록 환기하는 기능도 하지만, 전지적 시선 앞에 내던져진 한 개인의 무력함, 인물의 어깨를 짓누르는 공기와 중력의 무거움을 강조하기 위해서도 쓰인다. 지방으로 발령이 난 태수가 도로 서울로 올라와 양동철을 만나는 대목에서 카메라는 동철이 모욕을 퍼붓고 떠난 뒤 망연자실하는 태수의 모습을 텅 빈 공간 구석에 놓인 쓰레기통과 한 프레임에 부감으로 잡으며 그가 한강식 라인으로부터 내쳐진, 끈 떨어진 인형 신세임을 보여준다. 태수가 부감의 시선으로 대변되는 기성 권력의 압력으로부터 벗어나는 건 후반의 레스토랑 시퀀스에 가서이다. 카메라는 시네마스코프의 양극단에 선 두 사람을 같은 눈높이의 투 숏으로 잡으면서 이때서야 비로소 태수가 한강식과 동등한 입장에서 정면 대결하게 되었음을 웅변한다.

이처럼 다양한 움직임과 앵글이 담긴 장면을 이어 붙이는 영화는 촬영 단계에서부터 철저한 계산하에 기교를 구사하지 않으면 난잡하게 되기 쉽다. 감독은 이러한 문제를 극복하고 영화에 일관된 시각적 안정감을 부여하기 위해 이동 카메라와 와이퍼, 운동하는 분할 화면의 이미지를 시종일관 시네마스코프 비율의 수평에 맞춰 움직이게 한다. 트랙 인-아웃과 달리의 수평 이동을 번갈아 가며 이미지너리 라인imaginary line을 연속적으로 정교하게 짜 맞추고 있기 때문에 이중 노출과 고속 촬영, 이동 촬영을 겹치고 포개는 현란한 테크닉의 향연 속에서도 관객은 길을 잃지 않고 질주 일변도로 흐르는 영화의 페이스를 따라갈 수 있게 된다.

현란한 몽타주, 찬란한 색의 향연

보통 일반적인 영화라면 마스터 숏으로 시퀀스, 즉 공간과 이야기의 단위를 끊고 안정적으로 드라마를 전달하는 편집의 상투성에 기대기 마련이다. 그러나 〈더 킹〉의 편집은 단순히 내용을 이어 붙이는 서술적 몽타주narrative montage가 아닌 표현적 몽타주expressive montage, 그리고 템포를 조율해 정서적인 반응을 유도하는 운율과 리듬의 편집을 지향한다. 한재림 감독은 장면을 정교하게 컷 단위로 쪼개고, 때로는 시간의 선형성을 비틀며 교차 편집을 활용해, 관객의 눈에 쉴 틈을 주지 않는 파상공세로 영화를 밀고 간다. 마스터 숏을 거의 쓰지 않고, 컷의 점프와 충돌을 서슴지 않는 과감한 편집이 출세의 탄탄대로를 달리는 박태수의 인생처럼 중반까지의 경쾌하고 흥겨운 페이스를 만드는 데 이바지한다.

또한 이 영화의 편집은 개별 이미지를 은유적으로 연결해 의미를 발화시키는 지적 몽타주의 훌륭한 사례로 꼽을 수 있다. 태수가 성폭행 사건 피해 학생의 어머니로부터 받은 순대를 침침한 사무실에서 홀로 먹는 장면은 바로 다음에 그가 한강식이 주도하는 파티로 넘어가면서 소박함과 화려함의 대비로 태수의 변절을 형상화한다. 개를 이용한 들개파의 살인은 커피에 프림과 설탕을 타는 컷과 교차되고, 한강식이 표적수사를 지휘하는 장면은 그가 즐겨 먹는 스테이크용 고기의 드라이에이징(분할 화면의 칸에 갇힌 정관계 인사 세 명이 와이퍼로 밀려나면서 숙성실에 매달린 고기와 동일시)과 포개지면서, 그들의 범죄 행위가 자신들의 이익과 필요, 기호에 맞춰 철저히 기획되는 것임을 은유한다.

일견 에이젠슈테인을 연상시키는 지적 몽타주의 전격적인 활용은 노무현 대통령의 탄핵과 죽음에서 정점에 달한다. 혼란에 빠진 국회의 풍경과 의원들의 모습은 디졸브와 교차 편집을 통해 두일의 조직을 접수하러 온 목포 들개파와 겹치면서, 한국 정치의 본질이 조폭의 추잡한 영역 싸움과 하등 다를 바 없다는 동일시로 작용한다. 알코올 중독으로 폐인이 되어 병원에 실려 간 태수와 누이동생의 울부짖음은 노무현 대통령의 서거와 맞물리며 거대한 몰락과 실패의 분위기를 자아낸다. 이 부분은 영화가 클라이맥스로 넘어가는 분기점이기도 한데, 배신과 좌절을 겪으며 인생의 바닥으로 치달은 태수가 생사의 기로를 통과함으로써 과거의 잘못과 허물을 벗고 새 인물로 거듭나는 순간이기 때문이다. 이 때 감독은 새하얀 역광으로 상징되는 종교적 구원과 부활의 이미지를 태수에게 덧씌우며 타락한 존재가 정화되었음을 상징적으로 보여준다.

현란한 색감과 조명의 변화는 이 영화의 또 다른 주인공으로 큰 몫을 담당한다. 〈관상〉에서 문종의 등장을 황금색의 역광에 휩싸인 이미지로 묘사해 군주의 위엄을 드러내다가, 점차 창백한 회색으로 탈색시키면서 죽음이 임박해오고 있음을 표현한 바 있던 한재림 감독은 〈더 킹〉에서도 아예 각 인물과 장면마다 지배적인 색감을 설정함으로써 이야기의 감정과 분위기를 빚어낸다. 태수의 모습은 주로 파란색과 엮이며 나타난다. 학창시절 교련복 아래 입은 조끼와 사법고시에 합격할 때 입은 양복 정장, 검사 생활 초기에 매던 넥타이의 파란색은 청춘의 활력과 자유분방함 그리고 근본적으로는 선하고 정의로운 태수의 성격을 암시하는데, 한강식의 편이 되면서 차츰 색이 바래지만 정치인으로 뛰어든 이후 연설하는 단상과 정당 유니폼에서는 다시금 푸른색을 회복한다.

반면 한강식과 양동철을 포함한 정치 검사들은 어두운 톤의 녹색을 지배적인 색으로 잡아 부패하고 타락한 자들이라는 인상을 준다. 목포의 들개파는 연기와 안개 속에 피처럼 번지는 선연한 붉은 색으로 살인과 폭력을 업으로 삼는 조직폭력배의 성격을 부각시킨다. 실제인지 아니면 태수의 상상인지 다소 모호한 두식의 죽음에서 한강식은 들개파

두목의 옆에 서서 커피를 마시는데, 이 순간 배경에는 녹색과 붉은색 조명이 한데 뒤섞이면서 정치 검찰과 조직폭력배의 밀접한 유착관계를 형상화한다. 붉은색은 권력과 욕망의 상징으로도 사용되는데 아버지의 일로 검사가 들이닥칠 때 태수 가족의 집은 빨간색의 미장센으로 치장되어 있으며, 이후 권력욕에 눈을 뜬 태수는 붉은 옷을 입은 위에 파란 점퍼를 받쳐 입는다. 한강식이 먹고 마시는 스테이크와 와인 또한 권력과 욕망의 오브제로서 다시금 붉은색의 기능을 상기시킨다.

그리고 펜트하우스와 레스토랑, 탤런트의 사생활 비디오와 고급술은 시종일관 황금빛에 가까운 노란색으로 그려진다. 상류층이 누리는 부귀영화와 기득권을 상징하는 이 찬란한 노란색은 와인잔의 탑이 무너져 내리는 결말부의 고속 촬영에서 강렬한 카타르시스를 이끌어낸다. 또한 파티 장면에서는 거울과 피아노를 이용한 반사 이미지가 빈번하게 등장하는데 비상식적으로 일그러진 세상의 풍속도를 반영하는 요지경瑤池鏡, 환락에 취한 지배계급의 퇴행적인 유치함을 표현함에 있어서 노란색과 반사 이미지의 활용은 주효했다.

내레이션으로 소설책 페이지 넘기듯 이야기를 풀어가는 화법, 광각렌즈의 전격적인 활용, 한 인물의 행적을 따라가는 구성 등 〈더 킹〉은 은연중 〈좋은 친구들〉1990, 〈카지노〉1995의 마틴 스콜세지로부터 받았을 영향을 상기시킨다. 그러나 이 영화만의 독자적인 지점은 음향과 음성을 제거하고 무성 영화처럼 그림만을 보아도 장면의 뉘앙스와 감정이 고스란히 전달된다는 데 있다. 시각 언어야말로 영화의 본질이라 믿고 촬영과 편집, 미장센 등 시각 예술을 구성하는 물적, 기술적 세공력에 집중한 한재림 감독의 연출은 〈관상〉에 이어 〈더 킹〉에서 더욱 진일

보한 형태로 완성되고 있는 것이다. 시각 언어로서의 영화적 표현에 대한 고민이 줄어만 가는 한국 영화의 우려스러운 경향 한가운데서, 〈더 킹〉은 영화 언어의 본질에 대한 고민과 성찰이 깃든 소중한 텍스트로 빛나고 있는 것이다.

김지운, 삶의 불가해不可解함을 응시하다 〈달콤한 인생〉 2005

〈달콤한 인생〉2005의 오프닝 시퀀스는 영화가 담고 있는 바를 단번에 함축한다. 바람결에 흩날리는 버드나무 가지들은 예기치 않은 계기로 인한 마음의 흔들림을 시각화하며, 깔끔한 인테리어의 스카이라운지에서 침침한 지하의 나이트클럽으로 내려오는 선우이병헌의 동선은 이 영화가 인생의 정점에 서 있던 한 남자가 지옥으로 추락하는 몰락의 여정에 관한 이야기가 될 것임을 암시한다. 느와르를 표방한 이 장르의 표면에서 김지운 감독은 선우라는 인물을 던져 놓고, 폭력으로 점철된 그의 짧은 역정을 통해 인생의 무언가에 관한 이야기를 하고 싶었으리라. 진하고도 진한 초콜릿 케이크처럼 달콤하고도 뒷맛은 씁쓰레한, 한 걸음 차이로 천국과 지옥을 오가는 인생사의 진실에 관하여.

코믹잔혹극을 표방한 〈조용한 가족〉1999으로 데뷔한 이래 〈악마를 보았다〉2010에 이르기까지, 김지운 감독은 한국 영화계 안에서 여러 장르를 오가는 전방위적인 실험을 한 특이한 존재이다. 단편이지만 〈인류멸망보고서〉2012의 두 번째 에피소드 '천상의 피조물'은 본격적인 SF물이었으며, 〈사랑의 가위바위보〉2013로 멜로를 연출한 바 있다. 이처럼 다양한 장르적 스펙트럼은 얼핏 보면 필모그래피에 일관된 흐름이 없는 듯 일견 혼란스럽게 여겨지는 측면이 있다. 그러나 "한 사람의 감독은 평생 한 편의 영화를 만든다."는 말처럼, 이 가지각색의 영화들은 결국 김지운이라는 정육면체 주사위로 수렴되는, 하나의 피사체를 둘러싼 서로 다른 면面들일지도 모른다.

〈조용한 가족〉은 산장에 예기치 않은 사고가 닥치자 이를 적당한 선에서 수습하려던 가족의 노력이 더욱 엉뚱한 상황으로 사태를 치닫게 하는 소동극이었으며, 〈장화 홍련〉2003은 동생을 구하지 못한 언니 수미가 자신의 행위로 인해 벌어진 일이라는 사실을 애써 인정하지 않고, 죄의식으로부터 눈 돌리고자 한 내면의 혼돈을 공포 영화의 틀을 빌려 표현한 작품이었다. 〈반칙왕〉2001의 주인공 임대호는 관장의 딸 민영에게 자신의 마음을 고백하려 하나 우연의 장난으로 인해 실패하고, 만주 웨스턴 〈좋은 놈 나쁜 놈 이상한 놈〉2008의 인간 군상은 사투를 벌이면서까지 지도의 행방과 목표를 쫓지만, 정작 자신들이 쫓는 것이 정확히 무엇인지조차 알지 못한다는 점에서 일대 장관의 부조리극을 빚어낸다. 〈악마를 보았다〉의 국정원 요원 수현은 약혼녀의 복수를 계획하고 실행에 옮기지만, 살인마 장경철이 추적을 벗어나면서 상황은 돌이킬 수 없는 파국으로 치닫고 만다.

이상의 영화들에는 작가auteur김지운이 바라보는 인간과 세계에 대한 관점이 일관되게 투영되어 있다. 세상은 인간이 욕망하고 바라는 바대로 돌아가지 않으며, 우리의 의도나 예상은 찰나의 무의식적인 실수와 우연에 의해 어긋나기 마련이고, 삶을 살아감에 있어서 마주하게 되는 사건들은 원하든 원하지 아니하든 우리가 행한 바의 결과로 돌아오는 반작용이라는 것. 그런 점에서 김지운의 모든 영화는 '삶의 환상과 부조리에 대한 열정적인 탐구'이자 '통제 불가능한 세계의 비인격성'에 대한 성찰을 담은 윤리극倫理劇 연작으로 묶일 수 있는 것이다. 김지운 감독의 영화들은 장르적인 외양으로는 제각각 다르지만, 유심히 들여다보면 그 안에 자신만의 작가적 감수성과 모티브를 일관되게 끌고 발전시켜오고 있음을 알 수 있다.

이러한 윤리적 테마의 정점에 〈달콤한 인생〉이 서 있다. 극 중 선우는 두목의 젊은 애인 희수를 감시하고 불륜의 현장을 잡아내지만 두목의 지시와는 다른 방향으로 일을 처리하는 실수를 저지르면서 나락으로 떨어지고 만다. 조직으로부터 버림받은 그는 피의 복수에 나선다. 그러나 종국에는 모든 일의 발단이 자신의 흔들림, 희수에 대한 연모의 마음에 있었으며, 그것을 인정하지 않고 자신의 책임을 다른 이에게 전가하고 있었다는 내면의 진실과 마주하게 된다. 삼선교 오무성이기영의 "사과하라. 그럼 아무 일도 일어나지 않는다. 잘.못.했.음. 이 네 마디야."라는 경고나 "나한테 와서 이러면 안 되지, 이 사람아…"라는 백사장황정민의 대사, 중국 선불교의 6대조 혜능의 일화를 각색한 도입부의 내레이션은 거듭 다른 데서 원인을 찾는 선우에게 던져진, 자신의 내면을 돌아볼 것을 요청하는 일종의 화두였던 셈이다.

"아무리 나쁜 결과로 끝난 일이라고 해도 애초에 그 일을 시작한 동기는 선의였다."는 율리우스 카이사르의 말처럼, 모두가 다치지 않는 결과를 원했던 선우의 결정은 의도했던 바와는 반대로 관계의 종말을 가져왔으며, 그 이면에는 내심 두목을 대신해 희수의 남자가 되고 싶어 했던 자신의 알량한 이기심과 욕망이 자리 잡고 있었다. 그는 복수에 성공하지만 끝에는 전혀 알지 못하는 생면부지의 인물에 의해 죽음을 맞는데, 이 킬러는 총을 구하는 과정에서 선우 자신이 죽인 총포 밀매상의 동생이었다. 개연성의 측면에서 뜬금없다는 지적을 받은 이 부분이야말로 영화의 마침점인 동시에 결정적으로 작가로서의 김지운이 지닌 고유의 관점을 잘 드러내는 부분이다.

우리는 분명 어떤 의도와 목적을 가지고 행위를 하지만, 나를 떠나간 그 행위의 결과는 우리의 예상을 벗어나 뜻하지 않은 때에 뜻하지 않은 방식으로 돌아오기 마련이다. 세상은 통제할 수 없으며 우리가 할 수 있는 것은 좋든 싫든 그것을 받아들이는 일일 따름이다. 그것이 바로 '윤리'라고 〈달콤한 인생〉은 담담하게 말을 건다. 바로 이러한 면에서 김지운 감독의 작가의식 내지 세계관은 〈킬링〉1956에서의 스탠리 큐브릭이나, 〈바벨〉2006의 알레한드로 이냐리투의 철학과 만나는 접점이 보인다. 〈킬링〉의 결말에서 완벽한 계획을 입안해 실행하던 갱단의 노력은 일시에 물거품이 되고, 〈바벨〉에서 멀리 떨어져 전혀 알지 못하는 세계의 사람들은 나비효과처럼 저마다의 행동으로 서로에게 영향을 끼치게 된다.

장 피에르 멜빌의 〈한밤의 암살자〉1967와 같은 프렌치 느와르의 인물과 분위기, 오우삼의 〈첩혈쌍웅〉1989과 〈첩혈가두〉1992 등으로 익히 봐 왔던 홍콩 느와르의 총격전 등 기성 장르의 컨벤션들을 끌어들이는 이면에는, 다분히 그리스 비극의 숙명론적 정조를 방불케 하는 비극적 세계관이 깔려 있다. 바로 이 점이 〈달콤한 인생〉을 단순한 장르 영화 한

편을 넘어, 오늘에 와서도 두고두고 곱씹게 만드는 클래식의 반열로 끌어올린 것이 아닐까? 한 편의 우아한 냉혹, 아름답고도 서글픈 꿈의 한 자락. 〈달콤한 인생〉은 김지운 필모그래피의 집대성이자 정점이며, 불가해不可解하고 불가역不可逆한 인생의 냉혹한 진실을 은유하는 '달콤 씁쓰레한bittersweet' 우화이다.

3부 헐리우드의 안과 밖

"모두가 케이크를 좋아하는 건 아닙니다.
어떤 사람은 빵을 좋아하죠.
그중에서도 어떤 사람들은 신선한 빵보다
말라비틀어진 빵을 더 좋아합니다."

스티븐 브로이디 영화제작사 모노그램 사장

역사를 기억하는 성숙한 방식 〈로마〉 2018

〈로마〉2018는 알폰소 쿠아론의 필모그래피 중에 손꼽을 훌륭한 작품 중 하나이며, 동시에 가장 개인적인 영화일 것이다. 〈칠드런 오브 맨〉2006에선 절멸 직전의 근미래를 헤매고, 〈그래비티〉2013에서 우주로 나아갔던 그의 카메라는 고개를 돌려 1970년대 초의 멕시코로 돌아온다. 이 영화는 〈이 투 마마〉2001를 작업한 이래 17년 만에 고국으로 돌아와서 메가폰을 쥔 작품이다. 이것은 기억에 대한 영화이다. 페데리코 펠리니가 작은 바닷가 마을 리미니를 추억하며 〈아마코드〉1973를 찍었던 것처럼, 작가적 경력의 정점에 도달한 쿠아론은 자신이 성장기를 보낸 장소와 과거의 역사를 돌이키며 영화에 담았다.

그러나 쿠아론의 방향은 펠리니와는 다르다. 펠리니가 자전自傳적 기억을 상상과 애정으로 변형시킨다면, 쿠아론은 무채색의 흑백화면이 그렇듯 일체의 낭만화를 거부한다. 영화의 오프닝은 개인 아파트 주차장의 바닥을 응시하는 롱테이크로 열린다. 클레오가 바닥을 청소할 때 파도처럼 유동하는 비눗물의 이미지는, 주인집 가족이 베라크루즈로 휴양을 떠난 결말 즈음에 파도 속을 헤치고 위험에 빠진 주인집의 아이들을 구하는 장면과 겹쳐진다. 이런 의미심장한 시각화는 은연중 영화의 성격을 암시한다. 〈로마〉는 거센 조류에 휩쓸리면서도 그것을 견디어 낸 삶에 관한 영화이다. 쿠아론은 역사에 대한 거시적인 시야를 갖고서, 그 안을 살아갔던 개인들을 바라보고자 한다.

영화는 좀처럼 클로즈업을 쓰지 않고 프레임 전체를 넉넉히 채우는

와이드 숏과 유려한 패닝을 중심으로 담담하고도 관조적인 화폭을 펼쳐낸다. 중산층 가정의 아파트에서 식모로 일하는 클레오는 계급과 인종의 차이가 있음에도 정다운 아이들의 양육자로서 사랑받는다. 그녀의 동선을 따라가면서 영화는 70년대 멕시코 사회의 인종과 계급, 빈부격차와 성차별, 불안감이 감도는 사회상을 한데 아우르고 담아낸다. 클레오는 전적으로 정치에 무지하지만 그녀가 겪는 사건들은 비극적으로 비틀린 역사의 파란과 떼어놓을 수 없다.

영화를 처음 보고 나왔을 때는, 이것이 무엇에 관한 영화인가 망연자실했다. 그리고 곰곰이 생각한 끝에 이것이 시대의 재현 속에 심어진 〈노스탤지아〉1983이자 또 다른 버전의 〈칠드런 오브 맨〉이라는 결론을 얻었다. 알폰소 쿠아론은 우리 시대에 남은 타르코프스키의 영화적 적자다. 클레오가 두 아이를 바다에서 건져내기까지 좌우를 오기는 트래킹 쇼트는 촛불을 지켜내려는 〈노스탤지아〉의 마지막에 대한 오마주처럼 보인다.

타르코프스키의 촛불은 쿠아론에게는 아이로 치환된다. 영화에는 용의주도하게 설계된 장면이 있다. 지진으로 병원 건물이 위험해지자 간호사들은 아이들의 생명을 지키려 한다. 아이가 위험한 세상은 희망이 없는 세상이다. 지진으로 드러난 위험은 시위대 진압 현장 근처에 있던 클레오가 결국 유산하는 장면의 전조다. 쿠아론은 묻는다. 아이를 살릴 수 없는 세상, 희망이 없는 세상에서도 사람은 살아야 하는가?

이 질문은 미야자키 하야오가 〈바람이 분다〉2013를 통해서 먼저 던졌던 실존적인 질문과 일맥상통한다. "비행기를 만들어도 생명과 평화를 위해 쓸 수 없는 세상. 이런 세상에도 사람은 살아야 하는가?" 그리고 쿠아론과 미야자키는 답한다. 살아야 한다고. 인간으로서 현 세계에 난 이상 그건 피치 못하는 것이며 비극적 실존이야말로 인간의 조건이라고. 이것은 인물들이 겪는 폭력의 시대를 옹호하거나 섣불리 비판하는 것이 아니다. 단지 그 안에서도 인간은 살아있고, 끝내 살아내야 한다는 것을 보여줄 뿐이다. 나는 이것이 영화가 역사와 인간을 대하는 가장 성숙하고 위대한 방식이라고 여긴다.

인류 역사의 총체를 우화로 함축하다 〈마더〉 2017

〈마더〉2017는 숲의 한적한 전원주택으로 이사 온 부부의 이야기로 시작한다. '마더'제니퍼 로렌스는 화재로 불타버린 집을 새로 단장해 자신들만의 낙원을 꾸리려고 하지만, 시인인 '그'하비에르 바르뎀는 글에 필요한 영감을 얻지 못해 매너리즘에 빠져 있다. 그러던 어느 날 뜻하지 않은 '남자'에드 해리스가 방문하자 남편은 기꺼이 집의 한구석을 내어준다. 뒤이어 남자의 아내 '여자'미셸 파이퍼와 두 아들이 들어와 분란을 일으키고, 그런 와중에 영감을 되찾은 '그'는 새로운 작품을 써낸다. 신간이 성공을 거두자 시인인 '그'를 메시아로 여기는 방문객이 밀려들어 집안을 장악해버리고, '마더'가 공들여 세운 낙원의 평화는 순식간에 망가져 버린다.

불청객의 연이은 방문으로 히스테리에 빠진 여성 주인공이 파국으로 치달아간다는 흔한 공포 영화의 서사적 얼개를 따르지만 〈마더〉에서

이야기는 일종의 맥거핀Macguffin에 지나지 않는다. 대런 아로노프스키는 시종일관 실내에서만 사건이 벌어지는 이 폐소공포증의 스릴러를 풍부한 종교적 암시와 상징적 이미지의 성찬으로 뒤바꿔놓는다. 「창세기」에서 선악과를 먹은 뒤 일어난 인간의 타락은 '그'의 수정을 깨트린 직후 성행위를 벌이는 '남자'와 '여자', 카인이 아벨을 살해하고 수인의 표를 받는 건 두 형제의 존속살인이라는 식으로 변주된다. 원죄原罪의 탄생. 〈마더〉는 유대-기독교 신화의 모티브를 끌어들이는 데서 그치지 않고 인류 역사 전체를 함축하는 일종의 우화allegory가 되려 한다.

'그'를 찾아온 추종자들이 '마더'의 낙원을 마구 더럽히고 파괴하기에 이르면 영화는 일말의 현실성마저 놓아버리고 협소한 저택 공간 안에 온 인류 사회의 양상을 집약해 넣는다. 에덴동산에 다름 아니었던 저택의 곳곳은 구획 별로 나누어져 거짓된 종교, 전쟁, 홀로코스트를 암시하는 학살을 비롯한 갖은 죄악의 전시장, 한 편의 지옥도가 된다. 이 영화에서 기독교의 유일신은 인간의 파멸적 행위에서 영감을 얻고 더더욱 죄악을 저지르도록 방치하는 '그'와 창조와 생성, 평화와 사랑의 가치를 긍정하는 '마더'로 나뉘며, 감독은 '그'로 대변되는 음陰과 대지모신大地母神, Gaia '마더'의 양陽이 맞물려 돌아가는 순환의 시스템으로 빗대어, 세계의 총체성을 바라보는 자신의 이해를 드러낸다.

〈마더〉는 노아의 방주 설화에 인류 문명의 발전과 파괴의 역사를 대응시킨 〈노아〉2014의 연장선상에서 다시 한번 거대한 문명사적 담론을 풀어보려 한 대런 아로노프스키의 야심작이다. 기독교 신화의 서사적 모티브에 태극太極으로 만물의 원리를 설명하려는 동양 사상적 관점을 녹여낸다는 점에서 〈천년을 흐르는 사랑〉2006과도 맞물려 있으며,

16mm 필름 촬영 특유의 거친 질감과 기동성을 십분 활용한 연출의 역동성은 〈더 레슬러〉2008와 〈블랙 스완〉2010이 일찍이 선사한 놀라운 몰입감을 고스란히 재현한다. 그리하여 〈마더〉는 대런 아로노프스키라는 한 작가의 '손'과 '머리'가 혼연일체 되어 빚어낸 야심 찬 걸작이자 영화 경력의 한 집대성이 되었다.

'개'라는 이름의 은유 〈개들의 섬〉 2018

웨스 앤더슨의 〈개들의 섬〉2018은 버려진 애완견을 찾으러 온 소년, 그리고 소년과 동행하며 길들여지는 야생견의 이야기다. 〈판타스틱 Mr. 폭스〉2009에서 야생 여우를 기성 질서에 맞서는 반항아이자 유쾌한 잠행자로 그렸던 감독은 사회 질서의 외부로 내몰린 소수자이자 외부자로서 개를 다룬다. 가까운 미래 일본의 도시 메가사키에 신종 독감이 퍼지고, 전염의 원인으로 몰린 개들은 시장의 행정 조치와 돌아선 여론에 의해서 쓰레기 폐기장이 된 외곽의 섬으로 버려진다. 폐기된 음식물 쓰레기를 뒤지며 힘겹게 생존해가던 개들은 자신의 애완견을 찾으러 섬에 불시착한 소년 아타리의 길동무가 되어 모험에 나서게 된다.

이야기의 바탕은 소년이 개, 원숭이, 꿩과 함께 요괴를 물리치러 간다는 일본의 전래 설화인 모모타로桃太郎 이야기(영화의 일본어 제목 '이누가시마犬ヶ島'는 설화 속 모모타로가 요괴를 물리치러 가는 섬의 이름 '오니가시마鬼ヶ島'를 살짝 비튼 것이다), 그리고 동료가 될 싸움꾼들을 모은다는 점에서 구로사와 아키라의 〈7인의 사무라이〉1954의 전반부를 뒤섞은 것이다. (아타리가 소형 라디오로 트는 예스러운 곡이 바로 〈7인의 사무라이〉의 메인 테마곡이다.) 그러나 이야기가 향해 가는 방향은 사뭇 다르다. 정작 소년이 찾는 건 요괴가 아닌 친구이며, 베어야 할 요괴는 개들을 버린 인간들의 이기심이다. 괴물은 언제나 우리의 안에 있다.

〈개들의 섬〉은 두 개의 상반된 입장이 충돌하는 영화이다. 죽도록 버려진 유배지에서조차 주인과의 추억을 잊지 못하는 '인간적인, 너무

나 인간적인' 개들의 반대편에는, 편견과 선동에 휩쓸려 개들을 혐오의 대상으로 삼고 헌신짝처럼 버린 '개만도 못한' 인간들이 있다. 인간은 자신만을 지키기 위해 개들과 맺었던 관계를 파괴하고 광기에 몸을 맡기며 '짐승'이 된다. 한편 짐승인 개들은 인간과 함께하고 교감하는 관계 맺기의 방식을 회복하고, 때로는 배워감으로써 '친구'가 된다. 인간과 인간 아닌 것의 경계선을 긋고 타자들을 외부로 몰아내며 영역을 지키려하는 인간들은 도리어 그로 인해 비非인간이 된다는 아이러니에 처하는 것이다.

환대받는 반려동물인 한편으론 천대받는 짐승이기도 한, 개를 두고 갈리는 인식의 양면성을 〈개들의 섬〉은 아주 영리한 방식으로 파고든다. 개는 일종의 은유이다. 우리는 영화의 개들이 놓인 자리에 십자군이 학살한 이슬람 신도, 아우슈비츠의 유대인, 제국주의 시대의 식민지 피해자, 고향을 잃고 타향으로 흘러든 이민자 등 모든 종류의 '타자'들을 대입해 넣을 수 있을 것이다.

개犬를 길들여온 역사는 길고 오래다. 인간에게 있어 가장 친숙한 동물인 만큼 개에 관한 여러 가지 이야기, 언어적 표현들은 문화의 일부로서 일상 곳곳에서 발견되곤 한다. 인간은 항상 대상을 바라보면서 그 안에 인간의 관점, 인간 사회의 가치관을 투영하며 받아들이기 마련이다. 충성심에 대한 칭찬이 되었든, 아니면 짐승이라는 비하가 되었든, 사람을 잘 따르는 개의 습속을 대하는 문화적 인식은 도리어 개라는 프리즘을 관통해서 역으로 '인간다움'이라는 수사법에 대한 회의와 질문을 요구하는 것인지도 모른다. 〈개들의 섬〉은 역사성에 대한 메타포가 담긴 동화이다. 차별과 배제가 낳은 인류사적 비극을 망각해가는 현재, 이 작품이 전하는 메시지는 실로 아름답고도 통렬하다.

전장 한가운데로 관객을 이끌다 〈1917〉 2019

샘 멘데스는 〈1917〉2019의 연출에 임하면서 두 편의 영화에 큰 빚을 진다. 먼저 스탠리 큐브릭의 〈영광의 길〉1957이 있다. 마찬가지로 제 1차 세계대전을 무대로 한 이 영화에서 큐브릭은 흔들림을 극도로 억제해 참호 속을 미끄러지듯 돌아다니는 유려한 카메라 움직임을 선보였다. 이 방식은 전장에 처한 사람의 시점으로 들어감으로써 현장감을 자아내면서도, 정제된 움직임 덕분에 형식적인 안정감을 동시에 얻는 이중의 효과를 자아낸다. 감독과 〈007 스카이폴〉2012을 함께 했던 명 촬영감독 로저 디킨스는 이러한 큐브릭의 유산을 이어받는 동시에 발전시킨다. 끊김 없이 한 번의 롱테이크처럼 이어지도록 연출하는 '원 컨티뉴어스 숏One Countinuous Shot' 촬영을 기조로, 가능한 한 한 호흡에 영화를 끌고 가면서 전쟁터를 누비는 인물의 체험에 관객의 시선을 몰입시킨다.

따로 촬영한 각 장면들을 한 테이크로 달려 나간 것처럼 교묘히 이어 붙이는 기법은 기원을 찾자면 알프레드 히치콕의 스릴러 〈로프〉1948로 연원이 올라간다. 히치콕은 이동 촬영 중 인물의 등이나 장애물을 거치며 화면을 가렸다가 다음 장면으로 넘어가는 방식으로 단절된 숏을 연속적으로 연결한 바 있다. 〈007 스펙터〉2015의 오프닝신에서 이 편집상의 트릭을 통해 장면의 호흡을 길게 끌고 갔던 샘 멘데스는 〈1917〉에서 인물이 지형지물에 의해 가려지거나 참호 깊숙한 곳의 어둠에 파묻히는 순간 등을 이용하며 영화 전체로까지 확장한다.

이동 촬영한 장면들을 인위적으로 연장하며 원신 원컷을 지향하는 이러한 방식은 앞서 엠마누엘 루베즈키가 〈버드맨〉2014의 촬영을 맡으면서 선보인 바 있다. 하지만 로저 디킨스의 카메라는 촬영 자체의 기교를 과시하지 않고, 종군기자의 그것처럼 전쟁의 상황에 밀착하는 담담함으로 일관한다. 그는 〈블레이드 러너 2049〉2017에 이어 〈1917〉로 다시 한번 아카데미 촬영상을 거머쥐었다.

〈1917〉의 서사는 한 줄로 요약할 수 있으리만치 단순하다. 두 주인공은 독일군의 유인 작전에 말려든 아군에게 공격 중지 명령을 전달하라는 임무를 맡아 전장 한가운데를 가로지른다. 명령서를 전달해야 하는 임무가 인물을 움직이게 하는 동기이지만 이건 단지 맥거핀에 지나지 않는다. 정작 중요한 건 그들의 시점에 보이는 전쟁의 풍경들이다. 참호전에서 민가로, 강물 위로 흐르는 벚꽃에서 떠내려가는 시체로 옮겨가는 식으로 영화는 상반된 이미지를 충돌시키고, 서정과 서스펜스를 교차시키며 강렬한 감정적 시너지를 일으키기도 한다.

영화는 감독이 재창조해낸 1차 대전의 공간으로 관객을 이끌 뿐 어떠한 주장을 내세우지 않는다. 〈1917〉은 '감상'이 아닌 '체험'의 영화다. 포격으로 패인 웅덩이의 흙탕물, 쥐들이 들끓는 참호, 썩어가는 시신을 보여주는 것만으로도 이 영화는 여느 반전反戰 영화들보다 강렬한 메시지를 공감각적으로 전달한다. 하나의 세계를 창조하고, 그 공기를 느끼게 하고 판단은 관객에게 맡기는 것이 깊이를 얻는 법이라는 것을 샘 멘데스는 영악하리만치 잘 알고 있다. 공교롭게도 이것은 큐브릭이 〈2001 스페이스 오디세이〉1968에서 관객에게 우주여행의 유사체험을 선사하려 했던 바와도 일맥상통한다. 그 결과 〈1917〉은 전쟁을 소재로 한 영화가 아니라, 영화를 통해 전쟁을 체감케 하는 작품이 되었다.

시선을 압도하는 스크린의 생동감 〈덩케르크〉 2017

〈덩케르크〉2017는 1940년 2차 세계대전 당시 프랑스의 덩케르크 해안에 고립된 연합군 40만의 철수 작전을 그린다. 독일군의 공세에 밀려 방어선을 돌파당한 연합군은 9일 동안의 공격을 버텨내고 33만 8천 명의 병력을 영국으로 철수시키는 데 성공한다. 비록 승리는 아니었으나 덩케르크에서의 철수는 연합군의 전력을 온전히 보전함으로써 반격의 계기를 만들어 주었으며, 참전한 병력의 상당수는 4년 뒤 다시 유럽 본토로 진공하여 연합군의 승리에 쐐기를 박는다. 〈지상 최대의 작전〉1962과 〈라이언 일병 구하기〉1998 등으로 유명한 노르망디 상륙작전만큼은 아니나, 덩케르크 철수는 전쟁의 전환점이자 영국 현대사에 길이 남는 영광의 장면으로 기억되고 있다.

이러한 역사적 순간을 크리스토퍼 놀란 감독은 철저히 사실에 가깝게 재현하면서 참전용사의 시점에 입각해 전장을 비춘다. IMAX 70mm 카메라로 촬영한 광활한 파노라마 영상은 당시의 덩케르크에 처해 있는 듯한 현실감으로 관객을 몰아넣는다. 106분 동안 영화는 독일 공군의 폭격, 침몰해가는 어선과 비행기 실내에 차오르는 물 등 시시각각 다가오는 위기상황을 반복하며 총격과 폭발음의 묵직한 사운드로 긴장감을 고조시키는 연출에 주력한다. 〈덩케르크〉는 닥쳐오는 죽음과의 사투라는 극한적 상황의 감정을 영화적 테크닉으로 자아내면서, 관객으로 하여금 생존을 위해 안간힘을 쓰는 참전용사의 심리에 동조하게 만든다.

서사에 의존하지 않고 순전한 시청각적 경험으로 관객을 끌어들이

는attraction 영화의 연출 기조는 영화적 경험의 원형元型이 어떠한 것이었는가를 다시금 상기케 한다. 1896년 1월 25일, 영화의 발명자 뤼미에르 형제는 프랑스 파리의 그랑 카페에서 〈시오타 역에서의 열차의 도착〉을 상영했다. 음향도 들어가지 않은 무성 영화에 각본도, 배우도 없었다. 말 그대로 열차가 도착하는 풍경만이 담긴 50초 분량의 영상이었지만, 처음으로 영화라는 걸 경험한 관객은 스크린의 평면을 뚫고 나올 듯한 열차의 움직임에 놀라워하며 활동사진의 박진감verisimilitude에 빠져들었다. 영상을 통한 현실의 재현. 영화의 20세기가 막을 여는 순간이었다.

1950년대 들어서 텔레비전의 보급이 영화 산업의 미래를 위협하자 영화사들은 좁은 텔레비전 화면으로는 보여줄 수 없는 차별화된 볼거리를 꾀하며 안방에 틀어박힌 관객을 극장에 끌어들였다. 대형서사극의 걸작으로 꼽히는 〈벤허〉1959와 〈아라비아의 로렌스〉1962는 바로 이 시대의 유산이다. 일반적인 영화에 쓰이는 35mm 필름보다 훨씬 선명한

70mm 필름의 고해상도에 장대한 크기의 시네마스코프 영상으로 펼쳐지는 고대 로마 제국과 아라비아 사막의 생생한 풍광은 보는 이의 시선을 압도하며 재창조된 역사의 공간 속으로 한껏 빨아들였다. 〈덩케르크〉의 촬영에 IMAX 필름과 일반 70mm 필름을 투입한 놀란의 결정은 과거 70mm 영화가 보여주었던 놀라운 시각적 생동감과 규모의 경이로움을 21세기에 다시 불러오고자 한 시도에 가깝다.

〈덩케르크〉에는 어떠한 드라마도, 극적인 이야기를 이끌어가는 중심인물도 없다. 단지 재현된 역사적 사건만이 던져질 따름이다. 두 시간 남짓한 동안 관객을 다른 세계로 데려가는 공감각적 체험이 영화의 이상이라면 〈덩케르크〉는 그에 더없이 충실한 결과물이 되었다.

이것은 서스페리아1977가 아니다 〈서스페리아〉 2018

이것은 〈서스페리아〉1977가 아니다. 루카 구아다니노의 〈서스페리아〉2018는 이름만 빌려왔을 뿐 전혀 다른 방향성을 지닌다. 자크 드레이의 〈수영장〉1969을 〈비거 스플래쉬〉2015로 번안화했을 때처럼 이것은 리메이크라기보다는 파괴적인 재창조이며, 원작자 다리오 아르젠토가 추구한 호러 영화의 장르적 가치에 대한 반역이다. 〈인페르노〉1980와 〈눈물의 마녀〉2007로 이어지는 세 마녀의 설정, 미국에서 온 소녀 수지가 베를린 무용학교에 들어와서 흑마술과 관련된 기이한 일을 겪게 된다는 대강의 줄거리는 공유하지만, 아르젠토가 탐미주의적 미장센과 시각적 연출에 치중하는 반면, 구아다니노는 원작이 주의를 기울이지 않았던 시공간적 배경, 1977년의 독일 사회라는 콘텍스트를 환기시킴으로써 정치적 해석의 지평을 열어젖힌다.

마르코스 무용학교는 전후 독일 사회의 축소판이다. 영어와 프랑스어, 러시아어가 독일어와 혼용되는 이 무국적의 공간은 2차 세계대전의 종전 이후 연합군에 의해 분할된 베를린을 암시한다. 베를린 장벽을 바로 마주한 이 공간 밖에서는 "바더 마인호프를 석방하라!"는 외침과 함께 혁명의 기운이 피어오르고 있다. 영화의 시간인 1977년은 원작 〈서스페리아〉가 개봉한 해이기도 하지만, 동시에 '독일의 가을Deutscher Herbst'이라 불렸던 시기, 극좌 단체 바더 마인호프의 테러 활동이 루프트 한자 181편 납치사건(란츠후트호 사건)으로 정점을 찍은 해이기도 하다. 영화는 이러한 사회적 맥락을 인물을 둘러싼 풍경이나 방송을 통해 줄기차게 상기시킨다. 구아다니노의 〈서스페리아〉가 참고한 사실상의 레퍼런스는 뉴저먼 시네마의 기수 라이너 베르너 파스빈더의 〈페트라 폰 칸트의 비통한 눈물〉1972과 〈가을의 독일〉1978일 것이다. 한때 파스빈더의 아내였던 잉그리드 카벤의 출연은 다분히 의도적이다.

〈아이 엠 러브〉2011에서 구아다니노와 사실상의 공동 창작자였던 틸다 스윈튼은 이 영화에서 1인 3역을 맡는다. 마녀 마르코스와 마담 블랑, 정신과 의사 클렘페러. 한 배우가 연기하는 세 인물은 전후 독일 사회의 인간 군상과 집단 무의식을 유형화한다. 지하에 숨어 새로운 숙주를 찾는 마르코스는 서독 정부가 청산하지 않은 나치 시대의 잔재를, 마담 블랑은 나치의 전체주의에 잠시 동조했던 과거를 후회하는 지식인 계급을, 아내가 겪은 일을 알면서도 외면하는 클렘페러는 나치 시대에 대한 자책감과 죄의식에 시달린 일반 대중을 표상한다. 그리고 '탄식의 마녀'로 각성하는 수지는 부모 세대의 역사에 환멸을 느낀 전후 독일의 청년 좌파를 대변하는 역할을 맡는다. 마르코스 일당을 쓸어버리는 그녀의 행동은 독일 과거사의 잔재를 청산하고자 했던 적군파 '바더 마인호프'의 테러에 대한 역사적 등가물처럼 보인다.

구아다니노의 〈서스페리아〉는 영화라기보단 일종의 '텍스트'에 가깝다. 관객은 독일의 사회정치적 맥락을 확인하고 상징과 은유를 해석하면서 두꺼운 사회학적 보고서를 독해하는 태도로 영화를 대하게 된다. 그러나 인문학적 텍스트로서의 의미 부여가 과도한 나머지, 아르젠토의 작품이 지녔던 호러로서의 장르적 매력은 여기선 사라지고 없다. 이 리메이크는 유럽의 지식인 계급, 문화 엘리트들의 지적 허영과 취향의 과시가 한껏 묻어난 '아트 시네마'일 수는 있지만, '서스페리아'의 이름을 걸기엔 더없이 밋밋한 결과에 그치고 말았다.

'인간' 처칠이 '영웅'이 되기까지 〈다키스트 아워〉 2017

윈스턴 처칠은 실로 특이한 인물이다. 갈리폴리 전투를 포함한 생애 전반기의 경력은 치명적인 실패의 연속이었고, 당을 여러 번 옮긴 철새의 이미지로 정치적 입지는 취약했으며, 그런데도 종종 불도그에 비유될 만한 옹고집으로 고립을 자처하곤 했다. 이런 인물이 어떻게 영국의 모든 국민을 단결시키고, 2차 세계대전이라는 '암담한darkest' 역사를 맞아 연합군의 승리를 이끌 수 있었는가? 조 라이트 감독의 〈다키스트 아워〉2017는 역사의 묘한 아이러니에 관한 에피소드이다. 영화는 외교적 실패에 따른 체임벌린 내각의 사퇴 이후 새로 전시 내각을 구성한 처칠이 다이나모 작전(영화 〈덩케르크〉2017에서 다룬 연합군의 철수작전)을 실행하기까지 일련의 과정을 다룬다.

〈다키스트 아워〉에서 처칠을 등장시키는 방식은 의미심장하다. 내각의 사퇴를 요구하는 의원들의 함성이 가득한 중요한 순간에 카메라는 비워진 처칠의 자리로 시선을 옮긴다. 한동안 처칠의 부재를 보여주던 영화는 본격적으로 그를 등장시키는 순간, 방 안에 틀어박혀 자기 일에 골몰하는 괴짜처럼 묘사한다. 감독은 영화 속 처칠의 정체성을 괴팍한 외톨이로 규정한다. 좀처럼 남들과 섞이지 못하고, 자신의 방식으로 일을 처리하지 않으면 온갖 짜증을 부리는 성질 고약한 사나이. 이 영화의 성공은 처칠이란 역사적 인물을 사람들이 본받아야 할 위대한 귀감이 아니라, 온갖 성격적 결함을 지닌 한 인간으로 그려낸 전략에 있다.

이건 처칠의 평가를 깎아내리는 묘사가 아니다. 〈다키스트 아워〉는

특이한 기질을 지닌 인물이 특수한 상황에 부닥쳐서 어떻게 자신의 참 모습을 발휘하는가, 그리고 한 외톨이가 어떻게 관계를 맺고 세상과 소통하며, 고립으로부터 빠져나와 자신의 신념을 관철하는가에 대한 이야기이다. 독일과의 타협을 외치는 반대파가 기승을 부리는 회의장, 루스벨트와 통화해 미국의 지원을 타진하는 개인 화장실 등 영화는 처칠을 시종일관 화면의 중심에 배치해 그가 정치적으로 고립무원孤立無援의 처지에 놓여 있음을 강조한다. 그러나 이러한 고립과 배제의 프레임은 심적 고통에 시달리던 처칠이 지하철에 올라 일반 시민들을 만나는 순간 완전히 반대의 의미로, 그리고 감동적으로 역전된다. 시민들의 목소리 한가운데 둘러싸인 처칠은 더는 외롭지 않으며, 항전抗戰의 신념과 승리에 대한 확신으로 가득 차 있다.

영화의 심장은 단연 게리 올드만이다. 〈레옹〉1994 과 〈드라큘라〉1992 등에서 보인 강렬한 연기로 악역의 인상을 각인시킨 그는 〈배트맨 비긴즈〉2005의 선역 제임스 고든, 〈팅커 테일러 솔저 스파이〉2011의 냉기 어린 스파이 조지 스마일리에 이어 〈다키스트 아워〉에서는 자신의 흔적을 지워버린 채 오롯이 처칠인 것처럼 변신하는 놀라운 연기를 해낸다. 배우들은 종종 성공한 경력을 스테레오 타입 삼아 다른 영화의 배역에서도 이전에 한 바를 답습해 연기에 임하고픈 유혹에 빠진다, 그런 면에서 게리 올드먼의 연기는 경이롭기까지 하다. "물 주전자의 쓰임은 물을 따를 수 있는 공空에 있는 것(…) 자기 자신을 무無로 하고 사람을 자유롭게 받아들일 수 있는 이는 여하한 상황에서도 이기는 자가 될 것이다."(오카쿠라 텐신, 『다론』)라는 말만큼 게리 올드만의 연기 성취를 설명하기에 적합한 말은 없을 것이다.

〈킬링 디어〉2017에서 파국을 맞아 속수무책으로 무너져 내리는 현대의 미국 중산층 가족을 다룬 바 있던 요르고스 란티모스는 〈더 페이버릿—여왕의 여자〉2018에서 스페인 왕위계승 전쟁이 한창이던 18세기, 영국 왕실의 은밀한 밀실로 눈을 돌린다. 이 두 영화는 서로 짜 맞추어야 비로소 완전해지는 청동거울의 쪼개어진 두 조각symbalein과도 같다. 세상에 대한 통제력을 잃어버린 가부장이 벌이는 파시즘적 상황을 다루었던 감독은 아예 역사적 실존 인물이었던 앤 여왕의 사생활을 들추며 군주와 권력에 대한 또 한 편의 우화를 빚어내고자 한다.

영화의 인물 구도는 마치 〈어느 하녀의 일기〉1964나 〈하녀〉1960를 영국식 역사 드라마로 각색한 버전 같다. 앤 여왕올리비아 콜맨의 목줄을 쥐고 사실상의 실권자로 행세하는 말버러 공작부인 사라레이첼 와이즈는 자

신의 하녀로 들어왔지만 여왕의 총애를 얻어 새로운 측근으로 부상하는 애비게일엠마 스톤의 도전에 직면한다. 얼핏 〈더 페이버릿〉은 여왕을 중심에 두고 벌어지는 삼각관계의 치정극처럼 보이지만, 여기에 사랑 따위의 낭만적 수사가 끼어들 틈은 없다. 두 사람이 진정으로 갈구하며 구애하는 건 여왕 개인이 아니라 그 몸에 함축된 권력이기 때문이다. 사라는 전시戰時의 통치를 위해서, 애비게일은 신분 상승을 위해서, 저마다의 이유로 여왕의 총애를 필요로 하며 연극을 벌인다.

전근대의 왕정 국가에서 권력은 지도자의 자질과 능력, 사회적 필요나 역할에 따라 분배되지 않는다. 최고 지도자와의 관계가 얼마나 밀접한가에 따라서 서열의 매겨지고 권력이 부여될 따름이다. 사라와 애비게일만이 아니다. 국회를 양분한 토리당과 휘그당의 당수들 또한 여왕의 눈에 들기 위해 안간힘을 쓴다. 〈더 페이버릿〉은 권력이 한 사람의 소유로 사인화私人化된 상황에서 이를 둘러싼 인간의 인격과 심리가 어떻게 뒤틀리고 분열되는가를 희극적으로 보여준다. 21~25mm 가량의 광각도 모자라 10mm 프라임 렌즈까지 동원하며 일으키는 고의적인 상像의 왜곡도 합리성을 찾아볼 수 없는 궁정사회의 일그러진 요지경을 풍자하고자 하는 의도의 소산일 것이다. 영화가 소묘하는 우스꽝스러운 진풍경은 풍자화가 윌리엄 호가스의 풍속화와 스탠리 큐브릭의 〈배리 린든〉1975으로부터 받은 영향을 상기시킨다.

〈더 페이버릿〉이 보여주는 아이러니의 정점은 바로 앤 여왕이다. 대영제국의 지배자가 목발 없이는 거동하지도 못하는 반신불수에 자제심 없는 어린아이처럼 감정을 통제하지 못하는 성격의 소유자라는 것만큼이나 지독한 역설이 또 어디에 있으랴? 왕실은 모든 질서와 권위의 근원으로 자리 잡았고, 국회는 오로지 여왕의 재가 아래서 국정과 전쟁을 수행할 수 있지만, 정작 통치를 수행해야 할 여왕의 심신은 완전히 무너진 상태다. 사라와 에비게일은 이 변덕스러운 군주의 비위를 맞춤으로써 섭정攝政의 권력을 쥘 수 있었으며, 여왕은 허수아비일 뿐 실세는 자신들이라 여긴다. 주인(여왕)과 노예(측근)의 변증법적 역전. 영화가 끝을 향할 즈음까지도 앤 여왕은 의지할 사람을 필요로 하는 나약한 꼭두각시의 인상을 남긴다. 그리고 결말에 다다를 즈음에서 영화엔 일대 반전反轉이 일어난다.

여왕의 방 창가에 있는 애완토끼의 사육장을 눈여겨보자. 사라가 여왕의 고삐를 쥐고 있을 때 가두어져 있던 토끼들은 에비게일이 여왕의 환심을 사면서부터 풀려나게 되어, 사라가 궁정에서 쫓겨난 뒤에는 방 곳곳을 어지럽힌다. 여기서 토끼는 앤 여왕과 동일시되며, 사육장에서 풀려난 토끼와 마찬가지로 여왕이 사라의 통제로부터 벗어나게 되었음을 암시한다. 처음엔 토끼를 품에 안고 쓰다듬으며 여왕의 환심을 사던 에비게일은 귀족 신분을 회복한 뒤엔 구두로 토끼의 목을 슬며시 짓밟는다. 꼭두각시 왕을 언제든 조종할 수 있다는 섭정의 자신감. 그러나 온순해 보이는 토끼의 본성이 실은 흉폭한 맹수이듯, 무기력한 군주 또한 얼마든지 폭군이 될 잠재성을 지니고 있기 마련이다. 억눌려 있던 앤 여왕은 사라의 주박을 끊어내자마자 절대 권력의 무자비한 본성을 드러내게 된다.

하녀 시절처럼 애비게일에게 성적 행위를 강제하며 오르가즘을 느끼는 여왕의 표정을 애비게일의 클로즈업된 얼굴과 토끼 무리에 포개는 공포스러운 다중 노출은 관객에게 두 가지의 의미를 한 번에 전달한다. 권력을 쥐고 있다고 착각한 자야말로 실은 권력의 노예에 지나지 않는다는 역설, 그리고 제약받지 않는 무소불위의 권력은 사회구성원에게 고통과 희생, 굴종을 감수할 것을 요구한다는 역사의 검증된 진실. 일찍이 마키아벨리도 『군주론』에서 "군주의 잘못을 물을 법정은 없다."고 하지 않았던가? 통제받지 않는 권력은 반드시 괴물이 된다. 〈더 페이버릿〉은 이러한 권력의 근본적 속성을 들추어 내보이며, 우리 시대의 '영화적 군주론'이 되고자 한다.

작은 한 걸음, 위대한 도약의 이면에서 〈퍼스트맨〉 2018

데이미언 셔젤이 〈퍼스트맨〉2018을 연출한다는 소식이 들렸을 때, 일각에서는 기대와 불안감이 동시에 교차했다. 분명 그는 〈위플래시〉2014와 〈라라랜드〉2016를 연달아 성공시킨 재기발랄한 신인이었지만, 음악 영화의 영역을 떠나 메인스트림 대작을 능히 감당할 역량의 소유자인지는 당장은 알 수 없던 것이다. 이러한 불안은 완성된 영화를 보면서 말끔히 씻겨 내려갔다. 제작자로 선뜻 나선 스필버그의 감식안은 옳았다. 셔젤은 〈원스〉 2006 의 존 카니가 〈비긴 어게인〉 2013 과 〈싱 스트리트〉 2015 를 내놓으며 걸려든 매너리즘의 함정에 빠지지 않고 연출가로서 독자적인 재능을 입증했다.

필립 카우프만의 〈필사의 도전〉1983에서 론 하워드의 〈아폴로 13〉1995에 이르기까지 우주에 도전하는 우주비행사들의 성공과 실패를 다루는

영화는 여럿 있어 왔다. 〈퍼스트맨〉 또한 이러한 유형의 영화들이 취하는 이야기의 정석을 벗어나지 않는다. 영화는 1961년부터 1966년 제미니 8호의 도킹 성공을 거쳐, 1969년 아폴로 11호의 달 착륙이 성공하는 시점에 도달하기까지 닐 암스트롱의 실화를 연대기 순으로 따라간다. 암스트롱은 동료들과 함께 우주비행사로 훈련받고, 준비과정에서 성공과 실패를 거듭하며, 가족의 뒷받침에 힘입어 미션을 성공시킨다.

영화에서 묘사되는 암스트롱의 성격은 미국식 가족 드라마에서 등장하는 다정하고 가정적인 남편, 이상화된 가부장과는 거리가 있다. 어떤 면에서 〈퍼스트맨〉은 20세기 우주 개발의 시대로 시공간적 배경을 옮긴, 멜빌의 『백경』에 대한 온건한 변주 같다. 흰고래 모비딕을 잡겠다는 집념에 불타 선원의 목숨을 희생시키는 에이헙 선장만큼은 아니지만, 암스트롱 또한 달로 가고야 말겠다는 야망에 집착해 가족에 대한 책임을 뒤로 제쳐두는 외골수로 재해석된다. 동료를 매몰차게 면박주고, 집 밖에서 홀로 달만을 바라보는 암스트롱을 창가의 아내는 걱정스러운 시선으로 바라본다.

그리고 아폴로 11호의 승무원들이 달에 착륙하는 클라이맥스에 이르러, 영화의 정서에 일대 반전이 일어난다. 모든 노력과 희생을 감수하고 그토록 다다르고 싶었던 달에서, 암스트롱은 단지 적막과 고요와 폐허, 절대적인 무無와 공허만을 발견한다. 영화는 성조기를 달에 꽂는 역사적 순간마저 생략한 채 암스트롱의 시점에만 집중한다. '한 명의 인간에게는 작은 발걸음이지만, 인류에게는 위대한 도약'을 내딛는 순간, 그의 사념思念 세계에는 한동안 외면해 왔던 가족과의 소중한 기억이 오래된 필름 영상의 플래시백으로 환기된다. 목표를 향해 자신을 한계치까지 몰아넣는 〈위플래시〉의 인물은 역설적이게도 그 목적지에서, 떠나온 지구에 대한 그리움을 희구하던 〈솔라리스〉1972의 정서에 도달하는 것이다.

인물에 접근하는 관점의 각도를 바꾸고, 우주 공간의 시각적 표현에 있어서도 관습적인 연출을 답습하지 않는 영민함으로 〈퍼스트맨〉은 우주 영화의 정형화된 틀을 극복해낸다. 이 영화는 우주 소재 영화, 실화를 소재로 한 전기 영화의 또 다른 레퍼런스로 남을 것이다.

잃어버린 시간을 찾아서 〈페인 앤 글로리〉 2019

페드로 알모도바르의 영화는 자유분방하다. 대표작 〈신경쇠약 직전의 여자〉1988나 〈그녀에게〉2002 등에서 익히 보아왔듯, 그의 영화는 웰메이드 상업영화의 조건을 만족시키는 일 따위에는 관심 없다. 뚜렷하고 선형적인 줄거리, 극적인 전개를 기대해서는 안 된다는 소리다. 관객이 나른하고 늘어지더라도, 그는 단지 하고픈 이야기와 자신만의 리듬에 충실할 따름이다. 〈페인 앤 글로리〉2019는 한 영화감독의 일상을 따라간다. 거장으로 존경받지만 영화를 찍지 않은 지 오래. 전성기를 떠나보낸 살바도르 말로는 인생의 황혼을 조용히 보낸다. 그러던 중 32년 전 만들었던 영화의 디지털 복원판의 상영과 관객과의 행사를 준비하게 되면서, 살바도르는 과거의 인연과 기억을 다시 마주하게 된다.

"가장 개인적인 것이야말로 가장 창조적"이라는 마틴 스콜세지의 말에 알모도바르는 가장 부합하는 감독 중 한 명일 것이다. 루이스 부뉴엘 이래 국제적인 명성을 얻은 스페인 감독인 그는 사실 원하는 이야기를 골라 찍는 자유의 대가로 항상 빠듯한 저예산에 시달리는 인디펜던트이다. 그럼에도 그의 영화에는 한 점 궁핍한 구석을 찾을 수 없다. 인물 간의 수다는 에너지 넘치다 못해 정신없고, 영상을 수놓는 색감은 화사하다 못해 현란하다. 이 영화에서는 페르소나 격인 두 배우, 〈욕망의 법칙〉1987을 찍은 초창기부터 같이한 안토니오 반데라스와 〈나쁜 교육〉2004과 〈귀향〉2006, 〈브로큰 임브레이스〉2008에서 호흡을 맞춰온 페넬로페 크루즈가 각각 살바도르와 그의 어머니 역을 맡았다. 반데라스는 이 작품

에의 호연으로 제72회 칸영화제 남우주연상을 받았다.

〈페인 앤 글로리〉는 의식의 흐름을 따라가며 이야기의 보따리를 풀어놓는다. 일반적인 드라마 작법을 따르자면 이 영화는 세상을 등지고 은둔한 작가가 다시금 창작의 불씨를 틔우고 재기하는 과정을 순차적으로 그려야 했을 것이다. 알모도바르는 그러한 관객의 기대와 통념을 통속적이라며 비웃듯 보기 좋게 비껴간다. 영화는 주인공 살바도르의 주관을 따라 종합병원처럼 병을 달고 다니는 육신에 대한 푸념을 늘어놓다가 느닷없이 유년 시절을 환기하는 플래시백이나 꿈으로 넘어가 버리곤 한다. 신기한 건 두서없고 산만한 전개에도 불구하고 영화가 보는 이로 하여금 이야기를 가만히 경청하게 한다는 점이다.

〈페인 앤 글로리〉에서도 알모도바르는 어김없이 사회의 통념에서 벗어난 소수자적 인물을 그린다. 하지만 그럼에도 우리는 옷깃에 빗물이 스미듯 인물의 정서에 빠져들며 살바도르를 이해할 수 있을 것 같은 마음이 들게 된다. 시간이 흐름에 따라 쇠퇴하고 풍화하는 육신의 고통, 그에 반비례하듯 아련해지는 과거에 대한 그리움만큼이나 공감하기 쉬운 테마도 없을 것이다. 그리고 영화의 말미에서 우리는 살바도르의 회상이 실은 그의 기억을 토대로 만든 신작의 일부라는 사실을 깨닫게 된다. 〈아마코드〉1973에서 페데리코 펠리니가 그랬듯, 애초에 이 영화도 알모도바르 본인의 삶에서 영감을 얻은 반쯤 자전적(신학교 진학과 동성애 성향 등)인 작품이지 않았던가. 〈페인 앤 글로리〉는 알모도바르 버전의 '잃어버린 시간을 찾아서'이다. 이미지를 통해서 시간을 복기하는 것이 영화의 본질이라면 이 영화는 알모도바르의 회한에 찬 자전인 동시에 그 나름의 방식으로 집필한 프루스트식 영화론論인 셈이다.

찰나의 순수, 영원으로 남아 〈너의 췌장을 먹고 싶어〉 2017

〈너의 췌장을 먹고 싶어〉2017라 하면 얼핏 공포물을 떠올리기 쉽지만, 이 영화의 실상은 청춘의 가슴 시린 사랑 이야기이다. 스미노 요루의 동명 소설을 영상화한 이 작품은 췌장의 병으로 인해 삶의 나날이 얼마 남지 않은 고등학생 소녀 야마우치 사쿠라하마베 미나미와 우연한 일로 병원에서 그녀의 일기를 줍고 시한부 인생임을 알게 된 동급생 시가 하루키키타무라 타쿠미 간의 짧은 만남과 이별을 그린다. 불치병에 걸린 여학생을 사랑하는 남학생의 이야기라는 점에서 언뜻 〈태양의 노래〉2006와 같은 유사한 모티브의 작품을 떠올릴 수도 있지만, 영화의 감성은 평범한 첫사랑 이야기와는 사뭇 다른 곳을 향한다.

고등학교 문학 선생님으로 살아가는 시가오구리 슌의 현재를 비추는 것으로 막을 연 영화는 그가 학교 도서위원을 하던 십여 년 전의 추억

을 회상하면서 과거의 시제로 넘어간다. 남들과 잘 어울리지 못하고 독서에 몰두한 채 학교에서의 시간을 보내던 시가는 그런 자신에게 관심을 갖고 다가오는 사쿠라를 통해 서서히 닫혀 있던 마음의 문을 열게 된다. 나중에 학생들을 만나고 가르치는 교사의 길을 걷게 된 것도 스스로 "사람 보는 눈은 있다"던 그녀의 권유에 의한 것이었음이 드러난다.

그리고 연인 비슷한 관계로 감정이 무르익어가는 사쿠라와 시가 사이에 그녀의 오랜 동성친구인 쿄코가 배치된다. 〈너의 췌장을 먹고 싶어〉는 두 청춘 남녀의 사랑 이야기지만, 다른 한편으로는 과거의 친구가 남긴 유산을 품고서 현재를 살게 될 두 사람의 성장담이기도 하다. 시가에게 「공병共病문고」라는 제목이 붙은 일기, 결혼을 앞둔 쿄코에게는 유품인 사진과 벚꽃 귀걸이가 오브제로 남아 그녀의 존재를 환기하게 한다. 시가와 쿄코는 사쿠라를 만나서 받았던 영향을 바탕으로 성장해나갈 수 있었으며, 따라서 두 사람의 삶은 이제 죽고 없는 사쿠라의 존재에 대한 증거가 된다. 철학자 하이데거의 표현을 빌리자면, 시가와 쿄코라는 '존재자das Seiende'를 통해서 사쿠라의 '존재Seins'는 두고두고 이어지며 상기aletheia될 수 있는 것이다.

벚꽃(일본어로 벚꽃의 훈독 桜과 사쿠라桜良의 이름은 한자와 발음이 같다)과 도서관은 영화의 중심적인 모티브로 활용된다. 봄에 화사하게 피었다가 만개하는 정점에서 금세 사그라드는 벚꽃의 이미지는 비록 찰나의 시간이었지만, 시가와 쿄코에겐 생애 마지막까지 기억될 사쿠라의 모습 자체에 대한 은유이며, 철거될 예정인 낡은 도서관과 장서들은 오랜 세월의 층위가 겹겹이 포개진 시간성의 장소, 기억의 환유로 등장한다.

〈너의 췌장을 먹고 싶어〉는 연애물의 표면을 쓰고 있지만, 존재와 시간에 관한 한 편의 아름다운 우화이다. 항상 유쾌하고 발랄하며 친절했던 소녀의 모습은 연인과 친구의 인생을 바꿔놓고 영원으로 남았다. 시인 윌리엄 블레이크는 일찍이 노래했다. "한 송이 들꽃에서 천국을 보려거든 그대의 손바닥에 무한을 붙들고, 한 시간 속에 영원을 간직하라."
(「순수의 전조」)

사진, 생동하는 삶의 기억들 〈바르다가 사랑한 얼굴들〉 2018

"인간은 사진을 통해 밋밋한 죽음의 세계로 들어간다." 프랑스의 비평가 롤랑 바르트가 사진에 관한 에세이집 『카메라 루시다』에서 남긴 말이다. 사진에 찍힌 피사체의 이미지를 두고 그는 '사진의 유령幽靈, spectrum'이라고 부른다. 촬영하는 순간 과녁이 된 사람, 거기 있었던 사물은 사라지고 오로지 대상으로부터 복사된 흔적만이 남는다. "모든 사진에 다 같이 존재하는 약간의 무시무시함." 그에게 있어 사진이란 이미 사라진 시간, 정지해버린 순간을 언제든지 현재로 환기하기에 '죽은 자의 귀환'에 다름 아니며, 사진 찍기는 대상을 죽음의 영역으로 보내는 일이 된다.

'누벨바그의 대모'로 불린 여성 감독 아네스 바르다와 사진작가이자 그래피티 아티스트인 JR이 공동 연출한 〈바르다가 사랑한 얼굴들〉2017은 바르트의 반대 극점에 있는 듯한 작품이다. 바르트가 음험한 메타포를 본다면, 역으로 바르다와 JR은 사진에서 생동하는 삶의 활기와 이를 바라보는 일의 즐거움을 보고자 한다. 〈5시부터 7시까지의 클레오〉1962, 〈행복〉1965과 같은 명작을 남기며 '누벨바그의 대모'로 불린 노장 영화감독과 젊은 사진작가는 여행 중에 만난 사람들의 모습을 사진 찍고, 대형 프린트로 출력해 마을의 광장, 담벼락, 건물 벽, 컨테이너에 큼지막하게 붙여놓는다. 창작의 과정 자체가 창작이 되고, 우연이 겹쳐 정연한 구도를 갖추어가는 일종의 로드무비. 얼핏 가볍게 보일 수 있지만 이건 단순한 여행의 기록이 아니다.

낡고 버려진 탄광 마을의 마지막 주민, 화학 공장의 직원들, 뿔을 자르지 않은 채 염소를 키우는 재래식 농장을 거쳐 폐허가 된 2차 세계대전기의 벙커, 항만 노동자의 아내 등 영화의 카메라는 여행 중 바르다와 JR이 마주치는 익명의 얼굴들을 훑어간다. 장소에 속한 사람들의 얼굴을 그 장소에 붙이는 설치예술 작업은 마치 바렛 뉴먼의 거대 추상화를 보는 듯한 일말의 숭고미를 자아내며 장소에 얽힌 사람들과 관계된 모든 것을 상기할 것을 요청한다. 장소는 영화관의 스크린이 되며 사진 이미지를 통해서 노동, 자연, 전쟁, 산업, 여성 그리고 공간의 시간과 역사, 그 안에서 치러진 삶의 서사가 영화처럼 투영된다. 그리고 이 여정은 바르다 자신에게 이르면서 영화사의 한 장으로 남은 누벨바그의 추억까지 환기하기에 이른다.

영화 속 바르다의 시선은 점차 부서져 잔해가 되어가는 것들, 누군가 애써 기록하고 기억하지 않으면 잊혀버릴 세계를 향해 있다. 그리스 신화의 오르페우스가 죽은 에우리디케를 다시 만나기 위해, 죽은 자를 산 자로 되돌리기 위해 음악을 도구로 삼았듯이 바르다와 JR은 영화와 사진을 통해 언젠가 사라질 풍경과 사람들을 이미지 속에서 살아 숨쉬는 모습으로 남기고자 한다. 바르트는 '죽음을 기억하라memento mori'며 현세를 경멸했던 중세 기독교의 관념처럼 사진에서 '현실의 죽음'을 보았지만, 반대로 바르다는 사진과 영화에서 '현실의 재생再生'을 본다. 사람들은 사진을 바라보면서 살아있는 사람들을 기억할 뿐만 아니라 사진 찍은 날 마을의 생기를 느끼기도 할 것이기 때문이다. "과거는 인식 가능한 순간에 인식되지 않으면 영영 다시 볼 수 없게 사라지는 섬광 같은 이미지로서만 붙잡을 수 있다."(발터 벤야민, 「역사철학테제」) 〈바르다가 사랑한 얼굴들〉은 이 명제에 가장 잘 부합하는 영화일 것이다.

난민 소년에 대한 연민과 은폐된 유럽의 위선 〈가버나움〉 2018

〈더 스퀘어〉2017에서 우리는 난민의 현실을 외면하는 유럽 지식인들의 허위와 위선을 보았다. 예술이란 미명 아래 구걸하는 빈민가 소녀의 이미지를 전시하는 중산층 지식인 계층은 정작 현실의 난민이 자신들 삶의 영역으로 들어오는 것을 견디지 못한다. 그들에게 있어 빈민과 난민의 현실, 세계의 비참함은 어디까지나 다른 세상의 이야기이며 오로지 광장과 전시장에 비치된 구경거리로서만 존재해야 한다. 광장 가운데 그어진 사각의 프레임은 일종의 은유이다. 국민국가의 통제와 관리는 피난처를 찾아온 난민과 빈민의 실상이 내부로 들어오는 것을 철저히 차단하며, 예술은 유럽 중산층 계급의 알량한 도덕적 만족감을 충족시키지만 정작 세상을 개선하기 위한 정치의식의 계몽과 각성까지는 끌어내지 못한다.

공교롭게도 〈가버나움〉2018은 〈더 스퀘어〉의 광장 한가운데 그어진 사각의 무대 안에서 봄 직한 영화이다. 영화의 도입부는 뛰어나다. 소년 자인이 체포되어 조사를 받는 장면은 가족의 보호를 받지 못했던 12세 소년이 범죄를 저지르고 나서야 확장된 가부장으로서의 국가에 포착되었다는 점에서 지독한 아이러니를 보여주며, 법정 공방에서 참석자의 증언을 번갈아 가며 과거 회상으로 넘어가는 〈라쇼몽〉1950 식의 입체적 플래시백 구성은 레바논 빈민가와 불법체류자의 현실을 다각도로 조망하게 한다는 점에서 형식적으로나 윤리적으로나 매우 영리한 화술로 보였다. 이 지점까지는 나딘 라비키가 걸작을 찍었다고 생각했다. 그리고 상영시간이 점차 흐르면서부터 〈가버나움〉에 대한 기대는 산산이 무너졌다.

영화는 자인의 처절한 일상을 비추며 관객의 동정과 연민을 자아내려 한다. 그리고 성공한다. 출생 등록이 되어 있지 않아 서류상 존재하지 않는 가난한 난민 소년이 가족의 보살핌을 받기는커녕 집을 뛰쳐나가, 불법체류자 여성의 아기를 돌보는 등 어린아이의 몸으로 감당키 어려운 현실에 직면하는 고생담을 두고 냉정해지기는 어려운 일이다. 이는 〈가버나움〉이 지니는 감성적 호소력의 원천이기도 하지만, 역으로 영화가 처하게 되는 필연적 한계이기도 하다. 범죄의 굴레에 떨어진 빈민가 소년의 현실을 세미다큐멘터리 톤의 극영화로 다룬다는 기본적인 얼개는 (〈거미 여인의 키스〉1985로 잘 알려진 남미 시네마 노보의 거장) 헥터 바벤코의 〈피쇼테〉1981, 어린아이의 순수함과 부박한 현실을 대조시키는 구도는 마지드 마지디의 〈천국의 아이들〉1997과 같은 이란 차일드 시네마의 관습에 크게 기대어 있다. 다시 말해 참신함이 없다.

더욱 큰 문제는 영화가 한 소년이 겪는 삶의 비참함을 전시하는 데 주력한 나머지 정작 레바논 베이루트로 난민들이 흘러들어오게 된 사회정치적 맥락을 망각하게 만든다는 점이다. 관객은 피해 입은 자, 세상의 저주받은 자들을 두고 눈물짓지만, 이미지의 즉물적卽物的인 강렬함에 의해 난민을 거부하고 떠넘기는 유럽국가의 위선에는 눈감아버리게 된다. 그런 점에서 영화의 결말은 완벽히 상업적이다. 등장한 배우들이 실제 난민 출신이며 이들이 구원받았음을 증언함으로써 관객은 안도하지만, 해결된 것은 아무것도 없다.

분명 〈가버나움〉은 선한 의도로 만들어진 영화임을 부정할 순 없다. 그러나 종국에 남는 건 유럽국가의 선의를 기대하는 수동적 타자로서의 제스처일 뿐이다. 그렇게 영화는 안전하게 흘러가고 세계의 위선은 계속된다.

시대의 불안과 조우하다 〈조커〉 2019

토드 필립스의 〈조커〉2019는 '조커의 탄생'에 관한 영화이다. 배트맨이 여러 차례 배우를 바꿔가며 수차례 리메이크되었지만, 정작 숙적이라 할 조커의 기원에 관한 영화는 없었다. 아마도 제작진은 이 점에 착안해 새로운 영화의 구상에 들어갔을 것이다. 〈배트맨 비긴즈〉2005에서 놀란이 그러했듯, 이 영화는 조커라는 신화적인 악당 캐릭터에게 설득력 있는 기원을 부여하기 위한 작업이었을 것이다. 그 과정에서 선택되고 참고된 작품들의 목록이 있다. 마틴 스콜세지의 〈택시 드라이버〉1976과 〈코미디의 왕〉1983, 그리고 앨런 무어의 그래픽노블 〈킬링 조크〉1988. 영화는 이상 언급된 작품으로부터 끌어온 요소들의 해체와 재조립을 통해 조커에 대한 사실주의적, 심리주의적 접근에 성공한다.

광대 일로 근근이 먹고사는 삼류 코미디언이라는 설정은 〈킬링 조크〉에서, 고립된 사회부적응자로서의 면모와 정신이상의 증상은 〈택시 드라이버〉에서, TV 토크쇼의 무대에 서고자 하는 출세욕에 찬 인물의 기행이라는 점에선 〈코미디의 왕〉을 가져온다. 70년대 뉴욕대 영화과 실험영화들이 공통적으로 보여주었던 '황량한 거리와 음침한 침실'이란 공간에 대한 집착 또한 여실히 재현되면서 조커의 출신 배경에 현실적인 질감이 입혀진다. 다시 말해 〈조커〉는 스콜세지의 프레임을 통과해 이루어진 DC 코믹스 세계관의 재해석인 셈이다. 이러한 혼성모방은 두 가지 효과를 불러오는데, 먼저 조커에게 인간적인 디테일을 줌으로써 인물이 전보다 구체성을 얻었다는 점, 다음으로 히어로 장르의 통속성

을 비껴감으로써, 들여다보면 전혀 새로울 것 없음에도 참신하게 보이는 착각을 불러온다는 점이다.

흥미로운 건 영화가 해석하는 이들로 하여금 극장 밖 현실의 콘텍스트를 소환하도록 강제하는 효과를 빚어내고 있다는 점이다. 놀란은 〈다크 나이트 라이즈〉2012에서 계급과 불평등의 현실을 소재로 가져왔음에도 동화적인 결말로 모든 딜레마와 정치적 발화를 봉합했다. 반면 토드 필립스는 〈조커〉에서 만화책의 인물을 현실의 빈민가로 끌어내리고, 그의 시점과 심리에 관객을 동조시키려 한다. 여기에 고통받는 인물을 온몸으로 구현한 호아킨 피닉스의 호연이 덧씌워지는 순간, 영화는 장르와 현실 사이의 경계선을 넘어가 버린다. 빈부격차의 심화와 민주주의의 퇴조, 계급 간 불평등을 겪는 대중의 시대정서에 영화가 조응해 본래 의도한 바를 넘어선 사회정치적 발화들을 불러일으키고 있는 것이다. 이는 극 중에서 아서가 쇼 비즈니스의 시선에선 '무능한 광대'로, 시위

군중에겐 '반체제 혁명의 상징'으로 오해된 것과 매우 유사한 현상이다.

〈어느 가족〉2018에 이어 〈기생충〉2019에 그랑프리를 수여한 칸 영화제의 결정처럼, 〈조커〉에 대한 베니스 영화제의 황금사자상 수여는 메시지를 담은 정치적 퍼포먼스였다. 만듦새도 중요하지만 현재 우리 시대의 실상을 환기시키는 작품을 선정함으로써 관객들에게 화두를 던지는, 영화제가 취할 수 있는 현실 참여의 방법이었을 것이다. 그렇게 장르의 '사실주의적 재해석'으로 시작한 〈조커〉는 본의 아니게 '정치적 문제작'이자 '예술 영화'의 딱지를 받는 기묘한 아이러니를 수행했다.

혼돈의 시대를 돌아본 대만 뉴웨이브의 거장

〈고령가 소년 살인사건〉 1991

〈고령가 소년 살인사건〉1991은 대만 현대사를 뒤흔든 한 실화에 바탕을 둔다. 1961년 6월 15일 타이베이에서 벌어진 14세 남학생의 여학생 살해 사건은 장제스의 국민당 정부가 수립된 이래 대만에서 일어난 최초의 미성년자 살인사건이었다. 공교롭게도 범인은 훗날 대만 뉴웨이브의 거장이 되는 에드워드 양의 같은 학교 학우였다. 모범생이었던 친구가 치정살인의 범인이 되었다는 데 충격을 받았던 에드워드 양은 현대인의 도회적 일상을 예리한 시선으로 해부한 〈타이페이 스토리〉1985와 〈공포분자〉1986를 거쳐, 마침내 청소년기의 기억을 돌이키며 〈고령가 소년 살인사건〉을 완성한다.

3시간 57분 동안 영화는 소년 샤오쓰장첸의 일상사를 고요히 흐르는 강물처럼 차분한 호흡으로 따라간다. 클로즈업을 극도로 자제한 가운데, 영화의 카메라는 넓은 화각의 롱 숏으로 인물을 둘러싼 배경, 풍경을 포착하며 사회의 분위기를 인지시키려 한다. 마치 사람들이 시대라는 연극 무대의 한갓 소품으로 전락해 버린 듯. 〈고령가 소년 살인사건〉은 한 시대의 공기에 관한 영화이다. 에드워드 양은 60년대 대만 사회에 감돌았던 차갑고 건조한 냉기, 질식할 것만 같이 소시민의 삶을 짓눌렀던 공포와 불안을 영화 안에 재현해 담고자 한다.

좌익 공산주의자일지도 모른다는 혐의로 정보부의 취조를 받고 심문실에 남겨진 채 진술서를 쓰는 샤오쓰의 아버지, 교실 칠판 위에 장제스의 초상과 함께 달려 있는 '정숙靜淑'이라는 붉은 글자, 전차로 무장한 기갑부대가 거리를 지나가는 등의 장면은 시대상의 어둠을 암묵적으로 웅변한다. 국민당 정권 치하의 대만은 반공을 기조로 일방적인 규율과 복종을 강요하는 전체주의 사회였다. 이러한 분위기 속에서 보수적인 가치관과 군사주의 교육에 한껏 짓눌린 소년들은 엘비스 프레슬리로 대변되는 서구 문화에 탐닉하며 해방을 갈구하고 있었다.

통제와 억압의 이면에선 자유에 대한 갈망이 끓어오르는 시대의 모순. 〈고령가 소년 살인사건〉의 영상은 매 순간 학교의 복도와 계단, 문과 창 같은 기하학적 이미지의 틀에 인물을 가두어 폐소공포증의 인상을 자아낸다. 심문을 받고 나오던 아버지는 열린 문틈 너머로 벌어지는 고문을 목격한 뒤 신경쇠약에 걸리고, 샤오쓰는 학교 담장을 넘는 작은 일탈로 시작해 폭력사태에 가담하고 종국에는 살인을 저지른다. 들뢰즈와 가타리는 『안티 오이디푸스』에서 체제에 사로잡혀 무기력하게 투항하고 포섭되는 것을 신경증neurosis, 순응을 거부하다 자폐와 절망에 빠져드는 걸 정신병psychosis이라 했다. 출구 없는 시대의 암우暗雨를 견디고 살아야 했던 사람들의 슬픈 자화상. 영화는 감정의 고이고 흘러넘침을 억제한 채 지난 역사의 뒤안길을 쓸쓸한 독백처럼 비춘다.

〈써니〉2011와 〈응답하라〉 시리즈가 보여주듯 과거는 쉽게 낭만화된다. 누구도 회상하고 싶지 않은 고통스러운 집단적 기억은 흔히 '추억'이라는 알리바이로 지워지고 윤색되어 상품화되곤 한다. 반면 에드워드 양은 그러한 태도를 일체 배격하며 30년 전 날 것의 과거를 정면으로 마주하고자 했다. 역사를 다루는 영화의 태도는 무엇이어야 하는가. 26년 만에 정식으로 들어온 〈고령가 소년 살인사건〉이 지금의 한국 영화에 던지는 준엄한 화두이다.

해체되는 가족과 일본 사회의 그늘 〈어느 가족〉 2018

〈걸어도 걸어도〉2008 이래 고레에다 히로카즈의 영화는 가족이란 화두를 통해 일본 사회의 현실을 투영해 왔다. 일견 따스해 보이는 가족드라마의 심층에는 언제나 평온함의 이면에 감춰진 일본 사회의 바닥과 균열을 드러내 보이려는 사회학자의 태도가 깔려 있다. 〈진짜로 일어날지도 몰라 기적〉2011은 후쿠오카의 도시와 가고시마의 시골로 갈라져버린 일가족, 〈그렇게 아버지가 된다〉2013은 병원에서 뒤바뀐 친자를 찾으려는 친아버지, 〈바닷마을 다이어리〉2015에선 이복 여동생을 가족의 일원으로 받아들이는 세 자매, 〈태풍이 지나가고〉2016에선 이혼 가정의 일상을 다루면서 전통적인 가족 형태의 해체와 정서적 연대감의 위기, 공동체의 유지를 위협하는 사회적 조건의 문제를 끈질기게 탐구해왔다.

칸 영화제 황금종려상을 수상한 근작 〈어느 가족〉2018 역시 그 연장선상에 있다. (일본어 원제는 만비키 가족 万引き家族) '만비키'는 '물건을 사는 척하면서 훔치다'는 뜻이다. 〈태풍이 지나가고〉를 낸 후 당분간 가족 영화 대신, 실화를 기반으로 한 사회문제 소재의 영화를 만들겠다고 밝힌 감독은 가족드라마와 사회파 리얼리즘이 결합된 형태로 〈어느 가족〉을 끌고 나간다. 일용직을 하면서 틈틈이 매장에서 물건을 훔쳐 파는 아버지 칸지, 그의 도둑질을 돕는 아들 쇼타는 아파트 단지 밖에 홀로 추위에 떠는 어린 소녀 유리를 집으로 데려온다. 이 집안은 사실 혈육이 아닌 사람들끼리 뭉친 일종의 대안 가족이었던 것. 2막 구성인 영화의 절반은 친부모에게 학대받은 상처투성이 소녀가 대안 가족의 일원이 되어

가는 과정과 소소한 에피소드에 할애된다.

보통의 일본 영화라면 이 작고 가난한 대안 가족을 정이 메말라가는 현대의 가족제도에 대한 해법처럼 내세우며 결말지었을 것이다. 그러나 감독은 손쉬운 위안 대신 냉혹한 현실을 조명하길 택한다. 가족의 연대감은 반드시 혈연에 매이지 않는다는 걸 보여주면서 온화한 분위기를 자아내던 영화의 온도는 구성원들을 묶어주던 할머니의 죽음을 기점으로 싸늘하게 식어 버린다. 연금에 의지해 살던 가족은 주 수입원을 잃지 않고자 (영화의 모티브가 된 실화처럼) 할머니의 죽음을 은폐하고, 얼핏 끈끈해 보였던 대안 가족의 결속력 또한 위기를 마주하자마자 순식간에 부서지고 만다. 돈과 생존의 문제 앞에서 그동안 감추어져 왔던 이기심의 진실, 인간의 바닥이 여지없이 드러나고 마는 것이다.

〈어느 가족〉은 감독 고레에다 히로카즈가 〈아무도 모른다〉2004 이래 매달려온 일본 사회 탐구의 한 결정판이자, 현대 사회의 골수에 끼친 병폐를 헤집고 들어내는 메스와도 같은 작품이다. 허울만이 남았을 뿐 안식처로서의 기능을 상실한 가족 제도, 건설현장 일용직으로 일하다 다쳤음에도 보험 혜택을 받지 못하는 불합리한 고용현실, 할머니의 연금에 의지하지 않으면 생활할 길이 막막한 서민층의 빈곤과 복지제도의 사각지대, 양극화의 심화, 그리고 이 모든 사회적 실패를 국가와 공동체가 아닌 개인의 책임으로 몰고 가는 사회적 풍토의 암담함이 두 시간 남짓한 시간의 가족드라마 속에 단번에 함축된다. 사건과 인물을 관조하는, '고요한 시선의 냉담'이라 할 카메라의 담담함은 비극의 현실을 두고 영화가 취할 수 있는 성숙의 한 경지라 할 것이다.

가족, 실재와 허구 사이 〈패밀리 로맨스〉 2019

베르너 헤어조크는 탐험가이다. 〈아귀레, 신의 분노〉1972와 〈피츠카랄도〉1982에서 아마존의 정글을 헤매고, 〈퀸 오브 데저트〉2015에선 사막의 풍광을 훑었으며, 3D 다큐멘터리 〈잊혀진 꿈의 동굴〉2010에선 선사시대의 흔적을 되짚곤 했다. 오지를 찾아 돌아다니던 그의 카메라는 이제 바깥을 향한 관심을 거두고 세속 도시의 일상으로 들어온다. 헤어조크의 눈에는 일상의 공간과 그 안에서 벌어지는 삶의 양태야말로 탐구와 모험의 대상으로 비치게 된 모양이다. 〈사이버 세상에 대한 몽상〉2016에서 인터넷과 가상현실이 실제 삶과 현실에 미치는 영향을 탐구했던 헤어조크는 근작 〈패밀리 로맨스〉2019에서 일본의 도쿄로 건너간다.

영화는 주인공 이시이 유이치가 12세 소녀 마히로를 만나 요요기 공원의 벚꽃을 함께 구경하며, 자신이 오래전 곁을 떠난 아버지임을 밝히는 장면으로 시작한다. 그리고 곧이어 우리는 청구서를 내미는 행동을 통해 이시이가 마히로의 친아버지가 아니며 마히로의 어머니가 그녀를 위해 고용한 일종의 배우라는 걸 알게 된다. 〈패밀리 로맨스〉는 대역을 제공하는 서비스 대행업체이며, 이시이는 고객의 요구에 따라 카멜레온처럼 정체성을 바꾼다. 철도회사 직원에게 쏟아지는 상부의 질책을 대신 받아주는가 하면, 결혼을 준비 중인 가족에게 알콜중독자 아버지를 대신할 대역 아버지를 제공하고, 복권 당첨이 소원인 중년 여성에게는 거짓 복권 당첨 이벤트를 열어주며, SNS 명사가 되고자 하는 여성을 위해 가짜 파파라치를 연기한다.

〈패밀리 로맨스〉의 핵심은 실재와 허구 간의 기묘한 역전逆轉에 있다. 달콤한 허구는 실재를 압도한다. 이시이의 고객들은 실제 삶에서 이루지 못하는 행복을 연극으로나마 누리기 위해 돈을 지불한다. 존재하지 않는 환상에서 삶의 만족감을 얻는 인간 군상의 모습은 일말의 슬픔을 동반한다. 사무라이 활극을 준비하는 공연단이 소품 칼도 없이 칼싸움을 벌이고 할복하는 흑백의 꿈 시퀀스에서처럼, 삶은 점점 실체감을 잃고 아스라한 허깨비가 되어간다.

로봇 호텔을 방문한 이시이는 인간의 외형을 하고 손님을 맞는 로봇 종업원과 어항 속의 로봇 물고기를 망연히 바라보면서 그것이 마치 자신과 같다고 느낀다. 인간과 물고기가 로봇으로 대체되듯 가족 또한 얼마든지 대역으로 대신하게 된 세상, 가족은 해체된 채 껍데기로 남았고, 경험과 감정, 그리고 관계 또한 거래의 대상이 된 후기 자본주의 사회의 진풍경을 헤어조크는 일체의 내레이션을 배제한 채 가만히 응시한다.

상냥하고 배려심 깊은 아버지를 연기하는 이시이를 두고, 마히로의 어머니는 자신이 고용한 '임대' 남편과의 '실제' 결혼을 꿈꾼다. 이대로 실제와 가상의 경계선은 무너지고, '즐거운 나의 집'의 이상은 현실이 될 것인가? 제안을 거절한 이시이는 집으로 돌아가지만 문안으로 들어서길 망설이며 밖에서 서성인다. 그리고 반투명 유리의 너머로 흐릿한 어린아이의 형상이 드러난다. 이 집은 과연 이시이의 진짜 가족이 사는 집일까? 아니면 이 집 역시 〈패밀리 로맨스〉의 업무를 위한 또 다른 연극의 무대인 것일까? 가족주의의 이상과 현실의 괴리, 헛것의 작용이 실제를 움직이는 세속의 요지경을 비춘 헤어조크는 즉답을 피하고, 나머지를 관객의 판단에 맡긴다.

네오리얼리즘을 소환하며 〈마르게와 엄마〉 2019

클라우디아는 여섯 살 난 딸 마르게를 키우며 사는 22세의 싱글 맘이다. 남자친구 주세페가 떠난 후 실연의 충격으로 망연자실해 있는 한편으론, 직업이 없어 생계 또한 막막한 처지. 그녀는 자신과 같은 처지인 친구 줄리아를 꼬드겨 배우 일을 얻으려 하지만, 오디션 관계로 만났던 두 남자, 알레한드로와 알베르토는 영화감독과 제작자를 사칭한 건달에 지나지 않았다. 쇼 프로그램의 출연자로 지원하지만 줄리아가 노출을 강요하는 진행자와 청중을 견디지 못하고 뛰쳐나가면서 방송 일조차 물 건너가고, 네 남녀는 한데 뭉쳐 작은 범죄단을 꾸린다. 애완견을 훔쳐다 숨긴 후, 주인에게 연락해 개를 찾아준 사례금을 받아내는 수법. 집을 떠나게 된 클라우디아는 딸 마르게를 이웃집 할머니 마리아에게 맡기고 범죄 행각에 뛰어든다.

모흐센 마흐말바프의 〈마르게와 엄마〉2019는 영화의 역사에 면면히 흐르는 두 개의 큰 강이 합류해 빚어낸 영화 같다. 교회의 가르침에 순응하지 않고 여성이 운영하는 새 교회를 열겠다는 당돌한 꼬마 숙녀 마르게와 그녀의 친구들은 〈내 친구의 집은 어디인가〉1987나 〈천국의 아이들〉1997에서 보았음직 한 이란 차일드 시네마의 관습을 이탈리아라는 다른 배경에 옮겨다 심은 것처럼 보인다. 다른 한 축은 이탈리아 네오리얼리즘 영화의 흔적들이다. 무산계급의 처지로 범죄의 길을 선택하는 클라우디아와 동료들은 실업자로 전락한 인물들이 비극으로 내몰리는 〈자전거 도둑〉1948과 〈움베르토 D〉1952를 답습한다. 인생을 제대

로 살아보려고 노력하지만 실패를 겪는 여성의 수난극이란 점에서 〈카비리아의 밤〉1957, 커플이 되어 합동으로 범행에 나서는 건 아메리칸 뉴시네마의 효시가 된 케이퍼 필름 〈우리에게 내일은 없다〉1970의 영향을 연상시킨다.

영화는 직업과 사랑, 정체성의 위기에 봉착한 한 여성의 시점에 입각해 현재 우리 시대가 처한 몰락의 징후들을 들추어낸다. 낡아 무너져가는 건물과 노인 인구만이 남은 황량한 마을 풍경, 클라우디아와 줄리아가 일자리를 찾으면서 겪는 일련의 사건들은 도시화로 인한 지방의 소멸, 장기 불황으로 인한 유럽의 경제 위기와 여성 인권과 성적 대상화의 문제, 로마 가톨릭으로 표상되는 종교적, 전통적 가치의 퇴락과 붕괴된 가족 제도 등 현실의 편린片鱗들을 예민하게 포착하고 영화 속으로 소환한다. 작품을 통해 꾸준히 현실에 대한 발언과 참여를 추구해왔던 마흐말바프의 영화적 기조는 조국 이란을 떠나 이탈리아로 무대를 옮긴 이 영화에서도 여실히 관철되고 있는 것이다. 마흐말바프는 고전들의 익숙한 요소들을 능란한 솜씨로 한데 엮어내면서 네오리얼리즘의 정신을 다시금 현재에 재현해낸다.

만약 다큐멘터리처럼 현실을 응시하고 반영하는 데 그쳤다면 영화는 지나치게 무거워졌을 것이다. 그러나 마흐말바프는 어른들의 냉엄한 현실 반대편에 순진무구한 아이들의 세계, 세속의 상처 입은 이들을 보듬고 받아줄 종교적 전통과 공동체의 자리를 마련해두는 걸 잊지 않는다. 언젠가 아이들도 성장해 어른의 실패를 반복하고, 종교의 신성과 공동체의 미덕은 옛이야기가 될지 모른다. 하지만 구원은 되지 못할지언정, 삶과 세계의 지난함을 버티게 해줄 최소한의 위안은 되어줄 것이다. 그것이 우리에게 주어진 일말의 낙관이자 휴머니즘의 가능성이라고 마흐말바프는 전하고 있는 것이다.

노병은 바뀌지 않는다. 다만 사라질 뿐이다 〈라스트 미션〉 2018

〈용서받지 못한 자〉1992의 각본을 받아들었던 클린트 이스트우드는 서부 사나이의 종말을 그리는 이 이야기를 두고, 감독만이 아닌 주연까지 겸해야 할 작품으로 생각했다. 그래서 극 중 인물의 연령대로 나이가 들 때까지 기다린 뒤에 영화를 찍었다. 〈라스트 미션〉2018도 마찬가지다. 2차 세계대전 참전용사 출신의 노인 레오 샤프가 멕시코 범죄조직의 마약을 운반하다가 2011년 검거된 실화(원제 〈The Mule〉은 마약운반책을 가리키는 은어이다)에 주목한 이스트우드는 체포 당시의 실제 인물에 가까운 88세의 노구를 이끌고 주인공 얼 스톤을 연기한다. 원예에 조예가 깊어 큰 성공을 거두었던 얼 스톤은 늘그막에 파산하여 집과 농장 부지를 압류당한다. 빼앗긴 집을 되찾고 파탄 난 가족 관계를 회복하기 위해 스톤은 마약운반책 일을 맡아 운전대를 잡는다.

〈라스트 미션〉은 태작이다. 영화의 감정선은 거칠게 비약하고 주변 인물들의 묘사는 평면적이며, 교훈 조의 대사들이 메시지의 설득력을 깎아먹는다. 다만 이스트우드다운 영화이긴 하다. 이스트우드는 정치적으로 전혀 공정하지 않은 인물, 현대의 가치관에서 보면 문제투성이의 남자를 섣불리 미화하지 않고 그대로 보여준다. 얼 스톤은 자기 일에만 골몰해 가족을 챙기지 않았던 불성실한 남편이고, 노년에도 철없이 색을 밝히며, 인종차별적인 어휘를 쓰고 있음을 스스로 인식하지 못할 만큼 시대착오적인 인물이다. 어떤 대상을 보여주는 것이 곧 그것의 결점까지 옹호함을 뜻하진 않는다. 이스트우드는 얼 스톤이 뼛속까지 구시대적 사고방식으로 물든 백인 마초임을 인정하며, 그로 표상되는 한 세대가 시대의 지평선 너머로 저물어 감을 관조할 따름이다.

남자는 가족의 일을 뒷받침하는 한편, 전우회 같은 과거의 공동체를 회복하고자 한다. 그러기 위해선 돈이 필요하다. 〈라스트 미션〉의 면면은 과거 이스트우드의 경력들을 새삼 환기시킨다. 〈황야의 무법자〉1964의 현상금 사냥꾼은 마약운반책을 업으로 삼게 되었고, 건초 먹던 말은 기름 먹는 트럭으로 바뀌었으며, 탕아로 인생을 살았던 남자가 과거를 속죄하며 가족을 위한 돈을 구하고자 여정을 떠난다는 플롯은 〈용서받지 못한 자〉를 반복한다. 투박해졌지만 이스트우드는 가장 그다운 방식으로 경력의 마지막을 장식하려 하는 것이다. 이 영화는 현대로 배경으로 삼은 변형된 서부극이며, 클린트 이스트우드라는 정육면체 주사위의 한 단면이다.

〈라스트 미션〉은 존 포드의 〈수색자〉1956에 빚을 진 서부사나이 이스트우드의 채무변제와도 같은 영화이다. 존 웨인이 연기한 이든이 끝내 집에 들어서길 망설이다 도로 황야를 향해 걸어 나가듯, 얼 스톤 역시 가족을 위한 마지막 헌신을 마치고, 교도소에 들어가며 쓸쓸히 퇴장한다. 고전서부극의 세계에서 야만의 서부Wild West가 끝난 자리에 여성과 철도로 대변되는 문명이 찾아오듯, 구시대의 마초가 떠난 자리에는 딸과 손녀의 시대에 맞는 새로운 질서와 도덕이 자리 잡을 것이다. 보수주의자로서 이스트우드는 자신이 영영 바뀌지 않을 것임을 안다. 그것이 자신의 업業이자 한계이며, 물러나야 할 때가 왔음을 알고 있다. 새 시대에 섞여 살 순 없다. 다만 다음 세대의 사람을 위해 나름의 역할을 할 뿐. 그것이 어른의 '마지막 임무'라고 이스트우드는 말하고 있는 것이다.

노장이 그린 범죄 세계의 연대기 〈아이리시맨〉 2019

프랭크 시런로버트 드 니로은 페인트공Paint Houses(마피아 은어로 살인청부업을 뜻함)이다. 2차 대전 참전 후 퇴역해 트럭 운전사로 일하던 그는 필라델피아를 근거지로 활동하는 마피아 거물 러셀조 페시를 만나 해결사 노릇을 하며 범죄세계에 입문한다. 대담한 일 처리로 조직의 신용을 얻은 시런은 러셀의 주선으로 미국 최대의 트럭운송 노조 지도자 지미 호파알 파치노를 보좌하게 되면서 인생의 전성기를 맞는다. 호파는 특유의 카리스마와 마피아와 유착관계를 토대로 막대한 권력을 휘두르고 있었고, 시런은 그런 호파와 우정을 나누며 지부장 자리를 꿰차는 등 성공가도를 달린다. 그러나 범죄에 연루된 혐의로 징역을 선고받고 3년 뒤 가석방된 호파가 무리하게 위원장 자리를 되찾고자 하면서 마피아와의 관계가 급속히 냉각된다. 조직의 신뢰와 호파와의 우정 사이에서 시런은 양자택일의 기로에 처한다.

〈아이리시맨〉2019은 범죄자 인생의 흥망성쇠를 다루는 한 편의 연대기이다. 장장 209분에 달하는 러닝타임 동안, 영화의 플롯은 시런이 범죄세계에서 인맥을 쌓아가며 승승장구하다가 결국 호파를 배신하고, 감옥을 다녀온 이후 가족에게서 버림받고 독거노인 신세로 전락하는 인생유전을 따라간다. 인터뷰에서 마틴 스콜세지는 이 영화를 두고 "신의, 사랑, 믿음 그리고 궁극적으로는 배신에 관한 영화"라고 규정한 바 있다. 〈아이리시맨〉은 스콜세지가 21세기에 접어들어 새롭게 만든 〈좋은 친구들〉1990이자 〈카지노〉1995이며 그 종결판이다. 노먼 주이슨이

〈F.I.S.T.〉1978에서 다룬 바 있는 지미 호파 실종사건을 재조명하면서, 스콜세지의 카메라는 이해득실에 따라 뭉치고 흩어지는 자본주의적 인간관계의 냉혹한 본성에 초점을 맞춘다.

폭력의 배경에는 두둑한 목돈과 명예라는 보상이 자리하고 있다. 시런은 더러운 일을 처리함에 있어 자신의 천부적인 소질과 그의 앞날이 창창하게 뚫려 있다는 걸 기뻐한다. 그러나 중반을 넘어가면서 관객은 이 범죄 천국의 실체가 배신과 음모가 난무하며, 표리부동한 인간들의 공모에 의해 언제든지 파멸당할 수 있는 지옥임을 목격하게 된다. 이전 영화에서처럼 스콜세지는 〈대부〉1972로 대표되는 범죄 영화의 신화를 단호히 거부한다. 한때 〈대부〉 시리즈의 마이클 콜레오네로 정상에 섰던 알 파치노의 캐스팅은 다분히 의도적이다. 배신자가 있을 거라는 생각을 추호도 하지 않았던 호파는 그 순진함의 대가를 죽음으로 치르며, 이것으로 갱스터 장르에서 관철되던 마피아 패밀리의 가족주의와 바로 크적 낭만성은 철저히 부정된다.

왕년에 세상을 주름잡았던 거물들조차 퇴물이 되는 운명은 피할 수 없다. 〈아이리시맨〉의 또 다른 주제는 '시간'이다. 주연 배우들의 얼굴을 컴퓨터 그래픽까지 동원해가며 젊게 만든 건, 한때 이들이 누렸던 전성기가 노년의 모습과 대비를 이루며, 인간사의 덧없고 무상함, 격세지감을 드러내기 위해서 필요한 것이다. 세상에 대한 통제력을 잃은 노인들의 노쇠함을 비추는 영화의 후반부에는 점점 작품에 투자받기 힘들어했던 스콜세지 감독 본인의 심경이 묻어나 있다는 감을 받는다. 아메리칸 뉴시네마의 시대에 뛰어들어 숱한 걸작을 남겼던 거장은 오늘날 과거의 영광과 영화의 순수성이 사라져가는 중이라고 생각한 것일까? 문을 닫지 않고 열어두는 엔딩은 그래서 의미심장하다. '시네마'의 시대는 끝난 게 아니라는 감독의 암묵적인 메시지이다.

거장 오손 웰즈의 복원된 비전 〈바람의 저편〉 2018

오손 웰즈는 수난의 작가다. 현대 영화의 모더니즘을 정립한 걸작 〈시민 케인〉1940을 만들었지만, 이 득의의 데뷔작이 흥행에 실패한 뒤 그의 작품들은 악전고투 속에서 만들어지거나 통제권을 빼앗기는 등 갖은 수난을 겪어야 했다. 〈위대한 앰버슨가〉1942는 훗날 〈사운드 오브 뮤직〉1965을 감독하는 로버트 와이즈의 손에 넘어가 전혀 다른 영화가 되었고, 〈악의 손길〉1958 또한 편집권을 빼앗겨 사후 1998년에 가서야 웰즈가 남긴 자료를 참고해 복원되었다. 뛰어난 배우이기도 했던 웰즈는 생애의 후년에 B급 영화와 CF에 출연하고, 그 돈을 모아 영화를 만들고는 실패하는 일을 거듭해야 했다.

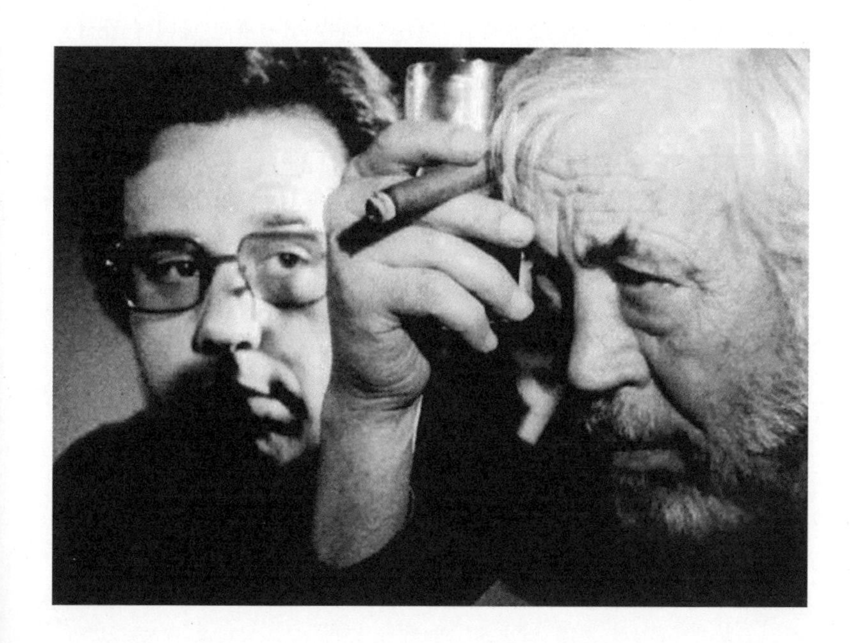

미완성 유작 〈바람의 저편〉2018 역시 웰즈의 불운과 궤적을 같이 했다. 1970년부터 촬영을 개시한 영화는 불안한 자금 사정으로 1976년까지 촬영 재개와 중단을 번복했고, 그 와중에 웰즈는 따로 〈거짓의 F〉1974를 찍었다. 웰즈는 1979년 인터뷰에서 영화 작업이 96% 정도 진척되었다고 밝혔지만, 웰즈 사후 딸 베아트리스 웰즈와 웰즈의 정부였던 오야 코다르 사이의 분쟁으로 인해 네덜란드에 보관되어 있던 영화의 네거티브 필름은 한동안 빛을 보지 못했다. 넷플릭스의 복원 작업은 시간이 지나면서 작품을 둘러싼 모든 유형의 분쟁이 정리되었기에 가능했다.

〈바람의 저편〉은 영화에 관련된 인물 간의 이면에서 벌어지는 이야기를 다루는 일종의 메타시네마이다. 영화는 존 휴스턴(〈말타의 매〉1941, 〈프리지스 오너〉1985를 만든 거장 감독)이 연기하는 가상의 영화감독 제이크 한나포드의 생일 파티 현장을 카메라에 담는다는 설정으로 파티에 참석한 여러 인물들을 번갈아 포착하는 동시에, 영화 속 영화를 파편화된 영상으로 삽입한다. 한 시퀀스 안에서도 컬러와 흑백, 16mm와 35mm 필름을 오가길 서슴지 않는 전위적이고 불균질한 편집은 엉망이 된 파티의 혼란 속으로 관객을 끌어들이는 듯한 효과를 자아낸다. 비선형적인 전개, 메타픽션적 요소를 끌어들이는 실험성 등, 후기 웰즈 영화를 이루는 특징은 〈바람의 저편〉에서 더욱 극단화한다.

노감독 한나포드는 감독 자신의 삶을 그대로 투사한 캐릭터이다. 실제의 웰즈가 그랬듯 한나포드는 유배당하듯 유럽으로 떠나 작품 활동을 이어가다 미국 영화계로의 복귀작을 야심 차게 준비하는 인물로 그려진다. 오만하고 독선적인 성격 탓에 적을 만들고 동료들조차 지치게 하는 한편으론, 기존의 틀을 깨는 작품을 만들고자 하는 의욕으로 이글거리는 성격은 노인이 된 웰즈 본인이라 보아도 무방하다. 그에게 있어 영화란 파란만장한 자신의 삶을 투영하는 예술이었던 셈이다.

〈시민 케인〉이 청년이었던 웰즈 자신이 미래에 겪을 파란을 예언한 영화였다면, 이 최후의 유작은 후년의 자신에 대한 자조 어린 풍자에 다름 아니다. 비록 한나포드는 상종 못할 광인狂人이지만, 이 풍운아의 뒤안길에는 일종의 숭고함과 비장함, 심지어 서글픔까지 감돈다. 노년의 거장은 자신이 받았어야 마땅했던 찬사와 영광을 완전히 잃었다고 생각했던 것일까?

스필버그의 언덕, 경계선을 넘어서 역사를 보다

〈쉰들러 리스트〉 1993

〈쉰들러 리스트〉1993의 한 장면에서 오스카 쉰들러는 말을 타고 산책하던 중 언덕 위에서 마을의 전경을 내려다본다. 그 아래에선 지옥이 펼쳐지고 있다. 독일군에 의한 강제 이주와 학살로 유대인 거주구역은 아수라장이 되고 붉은 옷의 소녀는 광기와 혼란, 죽음을 피해 침대 아래로 몸을 숨긴다. 홀로코스트의 참상을 목격한 쉰들러는 이를 기점으로 파렴치한 사업가를 벗어나 1,200명의 목숨을 건져내는 인도주의자로 변모하게 된다. 이 장면에는 스필버그가 평생을 통해 일관해온 모티브가 집약되어 있다. 언덕의 바깥에는 인간의 상식으로는 이해하지 못하는 무언가가 있다. 어쩌면 그것이 우릴 죽일 수도, 영영 돌이킬 수 없는 변화를 안겨줄 수도 있을 것이다. 중요한 건 언덕의 저편으로 넘어가 보이지 않는 저편을 목격할 것인지의 결단이다.

데뷔작 〈듀얼〉1971은 이유 없는 트럭 운전사의 기습에 맞서 도로변에서 사투를 벌이는 한 남자의 이야기이다. 초년의 스필버그는 이상하게도 트럭 운전사를 얼굴이 전혀 보이지 않는 미지의 존재처럼 처리한다. 소품이지만 〈듀얼〉에는 불가해不可解한 세계의 공포, 광기와 혼돈의 실체를 탐구하고자 하는 훗날 스필버그 영화의 변화가 미리 예정되어 있다. 반면 〈미지와의 조우〉1977와 〈E.T.〉1982는 미지의 대상에 대한 가장 종교적이고 낙관적인 비전이다. 외계인은 공포의 대상일 수 있지만, 스필버그는 UFO의 빛을 따스한 노랑과 주황색으로 연출하고 E.T.를 친

근한 대상으로 묘사함으로써 바깥 세계에 대한 긍정과 휴머니즘적 상상을 내비친다.

〈태양의 제국〉1987은 스필버그 영화 경력의 가장 중요한 분기점이다. 소년 짐은 수용소의 언덕, 철조망 너머에서 출정하는 일본군 비행사들을 동경의 시선으로 바라본다. 하지만 짐의 상상과는 달리 이들의 실체는 제국주의의 폭력이며, 비행기 조종사의 꿈과 전쟁의 현실 사이에는 깊은 괴리의 골이 파여 있다. 부모의 품 안에 편안히 살던 몽상가 소년은 수용소로 내몰리고 나서야 그때까지 알지 못했던 바깥세상의 실체, 폭력과 죽음을 경험하며 그동안 간직해온 일말의 동심마저 잃게 된다. 이 영화는 본격적으로 역사 현실을 다루면서 비로소 세계에 깃든 공포의 정체를 정면으로 응시하게 된 스필버그의 영화적 성인식이다.

〈우주전쟁〉2005에 이르면 '미지와의 조우'의 낙관은 비관으로 완전히 뒤집히게 된다. 외계인의 빛은 초대장이 아닌 죽음의 광선이 되었으며, 언덕 너머에는 구원과 희망이 아닌 절멸과 폐허가 기다리고 있다. 〈워 호스〉2011에서 군마軍馬가 된 조이는 프랑스의 한 농장에서 잠깐의 휴식을 맞지만, 농장과 바깥세상의 경계인 언덕을 넘어서, 총성과 포연으로 가득한 1차 세계대전의 참호전을 겪는다. 거듭 반복되는 '경계선으로서의 언덕'이란 모티브. 평온한 농장과 참혹한 전장 사이에 단 하나의 언덕이 자리하고 있고, 그 경계선의 안과 밖으로 질서와 혼돈, 삶과 죽음, 이성과 광기의 세상이 갈라져 있다. 냉전기의 베를린을 다룬 〈스파이 브릿지〉2015에서도 스필버그는 베를린 장벽을 통해 이러한 작가적 구도를 관철시킨다. 몽상가 청년은 막연한 불안을 안은 채 역사의 언덕을 넘었고, 〈링컨〉2012과 〈더 포스트〉2017에 이르러 그 어두운 밑바닥을 들여다보는 노장이 되어 갔다.

우리는 장예모를 오해하고 있었다

〈영웅〉2002에서 〈황후화〉2006까지

장예모는 21세기 들어서 가장 많은 오해를 받은 중화권 감독이다. 그가 베를린 영화제에서 〈영웅〉2002을 내놓았을 때, 형식미와는 별개로 많은 평자들이 그를 비난했다. 5세대 영화의 정신을 배반하고 중국 정부의 통제에 투항했다고, 그의 대작은 중화의 위대함을 과시하는 선전물에 지나지 않는다는 것이 비판의 골자였다. 이 저주는 후속작인 〈연인〉2004과 〈황후화〉2006에 대해서도 한 치의 틀림없이 가해졌다. 과연 그런가? 규모와 스타일리시를 추구한 영화에 대해선 일단 덮어두고 공격적이게 되는 비평의 안일한 관습을 잠시 벗어두고 차분히 바라볼 필요가 있다.

〈영웅〉에서 무명은 분명 국가주의의 논리에 투항한다. 그러나 주의할 점이 있다. 장예모는 단순히 화려한 영상을 만드는 게 아닌 시각적 화술, 시각적 은유의 대가이다. 서당의 조나라 서생 몇몇을 죽이기 위해 대규모 군대가 침입하는 장면, 그리고 시황제가 무명의 처형을 명령할 때, 단 한 사람을 죽이기 위한 것이라곤 보기 어려운 화살의 구름을 보자. 이건 단순한 대륙적 과장이 아니다. 제국의 권력은 아이러니하게도 대항사유의 이념과 그것을 지닌 개인 한 사람의 등장을 두려워한다. 이 연출은 강력해 보이지만 내실은 허약한 전체주의 정권의 속성에 대한 은유로 읽어야 한다. (결말에서 왜 화살이 박힌 벽에 남은 무명의 빈 자리를 의미심장하게, 정성스러운 트래킹 쇼트로 잡았을까?) 장예모의 중화 3부작 중 가장 첫 편이라 할 〈영웅〉은 중화제국 성립의 원형을 고대에서 찾는 동시에 그 권력의 내밀한 속성을 암시하며 끝난다.

두 번째인 〈연인〉은 당 말기로 넘어간다. 이 영화의 카메라는 이상할 정도로 집요하게 인물들을 붙잡고 따라간다. 심지어 말을 타고 달리는 장면, 숲에서의 밀담 등 여러 장면에서 이 영화는 인물들을 놓치지 않겠다는 포획자의 시점으로 엿보고 따라가기에 일관한다. 이 영화는 권력의 시선에 관한 영화다. 극 중 진과 메이는 각각 관과 비도문으로부터, 좌든 우든 조직의 논리로부터 벗어나려 하지만 끝내 포획된다. 유덕화가 연기하는 리우에게 관과 비도문 양쪽의 속성이 하나로 합해진다. 〈영웅〉에서 성립한 중화제국은 구성원의 탈주를 일체 허용하지 않으려는 철저한 판옵티콘의 세계를 구축한 것이다. 이 영화는 사실 무정부주의자가 되고 싶었던 장예모의 은밀한 고백이다.

세 번째 영화인 〈황후화〉에서 장예모의 정치적 은유는 훨씬 첨예해진다. 여기에는 일종의 오이디푸스적 긴장이 있다. 둘째 왕자는 아버지가 구축하고 정점에 선 가부장적 천하관에 도전하려 한다. 이것은 세대의 대결이며 아울러 체제를 뒤바꾸려다 실패한 혁명의 이야기이다. 둘째 왕자의 군대는 미리 그들을 포획하기 위해 쳐둔 아버지의 덫에 걸려 몰살당한다. 천천히 전진하는 방패벽과 거기에 깔려 뭉개지는 반란군의 모습. 대학생들의 개혁 요구를 인민군의 탱크로 깔아뭉갠 천안문 사태의 우회적 반영화에 다름 아니다. 아이러니하게도 장예모는 중국 정부의 재정적 지원에 힘입어 사상 최대 규모의 반정부 영화를 만들어 버린 것이다. (중국 공산당 기관지가 이 영화를 비난한 이유는 실은 여기에 있었다.)

더욱 섬뜩한 건 학살 이후이다. 피를 씻고 시체들을 치워버린 그 위에, 국화꽃은 순식간에 깔리고 아무 일 없었다는 듯 (베이징 올림픽을 암시하는) 중양절 축전이 벌어진다. 그 어떠한 저항이 있어도, 학살과 탄압이 자행되더라도 중화제국의 영광은 무너지지 않는다는 체제의 비인격성.

그리고 황금으로 도배한 표층의 이면은 어둡게 비틀려 있으며 부패했다는 내밀한 비판. 〈황후화〉는 강대하지만 그 이면엔 언제든 혁명과 도전에 부딪칠 가능성을 내재한 제국의 신경증을 은유한다.

다시 말해 〈영웅〉과 〈연인〉, 그리고 〈황후화〉는 중화 찬양 일변도가 아니라, 성립에서 몰락으로 이어지는 변증법적 과정에 대한 메타포로서 3부작의 연속성을 지닌다고 읽는 것이 올바르다. 그러지 않고선 우리는 이후에 장예모가 〈진링의 13소녀〉2011 같은 노골적인 주선율 영화를 만드는 한편으론 〈5일의 마중〉2014을 만들었다는 사실을 전혀 이해할 수 없게 된다. 분명 장예모는 중국 영화의 권력자가 되어 영합한 면이 있지만, 전제적 시스템 안에서 여전히 비수를 뒤에 숨기고 작업하고 있었다고 보는 편이 옳을 것이다. 〈무영자〉2018에 실망했음에도 끝내 장예모의 다음 영화를 기다리는 건 그런 이유에서이다.

뮤지컬 영화, 21세기에 되살아난 클래식 〈라 라 랜드〉 2016

〈위플래쉬〉2015로 강렬한 인상을 남겼던 데이미언 셔젤이 〈라 라 랜드〉2016로 돌아왔다. 재즈에 대한 매혹은 여전하지만 〈위플래쉬〉가 프로 재즈 드러머가 되기를 꿈꾸는 젊은 뮤지션의 성장담이자 극단적으로 비틀린 사제師弟 간의 대결을 그린 충돌의 드라마였다면, 〈라 라 랜드〉는 멜로드라마의 감성을 바탕에 깐 낭만적인 뮤지컬 영화이다. 전작이 드럼의 비트에 따라 고조되었다 폭발하는 격정의 에너지로 넘쳐났다면, 이번 영화는 고전적인 노래와 선율, 춤으로 인물의 감정을 전달하며 관객의 심금에 호소한다. 16mm 흑백 필름으로 작업한 데뷔작 〈공원벤치의 가이와 매들라인〉2009에서 재즈 뮤지션의 연인 엘레나의 감정과 일상, 과거의 연인 매들라인과의 재회를 다루었던 다미엘 차젤레는 〈라 라 랜드〉로 다시 한번 달콤하고도 씁쓰레한 연애담을 선보인다.

〈라 라 랜드〉의 플롯은 마틴 스콜세지의 뮤지컬 고전 〈뉴욕 뉴욕〉1977과 굉장히 흡사하다. 이 영화는 꿈을 찾아 로스앤젤레스(꿈과 환상의 나라를 뜻하는 'la la land'는 도시 로스앤젤레스의 애칭이다)로 온 여배우 지망생 미아엠마 스톤와 재즈 피아니스트 세바스찬라이언 고슬링의 관계를 그린다. (〈위플래쉬〉의 광기 어린 선생 플래처로 인상적인 연기를 펼친 J.K 시몬스도 카메오 출연한다.) 바에서의 연주로 근근이 생계를 이어가는 세바스찬은 오래된 재즈 클럽을 인수해 과거의 영광을 재현하고자 하는 꿈을 갖고 있으며, 미아는 워너브라더스 영화사의 주차장에서 바리스타로 일하며 여배우로서 성공하고자 하는 희망을 품고 살아간다. 둘은 우연한 만남으로 사랑에 빠지지만, 성공에 가까워질수록 관계를 지속하기 힘들어지면서 차츰 서로의 감정이 식어가는 것을 느끼게 된다.

〈라 라 랜드〉는 분명 현대의 로스앤젤레스를 배경으로 하고 있지만 영화의 시각적 스타일은 빈센트 미넬리와 진 켈리의 고전 뮤지컬 영화를 빼닮아 있다. 두 주인공이 일순간 현실을 벗어나 펼치는 환상적인 분위기의 뮤지컬 시퀀스들은 〈사랑은 비를 타고〉 1952 와 〈파리의 미국인〉1951, 〈밴드 웨건〉1953과 〈쉘부르의 우산〉1964 등 영화사에 명멸한 뮤지컬 영화의 걸작들에 대한 오마주인 동시에 현실과 꿈의 괴리에 놓인 극 중 인물의 처지와 감정에 대한 낭만적 표현이 된다. 엠마 스톤과 라이언 고슬링의 춤과 연기는 헐리우드 고전기의 탁월한 춤꾼 콤비 진저 로저스와 프레드 아스테어의 아우라를 재현해낸다. 〈물랑루즈〉2001와 같은 영화들이 현대 대중음악을 접목해 트렌드를 따라가려 안간힘을 쓴다면, 역으로 이 영화는 고전 뮤지컬의 만듦새를 다시금 현대에 끌어들임으로써 도리어 시간을 초월한다. 〈라 라 랜드〉는 21세기에 클래식 뮤지컬의 부활을 알리는 신호탄이자, 꿈을 잃고 사는 현대인들을 위한 126분간의 달콤한 위로이다.

가상과 실효, 디지털 시대의 이미지 〈스파이더맨—파 프롬 홈〉 2019

〈스파이더맨—파 프롬 홈〉2019은 일종의 메타시네마meta-cinema, 즉 영화에 관한 영화처럼 보인다. 이 영화를 여타의 슈퍼히어로 영화보다 흥미롭게 만드는 건 주인공 스파이더맨이 아니라 악당 미스테리오의 설정이다. 아무런 능력도 지니지 않은 평범한 일반인이 영웅 행세를 하며 세상을 기만하는데, 〈캡틴 아메리카—시빌 워〉2015의 도입부에서 아이언맨이 선보였던 실시간 홀로그램 기술과 드론을 응용한다. 미스테리오를 직접 연기하고 시나리오에 따라 상황을 연출한 건 쿠엔틴 벡이었지만, 그의 사기극, 버추얼 테러리즘virtual terrorism을 뒷받침 한 건 온갖 환영을 실사에 가깝게 구현해낸 기술진 팀원들이었다.

엔리멘탈스라는 물, 불, 바람의 초현실적 괴물들이 도시를 파괴하는 장면이나 이들을 상대로 날아다니며 마법으로 싸우는 미스테리오의 모습은 모두 정교하게 그려진 디지털 환영임이 탄로 난다. 여기에 실감나는 물리적 효과를 덧붙이기 위해 총과 미사일, 충격파 장치 같은 무기들이 동원된다. 이 과정은 공교롭게도 현대 주류 블록버스터 영화의 제작 방식을 그대로 닮아 있다. 모션 캡처와 컴퓨터 그래픽 합성을 위해 배우가 특수 분장과 의상을 입고 연기하면, 기술진이 각본상의 내용과 배우의 움직임에 맞추어 적절한 CG 배경과 디지털 애니메이션, 아날로그 특수효과를 덧입히며, 실제를 압도하는 가상을 만들어낸다. 〈스파이더맨—파 프롬 홈〉은 첨단의 영상 기술을 총동원하며 스크린 안에 가공의 현실을 빚어내는 헐리우드 상업 영화가 도리어 스스로의 메커니즘을 패

러디하는 진풍경을 보여준다.

〈용쟁호투〉1973에서 이소룡이 방의 거울을 깨뜨리고 악당의 실체를 파악하듯, 스파이더맨 또한 미스테리오의 환영을 간파하고 승리를 거둔다. 그러나 무엇이 허상이고 실제인가를 구분하는 건 더 이상 중요하지 않다. 도리어 주목해야 하는 건 디지털 이미지가 보는 이에게 일으키는 '실제적'인 영향력이다. 스파이더맨은 미스테리오가 준비한 환영과 트릭에 농락당하며, 그가 느끼는 혼란은 곧 관객이 영화를 보면서 겪는 혼란과 그대로 겹친다. 영상은 헛것일 수 있지만, 정작 그것으로 인해 발생하는 효과만큼은 분명 '실제virtual(흔히 '가상' 으로 번역되는 이 단어는 역설적이게도 '실효력' 을 뜻한다)'이며, 영화는 이 지점을 명민하게 파악하고 서사의 동력으로 활용한다. 감독이 의도하든, 하지 않았든 〈스파이더 맨—파 프롬 홈〉은 은연중 디지털 환경과 영상 기술에 익숙해진 지금의 관객에게 중요한 문화철학적 시사점을 제시한다.

디지털 이미지의 매트릭스 속에서 진실과 거짓의 전통적인 구분은 힘을 잃는다. 미스테리오의 소동은 진정되지만, 남은 일당이 교묘히 조작해 편집한 영상은 도리어 스파이더맨을 사건의 원흉이자 악당으로 몰아간다. 시각은 곧 '힘virtus'이며, 기술의 주체는 대중의 지각을 장악한다. 일찍이 플라톤은 동굴에 갇힌 사람들이 벽에 비친 횃불의 그림자만을 보고 현실이라 받아들이는 상황을 가정하지 않았던가? 그리스의 혼란스러운 정치 상황에서 정치가의 만들어진 이미지와 실제 사이의 괴리를 경험했던 플라톤은 원시적인 수준의 하이퍼 리얼리티, 이미지의 조작이 인간의 삶에 구체적인 실효성을 미친다는 점을 간파했던 것이리라. 이미지는 힘이 세다. 가상은 없고 '실효'만이 있을 따름이다.

테리 길리엄, 혹은 영화계의 돈키호테

〈돈키호테를 죽인 사나이〉 2018

〈돈키호테를 죽인 사나이〉2018의 제작 과정은 파란만장했다. 〈브라질〉1985을 마친 테리 길리엄은 1989년 세르반테스의 『돈키호테』를 접하고는 영감을 얻어 새로운 영화의 기획에 착수했다. 초현실주의적 상상력의 소유자 테리 길리엄이 한 몽상가의 모험담에 관심을 가지게 된 건 운명이었을지도 모른다, 이듬해인 1990년부터 작업에 착수했지만 캐스팅과 제작비 조달 문제로 일은 잘 풀리지 않았다. 〈바론의 대모험〉1989과 〈피셔 킹〉1991, 〈12 몽키스〉1995을 연달아 찍어내면서도 길리엄은 '돈키호테' 프로젝트를 손에서 놓지 않았다. 〈라스베가스의 공포와 혐오〉1998의 영국 시사회에서 길리엄은 프로젝트의 재가동을 공표한다.

이 시점에서 영화의 이야기는 배역에 과몰입한 나머지 본래의 정체성을 잃고 자신을 돈키호테로 착각한 노인이 촌극을 벌이는 현대 배경의 블랙코미디 물로 방향을 틀게 된다. 헐리우드의 간섭을 벗어나고자 유럽 자본을 끌어모은 길리엄은 장 로슈포르와 조니 뎁을 캐스팅해 2000년 본격적인 촬영에 돌입한다. 이때부터가 영화사에 길이 남을 전설적인 불운의 시작이었다. 다국적 스태프는 의사소통이 되지 않았고, 배우들의 일정은 전혀 조율되지 않아 진행에 혼선을 빚었다. 인적이 드물어서 선택한 첫 촬영지는 알고 보니 나토의 폭격 훈련장이어서 F-16 전투기의 소음은 촬영 당일 녹음한 소리를 완전히 망쳐놓았다.

엎친 데 덮친 격으로 이튿째 되던 날엔 비 한 방울 오지 않던 사막에 갑자기 폭우가 쏟아져 세트와 기자재, 필름을 모조리 쓰지 못하게 만들었다. 완성된 영화에서도 "폭우 때문에 추가 촬영 물 건너갔다."는 대사가 나오는 건 이런 사연 때문이다. 배우 장 로슈포르가 척추 디스크 발병으로 현장에의 복귀가 불투명해진 건 프로젝트의 사형선고를 뜻했다. 잇달아 밀어닥친 재앙으로 촬영은 7일 만에 중단되고 말았는데, 당시의 고생담과 현장 촬영분의 일부는 다큐멘터리 〈로스트 인 라만차〉2002로 남게 된다.

"이 영화를 찍기 전엔 죽을 수 없어."라 공언할 정도로 길리엄은 투지를 불태웠다. 2015년 아마존 스튜디오의 투자로 존 허트와 이완 맥그리거를 불러들이지만, 뜻하지 않은 존 허트의 죽음으로 또다시 무산되었고, 2016년 칸 영화제에서 새로운 캐스팅을 발표하지만 이마저도 제작자와의 불화와 법정 대립을 겪고 2017년 3월에야 촬영에 들어갈 수 있었다. 영영 미완으로 남을 것만 같았던 '돈키호테'와의 저주받은 인연은 장장 17년에 걸쳐서야 종결된 것이다.

평론가 제프 앤드류가 “이성에 대한 상상력의 승리 3부작”이라 명명했던 〈시간도둑들〉1981과 〈브라질〉, 〈바론의 대모험〉에서 자본주의와 과학기술로 대변되는 근대적 이성이 실은 얼마나 비인간적이고 불합리투성이인가를 비꼬았던 테리 길리엄은 스스로를 돈키호테라 칭하는 노인과 영화감독 토비에게 투사한다. 돈의 논리에 복무하는 자본과 영화산업의 파렴치함을 사업가와 제작자에 빗대는 길리엄은 노인과 함께 신화의 세계로 퇴행하며 산초가 되어버리는 토비처럼 마지막까지 시대착오적인 낭만주의자로 남을 것임을 천명한다. 반문명, 반이성, 반역사의 기치를 들고 영화 역사의 한 페이지에 자신의 낙인을 아로새긴 상상력의 대가는 끝끝내 자본과 합리주의가 지배하는 세속과 불화하며, 그다운 방식으로 자신의 시대를 마감하는 것이다.

낭만주의자, 자본과 산업의 제국에 맞서다 〈포드 V 페라리〉 2019

"과하게 순수해." 〈포드 V 페라리〉2019에서 레이싱은 하나의 알리바이에 지나지 않는다. 1966년도 르망 24시간 레이스 경기 장면을 재현한 클라이맥스를 비롯해 이 영화의 카레이싱 시퀀스는 스티븐 맥퀸이 68년형 포드 머스탱 GT를 몰았던 〈블리트〉1968 이래 가장 뛰어난 완성도와 박력을 자랑한다. 그러나 제임스 맨골드의 관심은 레이싱 시퀀스 자체에 있지 않다. 그는 역사적 이벤트를 만들어가는 과정 속에서 벌어지는 인간 군상의 모습과 두 주인공의 심리 표현에 초점을 맞춘다. 놀라운 건 이 영화가 드라마를 스펙터클을 전시하기 위한 핑곗거리로 손쉽게 소모해버리는 오늘날 상업영화의 경향에서 완벽히 벗어나 있다는 점이다. 우리는 레이싱 영화의 활동사진적 쾌감이 농밀한 감성의 휴먼드라마와 씨실과 날줄처럼 엮이는, 드라마와 스펙터클이 분리되지 않고 한 몸을 이루는 영화의 한 이상을 발견하게 된다. 이것은 현대의 클래식이다.

헨리 포드 2세가 포드사의 공장으로 들어오는 장면에서 관객은 현대 자본주의의 진풍경을 목격한다. 문자 그대로의 포드주의Fordism, 기계 설비의 작동에 맞추어 인간 활동을 제약하고 통제함으로써 생산 효율의 증대를 꾀하는 산업현장의 일사불란한 풍경은 몇 개의 이미지만으로 삭막해진 현대의 분위기를 단적으로 웅변한다. 그러나 대규모 시스템이 낳는 건 천편일률적인 제품일 뿐, 작품은 아니다. 포드의 몰개성한 공산품으로는 페라리의 섬세한 예술품을 이길 수 없다. 캐롤 셸비맷 데이먼과 켄 마일스크리스찬 베일의 작업 방식은 다르다. 두 사람은 컴퓨터가

수집한 데이터보다는 베테랑 레이서로서 단련된 경험과 감을 더욱 신뢰하며, 공장제 시스템이 아닌 아날로그 가내수공업의 방식으로 이상적인 레이싱 카를 만들어나간다.

관객은 〈스타워즈 에피소드 4 - 새로운 희망〉1977 또는 〈스피드 레이서〉2008의 테마가 다른 외양의 껍데기를 쓰고 부활하는 것을 본다. 그렇다. 이것은 순수와 열정을 믿는 두 사람의 시대착오적 낭만주의자가 자본과 숫자만을 맹신하는 산업 시스템, 기술문명의 제국에 맞서 싸우는 '돈키호테' 풍의 이야기이며, 세상에 '작품'을 남기고자 하는 예술가와 '상품'을 기획하는 데 혈안이 된 장사꾼이라는, 서로 극단적으로 다른 두 인간 유형 간의 충돌을 그린 영화다. 서부극 〈3:10 투 유마〉2007에서 보았듯 맨골드는 우리 시대에 얼마 남지 않은 낭만주의자이다. 그는 우리 시대에 잃어버린 것이 무엇인가를 환기시키며, 관객의 내면으로부터 가장 근원적인 감동을 끌어내고자 한다.

둘이 거둔 승리는 포드의 업적으로 날치기당한다. 그러나 작업을 지속할 수 있다는 것만으로도 그들은 만족해야 할 따름이다. 캐롤과 켄은 기업의 하수인이 되기엔 맞지 않는 인물들이지만, 꿈을 실현하기 위해서 때로는 타협하고, 고개를 숙일 수밖에 없다는 딜레마를 받아들여야만 한다. 영혼도 이해심도 없는 자본과의 긴장 속에서 예술art을 완성시켜야 하는 사람들의 역경과 희생. 그런 점에서 〈포드 V 페라리〉는 영화를 만들어가는 과정과 창작자의 숙명에 관한 은유로서의 메타 시네마이기도 한 것이다. 스콜세지의 〈아이리시맨〉2019에 이어서 맨골드는 '영화다운 영화'가 실종되어가는 오늘의 추세에 다시 한번 경종을 울린다.

〈행복한 라짜로〉2018에서 흥미로운 점은 배우들에게서 '연기'를 배제한 것이다. 알리체 로르와커 감독은 배우가 어떤 감정을 섣불리 전달하는 걸 허락하지 않는다. 행동과 대사에 꾸밈없도록, 간결해지도록 연기에서 힘을 덜어내려 한다. 주인공을 맡은 아드리아노 타르디올로는 영화에서 별다른 연기를 하지 않는다. 단지 극 중 라짜로의 역할 그대로 성실하게 노동하고 걷고 그 장소에 존재할 따름이다. 마찬가지로 영화의 모든 배우들은 각자 맡은 배역에 대해 설명하는 순간 없이, 그들이 처한 환경에서의 삶을 있는 그대로 묘사한다. 로르와커는 인물이 관객에게 다가가는 대신, 인물의 시야와 경험을 공유함으로써 관객으로 하여금 인물에게 다가가도록 유도한다. 이런 경우 영화가 다큐멘터리처럼

밋밋해지리라 여기기 쉽다. 하지만 우리는 보통의 영화들이 감정을 지시하고 강요할 때보다 더욱 풍부한 서정을 느끼게 된다.

라짜로는 투명한 백지처럼 자신의 감정과 호오를 드러내지 않는다. 티 없는 얼굴과 짙고 검은 눈동자, 호수의 수면마냥 평온하고 큰 눈은 사람이라기보다는 사슴 같은 온순한 초식동물의 인상을 준다. 그리고 우리는 그가 겪는 상황, 주변 사람들로부터 받는 대접이 어떠한지를 목격한다. 탄크레디 후작부인은 담배 농장 소작농으로 마을 주민들을 착취하고, 그런 마을 주민들은 라짜로를 노비처럼 부려먹는다. 후작부인의 아들은 촌동네 인비올라타를 떠나 도시로 가고 싶어한다. 마을 사람들의 욕망은 지극히 세속적인 사실성을 지닌다. 그러나 이들의 동기와 갈등은 순진무구한 라짜로의 입장에서는 이해되지 않는 것이다. 영화는 세속적 욕망을 넘어가 있는 존재, 순진무구한 타자의 시선을 통해 일그러진 세속의 풍경을 훑고자 한다. 〈행복한 라짜로〉는 로베르 브레송의 〈당나귀 발타자르〉1966를 사람으로 바꾸고 타비아니 형제가 찍은 촬영분에 펠리니가 간섭해 〈아마코드〉1974의 마술적인 순간들을 덧댄 영화 같다.

1980년대 이탈리아에서 벌어진 사건을 바탕으로 했다지만 영화는 실화의 재현이 아닌, 모티브만 따온 한 편의 우화가 되고자 한다. 영화는 라짜로가 절벽에서 추락해 의식을 잃는 장면을 기점으로 나뉘는 2부 구성을 취한다. 그를 제외한 모든 인물들이 세월의 흐름 속에서 나이를 먹었고, 세상은 바뀌어 있다. 〈행복한 라짜로〉는 상이한 두 개의 시간대를 평행선에 놓고 전개된다. 인비올라타에서의 전반부가 전근대적 봉건 사회를 표상한다면, 도시에서의 후반부는 현대 자본주의의 세속이다. 경찰이 개입해 주민들을 풀어주었듯 근대 사회의 도래는 신분제에 예속된 '신민'들을 국가nation 안에서 평등한 '국민'으로 만들어 주었다. 그렇다면 계급 해방은 이루어진 것인가? 그렇지 않다고 감독은 답한다. 장원에 예속된 농노는 시대가 바뀌어도 끝내 도시 하층민에 지나지 않는다. 포스트모던은 결국 새로운 중세일 뿐이다.

주민들은 결코 선량하지 않다. 이들 역시 살기 위해 타인을 착취하고 사기 치길 서슴지 않는다. 그럼에도 라짜로는 대지의 저주받은 자들, 시대로부터 버림받은 이들의 편에 선다. 인간의 본성은 이기적이고 추악하며, 어쩌면 사랑받을 자격 따윈 없는 것인지도 모른다. 그러나 중요한 건 '그럼에도 불구하고' 인간 존재를 사랑하지 않으면 안 된다는 것이다. 그렇다. 그럼에도 불구하고. 영화가 성취할 수 있는 휴머니즘의 정수가 여기에 있다.

혐오를 넘어 사랑과 연대를 〈셰이프 오브 워터〉 2017

〈셰이프 오브 워터〉2017는 사랑이야기에 앞서, 낯선 타자를 대하는 상반된 두 태도에 대한 이야기이다. 우주연구소의 청소부로 일하는 엘라이자샐리 호킨스는 우연히 연구소재로 잡혀 온 괴생물체 양서류 인간을 만나게 된다. 실험대상이라기보단 범죄자처럼 고문당하는 그에게서 연민을 느끼고 교감하는 엘라이자의 반대편에는 양서류 인간을 야만적인 괴물로 취급하며 폭력을 휘두르는 보안담당자 스트릭랜드마이클 섀넌가 배치되어 극단적인 대비를 이룬다. 양서류 인간이 해부될 날짜는 다가오고 일라이자와 동료들은 양서류 인간의 목숨을 구하기 위한 작은 작전에 돌입한다.

1963년이라는 시간적 배경은 영화의 주제의식과 밀접한 연관성을 갖는다. 미국과 소련 간의 대립이 격화되어 가던 냉전기. 적대 진영의 동조자가 내부에 있을지 모른다는 의심과 공포가 만연해 있는 한편으로는, 주류의 가치관으로부터 벗어난 타자들은 정상적 삶의 주변부로 내몰려 차별과 배제의 대상이 되었다. 장애인 여성과 흑인 동료, 동성애자 화가와 양국 사이에서 경계인으로서 고뇌에 빠진 과학자 등 다양한 층위를 아우르는 〈셰이프 오브 워터〉의 주역들은 모두 시대의 소수자들이다. 〈검은 늪지대의 생명체〉1954를 오마주한 양서류 인간 또한 냉전 시기 양산된 B무비의 괴물들이 소련의 침략에 대한 상상적 공포를 반영한 산물이었다는 비평의 전통적 관점을 상기시킨다.

반면 악역으로서 스트릭랜드는 백인 우월주의와 가부장적 보수주의

등 당대 백인 남성의 가치를 대변하는 화신으로 등장한다. 그는 직장에서나 가정에서나 항상 상관 또는 아버지라는 수직적 위계의 정점에서 일방적으로 명령을 강제하고 타인을 굴복시키고자 하는 지배욕에 차 있으며, 타자에게서 오로지 자신을 해치려 한다는 위협성밖에 보지 못한다. 잘려 나간 손가락으로 은유되는 남근 중심주의. 자기 동일성이라는 단일한 기준에서 오직 타자를 통제와 착취의 기준으로서만 바라보는 근대적 인간-남성의 오만함. 신-아버지의 이름으로 우월한 것과 열등한 것을 분류하고 권력을 행사하려는 그의 오이디푸스적 가족 이데올로기는 곧 전체주의totalitarianism로 귀결된다.

"절망과 버림받음일 뿐 남성적 힘이고 오만이며 주권이다."(레비나스, 「시간과 타자」) 그리고 영화는 엘라이자와 주변인물들이 양서류 인간과 맺는 관계를 통해 괴물-소수자에 대한 차별과 배제가 편견에 찬 이데올로기의 산물이라는 점을 명확히 보여준다. 삶은 달걀과 음악을 건네고 존재의 목소리에 귀를 기울이려는 친화적인 태도 앞에서 인간과 괴물, 피아彼我를 나누던 적대의 경계선은 허물어지고, 낯선 괴물 또한 더불어 살아갈 수 있는 유익한 이웃이자 연인이 될 수 있다. 정상적인 인간-남성을 자부하던 스트릭랜드는 타자를 적대함으로 인해 비非 인간이 되고, 비-인간으로 칭해지던 괴물과 소수자들은 사랑과 연대를 통해서 인간-되기be-human를 실천하는 이 통렬한 역설이야말로 〈셰이프 오브 워터〉의 핵심이다.

수조의 유리창을 거울처럼 마주하고 만났던 엘라이자와 양서류 인간 둘은 물속에서, 무중력의 공간에서 마침내 서로를 끌어안는다. 그렇다. 물water에는 형태shape가 없듯, 사랑과 연대에 어떠한 벽과 경계도 있을 수 없다. 혐오와 배제의 기운이 만연한 현금現今에 있어 〈셰이프 오브 워터〉가 던지는, 작지만 아름다운 희망의 화두이다.

'차이와 반복'을 긍정하며 〈패터슨〉 2016

"네가 현재 살고 있는 지금까지 살아온 생을 다시 한번, 나아가 수없이 몇 번이고 다시 살아야만 한다. 거기에는 무엇 하나 새로운 것이 없을 것이다. 일체의 고통과 기쁨 일체의 사념과 탄식, 너의 생애의 일일이 열거키 힘든 크고 작은 일이 다시금 되풀이된다.(…) 너는 이것이 다시 한번, 또는 수없이 계속 반복되기를 원하느냐?"(니체, 『즐거운 지식』)

짐 자무시의 〈패터슨〉2016은 철학자 니체의 질문에 대한 하나의 응답과도 같은 영화다. 버스 운전기사 패터슨의 일상에는 이렇다 할 사건의 기승전결이 존재하지 않는다. 영화는 한 소시민의 반복되는 삶의 일주일을 일체의 흥분과 자극 없이 따라간다. 늘 하던 대로 아침에 시간 맞춰 일어나 아내와 대화하고, 버스를 운전하며 패터슨 시의 이곳저곳

을 누비며 접하는 사람들의 이야기에 귀를 기울인다. 일을 마친 뒤 돌아와서는 애완견과 산책하다 바에 들르는 것으로 일과를 마무리하며 살아가는 삶에 만족을 느낀다. 또한 그는 아마추어 시인이기도 하다. 일하는 틈틈이 일상에서 건져 올린 시상詩想을 그만의 비밀노트에 적어두곤 한다.

다람쥐 쳇바퀴 돌 듯 일정한 자장磁場에 묶여 있는 영겁회귀永劫回歸의 일상. 그러나 자무시는 일상의 평범성 속에서 비범한 무언가를 발견해내려는 예민한 시인의 감각으로 영화를 직조한다. 〈패터슨〉의 카메라는 집과 정차장, 버스, 바 등 항상 같은 곳을 맴돌지만, 매번 각도와 위치를 바꾸며 공간을 다르게 바라본다. 승객들의 수다는 내용이 달라지며, 곳곳에 쌍둥이가 출현하지만 각기 위상을 달리하는 다른 사람들이다. 같은 길을 지나가더라도 언제나 똑같은 풍경과 사물을 목격하지는 않는다. 헤라클레이토스의 비유처럼 흐르는 물을 바라보더라도 그 물은 이미 지나간 물과는 다르며, 설령 같은 것을 보더라도 그로부터 얼마든지 새로운 시상을 발견할 수 있다.

아내가 장식한 집안의 벽지와 커튼, 컵케이크에서 보듯, 영화의 미장센은 원형과 물결무늬라는 두 개의 패턴을 자주 보여준다. '순환과 흐름'의 모티브에 대한 상징적 표현. 삶은 큰 틀에서 바라보면 동일한 양상의 반복처럼 여겨지지만, 세밀히 들여다보면 미세한 다름과 변화가 미처 의식하지도 못하는 층위에서 일어나고 있다. 평소 작업실에 두었던 노트를 무심코 소파에 던져둔 페터슨의 상황처럼 그런 차이들이 결정적인 순간 삶의 국면을 뒤바꾸게 된다. 시간은 원형圓形을 이루며 흐르고, 그 안에서 동일한 것들이 무한히 되풀이되지만, 이러한 순환의 근간에는 무수한 차이와 잠재적 다양성, 변화의 가능성들이 깃들어 있다. 동일성의 이면에 자리한 '차이 그 자체'(질 들뢰즈, 『차이와 반복』). 자무시는 이 점을 이해하는 영상철학자이다.

일상의 세부로부터 길어 올린 언어의 결이 겹겹이 쌓여 한 편의 시를 이룬다. 비록 비밀노트는 시간의 재가 되었지만, 패터슨은 "이것이 삶이었던가? 자, 그렇다면 다시 한번!"(니체, 『차라투스트라는 이렇게 말했다』)을 외치며 새로 받은 노트의 빈 여백에 풍부한 사람의 무늬人文를 새겨나갈 것이다. 〈패터슨〉은 일상을 넘어 보다 근원적인 차원을 사유하려는 노대가의 역작이다. 차이를 긍정하며 허무로부터 삶을 구해내려는 일말의 긍정이 이 영화에 있다.

불쾌한 골짜기를 넘어서 〈알리타—배틀엔젤〉 2019

‘불쾌한 골짜기不気味の谷: Uncanny Valley’란 말이 있다. 일본의 로봇 공학자 모리 마사히로가 제기한 이론으로 인형이나 휴머노이드humanoid(인간과 유사한 형태의 로봇)가 인간의 형상을 닮아갈수록 호감도가 올라가지만, 인간과 유사성이 일정한 수준을 넘어서면 도리어 거부감을 준다는 심리적 현상을 이름이다. 2015년에 공개된 로봇 에리카ERIKA의 경우를 보자. 젊은 여성의 외모와 목소리를 갖고 인간이 무심결에 취하는 작고 미세한 표정과 동작까지 재현해냈으며, 심지어 상대의 목소리와 행동을 파악해 감정을 표현하고 자율적으로 대화하는 수준으로까지 인공지능을 끌어올렸다. 그럼에도 이 로봇을 보고 있으면 어딘가 불편함을 느끼게 된다.

로봇 공학 분야에서 제창된 개념이지만 ‘불쾌한 골짜기’는 영화에서도 종종 이야기되곤 한다. 3D 캐릭터로 일정 부분 배우의 몫을 대체하게 된 디지털 영화에서 ‘불쾌한 골짜기’는 아직 넘어서야 할 과제로 남아 있다. 현재 컴퓨터 그래픽 기술은 최종적으로 인간의 형상을 완벽히 재현하는 걸 목표로 한다. 그러나 3D 캐릭터를 보고 있으면 분명 인간의 외형을 하고 있음에도 묘한 섬뜩함을 느끼게 된다. 〈폴라 익스프레스〉2004와 〈베오울프〉2007의 경우, 등장인물의 디자인에 있어 극사실적인 표현을 추구했음에도 관객들은 그로부터 미묘한 이질감을 포착하고 공포를 호소했다. 표현의 세밀함은 증가했지만 모션 캡처 기술이 눈의 깜빡임이나 동작의 미세한 흔들림, 근육의 작은 변화 등, 인간적인 디테

일을 포착하지 못해 '불쾌한 골짜기'를 유발한 것이다.

이러한 '불쾌한 골짜기'를 극복할 수 있는 방법은 두 가지가 있다. 먼저 실사와 구별이 안 가는 수준으로 형상과 동작을 재현할 수 있을 때까지 센서와 그래픽의 밀도를 높이는 방법, 그리고 있는 그대로의 사실적인 표현을 포기하는 대신 적절하게 데포르메déformer(형상의 일부를 변형, 왜곡하는 기법)하여 특징을 부각시킴으로써 친근감을 자아내는 미술적인 접근법이 그것이다. 〈인크레더블〉2004이나 〈인사이드 아웃〉2015과 같은 픽사와 디즈니의 3D 애니메이션은 당연히 후자를 취한다.

〈알리타—배틀 엔젤〉2019에서 제작을 맡은 제임스 카메론은 이 둘을 교묘히 절충한다. 머리카락의 결이나 피부의 질감은 실사를 방불케 하는 세밀함을 보여주지만 주인공 알리타의 눈과 동공의 크기를 키웠다. 이는 원작 만화 『총몽』의 디자인을 존중하는 것이기도 하지만, 실은 '불쾌한 골짜기'를 교묘히 우회하기 위한 미학적 전략에 더 가까울 것이다. 안구에 빛의 반사를 적용해 살아있는 눈을 만들고 큰 눈에 감정의 표현을 집중시킴으로써 '인간'과 똑같진 않지만 '인간성'이 느껴지는 캐릭터를 만든 것이다. 이는 인간의 기본적인 형태를 길게 늘여 데포르메하고 고양이의 눈을 접목해 나비족을 디자인했던 〈아바타〉2009의 연장선상에 있다.

극 중 휴고는 알리타에게 '인간보다 더 인간답다'고 말한다. '인간보다 더 인간다운' 캐릭터를 구현하려는 디지털 기술의 욕망이야말로 이 영화의 주제 그 자체일 것이다. 그러고 보면 애니메이션의 어원인 라틴어 아니마anima가 실은 인간의 영혼을 뜻하는 말 아니던가? 우리는 지금 실사와 애니메이션, 아날로그의 인간과 디지털 캐릭터의 경계가 허물어져가는 존재론적 과도기에 서 있다.

'포스'의 철학을 잃은 최종장

〈스타워즈—라이즈 오브 스카이워커〉 2019

조지 루카스가 〈스타워즈 에피소드 4—새로운 희망〉1977을 내놓았을 당시, 그는 이 영화가 장대한 시리즈로 확장되리라곤 상상하지 못했다. 개봉 당시 영화의 제목은 단순히 〈스타워즈〉였다. 내부 시사회에서 첫 편집본을 본 동료들은 영화가 망할 것이라 생각했다. 〈대부〉1972와 〈시스터즈〉1973로 주가를 올리고 있던 프란시스 포드 코폴라와 브라이언 드 팔마는 영화가 유치하다고 비웃었고, 성공할 것이라 장담한 사람은 〈미지와의 조우〉1977를 작업 중이던 스티븐 스필버그와 훗날 〈갱스 오브 뉴욕〉2001의 시나리오를 쓰는 평론가 제이 콕스뿐이었다. 그러나 영화는 공전절후의 흥행을 기록하며 헐리우드의 판도를 뒤바꾸었고,

〈스타워즈—라이즈 오브 스카이워커〉2019에 이르기까지 40년이 넘도록 대중의 사랑을 받는 시리즈가 되었다.

오래 살아남는 영화들은 얼핏 보면 유치하고 단순해 보인다. 그러나 옛날 동화 같은 이야기의 심층에는 심대한 사상이 담겨 있고, 관객의 의식에 호소해 불멸의 생명력을 얻곤 한다. 〈스타워즈〉는 대규모 특수효과 블록버스터의 효시이지만, 이 영화를 성공시킨 원동력은 작품이 담고 있는 정신적 가치관이었다. 루카스는 호메로스의 『오디세이아』와 같은 고대 신화의 중심 모티브인 '영웅의 여정'이라는 단순한 이야기 틀을 답습하면서, 한 개인의 성장 드라마와 그 과정에서 직면하게 되는 선과 악의 본질에 대한 근원적이고 철학적인 질문을 담았다.

〈스타워즈〉 시리즈는 인간의 행동에 따라 발현되거나 성취되기도, 반대로 억압되어 일그러지기도 하는 생명과 인간성에 관한 영화이다. 영화를 보면서 관객은 루크 스카이워커처럼 '가슴 속 깊이 잠재된 자신의 인간성을 긍정하며 살아가는 인간이 될 것인가?' 아니면 다스 베이더처럼 '제복과 헬멧으로 자신의 인간성을 부정한 채 조직의 일부가 되어 선악의 분별을 잃은 기계처럼 살아갈 것인가?'라는 질문을 마주하게 된다. 시리즈가 지켜온 이러한 주제는 〈스타워즈—깨어난 포스〉2015에서 헬멧을 벗고 제국의 일부가 되길 거부하는 탈영병 핀이나 〈스타워즈—라스트 제다이〉2017에서 자신의 정체성을 찾는 도전에 직면한 레이를 통해 일관되게 관철되었다.

그런 의미에서 〈스타워즈—라이즈 오브 스카이워커〉는 완벽한 실패작이다. 〈라스트 제다이〉에 쏟아진 팬덤 일각의 비난에 당황한 감독 J. J 에이브람스와 제작자 캐슬린 케네디는 전작을 부정하며 한 편에 2~3편의 플롯을 욱여넣는 무리수를 감행했고, 그 결과는 정신 차릴 틈을 주지 않으려는 듯 쉴 새 없이 이야기 단락을 건너뛰는 난삽한 편집과 좀처럼 납득하기 어려운 구멍투성이의 서사로 돌아왔다. 〈라이즈 오브 스카이워커〉에서는 전작들이 블록버스터의 역할을 충족시키는 가운데 지속해 왔던 신화적, 철학적 심도를 단 한 순간도 찾아볼 수 없다. 무엇보다도 시리즈의 중심을 이루는 '포스'의 개념을 철저히 파괴해 버렸다. 인간의 선택에 따라 선한 힘으로 발현되기도, 폭력과 파괴의 힘으로 일그러지기도 하는 포스에 관한 윤리적 성찰은 사라진 대신 일차원적 수준으로 펼쳐지는 초능력의 과시만이 스크린에 명멸한다.

〈스타워즈〉 시리즈의 최종장은 깊은 여운을 안겨주었어야 할 의무가 있었다. 그러나 이 영화는 시리즈 본연의 메시지를 망실한 채, 오로지 관객의 시선을 현혹시키는 데만 골몰하는 141분짜리 불꽃놀이로 전락하고 말았다. 이토록 허망하고 덧없는 시리즈의 몰락은 일찍이 없었다.

'인간다움'에 대한 더욱 깊어진 사유 〈블레이드 러너 2049〉 2017

〈블레이드 러너 2049〉2017는 기술 문명이 고도로 발전했지만 온통 폐허로 변한 미래의 어떤 시기를 다룬다. 사이버 펑크의 걸작으로 손꼽히는 〈블레이드 러너〉1982로부터 한 세대 지난 뒤의 이야기. 식량 문제를 해결한 초국적 기업 월레스사는 유전공학 회사 타이렐사의 유산을 인수해 '레플리컨트'라 불리는 복제 인간의 새로운 모델을 생산하는 한편, '블레이드 러너'라 불리는 현상금 사냥꾼들은 반란을 일으킬 위험을 가진 구세대 레플리컨트를 찾아내 처형한다. 통제를 벗어난 레플리컨트를 사냥하던 K는 한 여성 레플리컨트 유골에서 출산의 흔적을 발견하고, 태어난 아이의 존재를 추적하면서 의외의 진실과 마주한다.

동일한 기억을 주입하고 사는 복제 인간이라는 영화의 모티브는 근대 자본주의 사회의 특징과 궤를 같이한다. 인형人形이 된 사람들. 근대 사회는 인간들에게 한 사회 시스템의 성원으로서 어떻게 행동해야 하는지 지시하는 프로그램을 몸과 마음이 각인하도록 반복적이고 지속적으로 주입한다. 가정에서 학교, 군대, 직장 등에 이르는 일련의 사회화 과정은 신체의 습속을 바꾸고 주류 이데올로기, 질서와 규범을 습득해 나가는 공정이며, TV와 영화, 책과 같은 매체를 접하면서 외부로부터 나의 정체성과 가치관을 형성해 나가게 된다. 세뇌에 가까운 기준선 테스트를 받는 K의 모습처럼, 자본주의 국가의 시민으로 사는 일상은 그 자체가 순응적인 구성원을 양성하기 위한 일종의 프로그래밍인 것이다.

구조주의 철학자 루이 알튀세르는 『이데올로기와 이데올로기적 국

가장치』에서 의식을 조작함으로써 개인을 통제하는 이런 근대사회의 속성을 두고 '호명interpellation'이라 부른 바 있다. 기억의 복제와 조작, 사회화는 알튀세르가 말하는 '호명'을 기술적 상상력으로 비튼 철학적 은유이다. 타자의 욕망을 욕망하고, 타자의 기억과 목소리를 자신의 것으로 착각한 채 사는 레플리컨트와 국가와 자본의 목적에 복무하도록 프로그래밍이 된 실제 인간 사이의 경계는 흐려져 있다. 인간들은 레플리컨트인 K를 두고 껍데기skinner라 모욕하지만 원본과 복제, 실재와 가상의 경계가 무너져버린 포스트 모던의 우주에선 아무 의미가 없다. 모두가 껍데기다!

이러한 허무주의적 상태로부터 빠져나올 방법은 없을까? 빗속을 터덜터덜 걸어가던 K가 전광판의 광고를 보고 심경의 변화를 일으키는 장면은 영화의 중요한 메시지를 전달한다. K는 원본을 지키기 위해 위장된 복제이고 홀로그램 연인 조이는 기업의 제품에 지나지 않지만, 자의로 명령을 거부하고 선택과 행동, 경험과 감정을 통해 꼭두각시 인형을 넘어선 인격적 주체가 된다. 데커드의 딸 스텔라가 복제 인간의 기억을 제작하는 프로그래머이자 월레스사의 하청업자로 살아가는 것과 원본을 넘어선 '인간적인, 너무나 인간적인' 존재 K는 아이러니한 대조를 이룬다.

드니 빌뇌브는 한 인간의 진정한 인간성이란 그가 태어난 기원이 아니라 자발적인 선택과 행동에 있다는 〈블레이드 러너〉의 명제를 새롭게 재현한다. 이로써 〈블레이드 러너 2049〉는 〈블레이드 러너〉의 세계관을 넘어 심층에 자리한 철학까지 이어받은 훌륭한 계승자가 되었다.

4부 영화사의 순간(들)

"내가 개방적이지 않은 것도, 새로운 기술과 그것이 주는
가능성을 높이 평가하지 않는 것도 아니다.
(…) 하지만 내가 살아 있는 동안은 새로운 세대가 모르고 있는 것,
즉 큰 스크린이 관객에게 주는 매혹의 힘을 위해 싸우고 싶다."

페드로 알모도바르

불타는 타란티노의 연대기

"영화는 나의 종교이며 신은 나의 후원자다.
영화를 만들 때는 영화만을 생각하며 목숨도 걸 수 있다."

쿠엔틴 타란티노Quentin Tarantino : 1963 ~

1. 인디펜던트의 신화가 된 타란티노의 데뷔작

〈저수지의 개들〉 1992

비디오 가게 점원으로 일하며 손님과 영화에 관한 잡담을 나누는 걸로 소일하던 20대 청년은 어느 날 한 손님에게 루이 말의 〈굿바이 칠드런〉1987를 추천하다가 퇴짜를 맞는다. 이때 프랑스어 원제 'Au revoir les enfants'의 발음을 잘못 들은 손님은 "창고Reservoir 영화는 볼 생각 없다."며 퉁명스럽게 답했고 이 말에 청년은 신선한 충격을 받는다. 만약 나중에 영화를 만들게 된다면 반드시 '저수지Reservoir'라는 단어를 제목에 넣겠다고 작심한 이 점원은 훗날 영화계의 슈퍼 루키로 떠오를 천재 쿠엔틴 제롬 타란티노로, 그의 데뷔작은 결심한 바에 샘 페킨파의 〈어둠의 표적〉1971의 원제 '지푸라기 개Straw Dogs'를 덧붙인 〈저수지의 개들〉1992이 되었다.

플롯과는 전혀 무관한 내용으로 관객의 시선을 잡아당기는 도입부의 대화처럼 〈저수지의 개들〉이란 말에는 실은 아무 의미도 없었다. 타란티노는 1993년 TV 영화프로그램 〈무빙 픽처Moving Pictures〉와의 인터뷰에서 자신도 무슨 뜻인지 전혀 모르며, 다만 이야기의 분위기와 잘 맞아서 붙였다고 고백한다. 재미있는 건 영화를 만들 당시에는 제작자들을 상대로 그럴듯한 '뻥'을 지어내 해명했다는 사실이다. 명료하고 자신감 있게 이야기하지 않으면 투자가 무산될지도 모른다고 판단한 타란티노는 "프렌치 느와르에서는 비밀을 폭로하는 밀고자 쥐새끼Rat를 두고 '저수지의 개들Reservoir Dogs'이라고 한다."는 식의 알리바이를 즉석에서 지어냈다. 심지어 그 말이 쓰이는 영화로는 이런저런 영화가 있다는 식의 거짓 근거를 꾸미기까지 했는데, 영화지식이 일천했던 제작자들은 타란티노 특유의 장광설로 풀어낸 이 '뻥'에 감쪽같이 속아 넘어갔다. 명감독 타란티노의 전설은 그렇게 시작되었다.

황혼에서 새벽까지—불타는 타란티노의 연대기

쿠엔틴 타란티노는 1963년 3월 27일 테네시주 녹스빌에서 태어났다. 아버지는 배우를 지망하던 이탈리아계 법대생 토니 타란티노였고 어머니는 간호사가 되기 위한 수업을 하던 코니 맥휴로 체로키 인디언과 아일랜드 이민자의 혼혈이었다. 그의 이름인 쿠엔틴Quentin은 어머니가 붙인 것으로 그녀가 평소 인상 깊게 보았던 CBS의 서부극 TV 시리즈 〈건스모크Gunsmoke〉에서 배우 버트 레이놀즈가 맡았던 배역의 이름을 따온 것이었다. 부모의 결혼생활은 그다지 화목하지 못했고 금세 남편과 결별한 어머니 코니는 3살인 아들을 데리고 친정인 녹스빌로 돌아가 학업과 육아를 병행하다가 로스앤젤레스의 사우스베이로 옮긴다. 이때부터 타란티노는 어머니의 잦은 이혼으로 로스앤젤레스 안을 이리저리 맴돌면서 유년기를 보내게 된다.

어머니를 따라 극장을 들락거리게 된 타란티노는 별다른 제지 없이 성인들이 보는 영화를 접하며 자라게 된다. 8세 때 마이크 니콜스의 〈애정과 욕망〉1971을, 9세 때는 존 부어만의 〈서바이벌 게임〉1972을 보았다고 하니, 미래에 있을 범상치 않은 영화적 선구안은 떡잎 시절부터 마련되고 있었던 셈이다. 14세 무렵, 피자를 훔치는 도둑에 관한 이야기로 「캡틴 솜털과 앤초비 도둑Captain Peachfuzz and the Anchovy Bandit」이

란 제목의 첫 시나리오를 집필하는데, 이 초년의 장난스러운 각본은 할 니드햄의 〈스모키 밴디트〉1977로부터 많은 영향을 받은 습작으로 범죄물과 블랙코미디에 능통하게 될 그의 영화적 취향이 어디에서 기인하는지를 엿볼 수 있다. (공교롭게도 〈스모키 밴디트〉의 주연은 타란티노의 이름을 결정지은 배우 버트 레이놀즈였다.)

틀에 박힌 학교생활을 싫어했고 모범생과는 거리가 멀었던 타란티노는 16세에 나본 고등학교를 자퇴하고 사회생활 초년생이 된다. 그의 첫 직장은 푸시캣Pussycat이란 이름의 포르노 극장에서 일하는 매표소 직원이었고, 이 시기에 제임스 베스트 극단James Best Theatre Company에 등록해 연출보조(라지만 실상은 잡역부)로 일하며 체계적인 배우 수업을 받게 된다. 2년 만에 때려치웠지만 이때의 경험은 TV 시트콤 〈금빛 소녀들Golden Girls〉의 1988년 11월 에피소드에 엘비스 프레슬리를 코스프레한 사람 중 한 명으로 출연한 이래, 자신이 연출한 영화나 〈황혼에서 새벽까지〉1996, 〈스키야키 웨스턴 장고〉2007의 주연, 단역 등 배우로서 의외로 출중한 연기력을 뽐내는 자산이 되었으며, 더 나아가 훗날 그의 작품에 출연하게 될 얼굴들 상당수와의 인연을 여기서 맺게 된다.

22세가 된 타란티노는 맨해튼 비치의 비디오 가게인 비디오 아카이브Video Achieves의 점원이 되어 27세가 되기까지 영화 독학자로서 5년을 보내게 된다. 이 가게에서 보낸 세월을 두고 타란티노는 '나의 영화학교'라고 애정을 갖고 회상하는데, 이 시기 그는 하루 종일 장르와 고금을 막론하고 온갖 종류의 영화를 섭렵해 자신의 영화 지식을 업데이트해갔으며, 그로부터 받은 영감을 준비하던 여러 습작 시나리오에 녹여내는 등 평생의 자산이 될 공부를 쌓아나갔다. 그러나 '나의 영화학교'에서 보내는 나날이 길어지면서 타란티노는 '내가 영화인으로서 살아갈 수 있는가?'라는, 자신의 장래에 대한 심각한 회의와 고민에 빠지게 된다. 성공한 뒤 영화 잡지와의 인터뷰에서 "27세 때 나는 스스로가 인생의 패배자로 느껴졌다. 22세 때 점원을 하는 건 괜찮다. 그러나 27세 나이를 먹을 때까지 그걸 하는 건 다른 문제다."라며 이때의 마음고생을 토로한 적도 있을 정도였다.

그러나 '준비된 자' 타란티노의 실력이 세상의 빛을 보게 될 기회는 알게 모르게 점점 다가오고 있었다. 비디오 아카이브는 당시 할리우드 관계자들이 자주 들락거리던 장소 중 하나였고, 손님과 농담 따먹듯 영화 이야기를 하면서 모르는 게 없다시피 박식함을 뽐내는 괴짜 영화광에 대한 소문은 은연중에 할리우드에 퍼져나가고 있었던 것이다. 평생의 은인이자 〈바스터즈—거친 녀석들〉2009까지 함께 하게 되는 영화제작자 로렌스 벤더를 만나는 기연奇緣을 얻은 것도 바로 이 시기였다. 단순한 영화광이 아니라 스토리텔러이자 연출가로서 타란티노의 잠재성을 눈여겨본 벤더는 금세 의기투합했고, 벤더의 격려에 힘입은 타란티노는 1987년, 첫 영화인 〈내 절친한 친구의 생일My Best Friend's Birthday〉

을 만들게 된다. 이 작품은 편집 과정에서 필름의 마지막 릴이 화재로 불타버리는 불운으로 미완에 그치고 말지만, 대신 이 영화의 아이디어 중 많은 부분은 토니 스콧의 〈트루 로맨스〉1993를 위한 각본을 쓰는 바탕이 된다. (〈트루 로맨스〉의 주인공 클래런스 월리는 만화가게 아르바이트로 밥벌이를 하면서 쉬는 날에는 동시상영관에서 소니 치바 주연의 액션영화를 보는데, 이는 각본을 쓸 무렵 타란티노 자신의 생활상을 그대로 투영한 묘사이다. 원래 각본에는 클래런스가 죽고 앨라배마는 다른 범죄에 가담하는 걸로 끝나는 암울한 엔딩이었지만, 토니 스콧은 두 사람이 살아남는 해피엔딩으로 바꾸었으며, 타란티노 특유의 비선형적 서사구조도 시간 순서를 따르는 선형적인 구조로 바꾸었다. 촬영이 시작된 직후에 엔딩의 변경을 안 타란티노는 항의하려 했지만 주연이었던 크리스천 슬레이터가 몸소 찾아와 타란티노를 설득했다. 나중에 완성된 영화를 본 타란티노는 만족스러워하며 스콧의 결정이 옳았다고 인정한다.)

전설의 시작—〈저수지의 개들〉에 돌입하며

익히 알려진 바와는 달리 타란티노의 첫 상업영화 각본가 데뷔는 〈트루 로맨스〉가 아니라 1990년에 집필한 〈황혼에서 새벽까지〉1996의 각본이었다. (본래 로버트 커츠만이 메가폰을 쥐었던 영화는 로버트 로드리게즈의 손으로 완성된다.) 시나리오를 팔아 일시적으로 경제적 여유를 얻은 타란티노는 코엔 형제의 〈블러드 심플〉1984과 같은 범죄 영화를 만들겠다는 결심으로 〈저수지의 개들〉의 각본을 써내려갔고, 3주 만에 완성한 초고를 들고 동료 로렌스 벤더에게 보여준다. 이 각본이 '물건'이라는 확신에 찬 두 사람은 즉석에서 영화를 만들기로 합의하고 3만 달러의 초저예산에 16mm 필름 촬영, 비주류 스태프 구성과 비전문 배우 캐스팅을 계획한다. 미스터 브라운을 맡게 되는 타란티노 본인의 배역은 결과적으로 스티브 부세미가 연기하게 되는 미스터 핑크였으며, 제작자인 벤더 또한 예산을 절감하기 위해 미스터 블루 역을 맡을 계획이었고, 나머지 배역 또한 타란티노와 벤더의 친구들로 채워질 예정이었다. 〈저수지의 개들〉의 시작점은 동인들의 초라한 홈 무비에 지나지 않았던 것이다.

자칫하면 아마추어들의 장난으로 별다른 화제도 되지 못한 채 묻힐 뻔한 영화를 구원한 건 하비 케이틀이었다. 〈비열한 거리〉1973와 〈택시 드라이버〉1976로 초창기 마틴 스콜세지의 페르소나 중 한 사람이었던 하비 케이틀은 메이저급 배우임에도 흥미를 끈다면 실험성 있는 인디영화에 선뜻 얼굴을 내밀어주는 이 방면의 대부 격인 인물이었으며, 우연히도 그의 아내가 연기학원에서 로렌스 벤더를 가르친 연기 선생님이었다. 이러한 인연으로 애송이 타란티노가 쓴 '비범한' 각본을 접하게 된 케이틀은 단순한 배우 출연에 그치지 않고, 아예 공동제작자로 나서서 든든한 후원자 역할을 해 주었다. (이 인연으로 케이틀은 〈펄프 픽션〉1994의 울프, 〈황혼에서 새벽까지〉의 목사 역할도 연기하게 된다.) 명배우 하비 케이틀이 나서자 제작비는 120만 달러로까지 급격히 뛰어올랐으며, 일반적인 상업영화처럼 35mm 필름 촬영에 숙련된 연기자를 고용할 어느 정도의 여유도 얻게 되었다.

뉴욕에서 실시한 오디션을 통해 전직 소방관 출신으로 〈킹 뉴욕〉1990, 〈밀러스 크로싱〉1990 등 작가주의 영화에 단역을 맡곤 했던 스티브 부세미, 〈내츄럴〉1988, 〈델마와 루이스〉1991에서 조연으로 출연한 마이클 매드슨, 마찬가지로 TV 시리즈와 비주류 영화를 전전하던 팀 로스, 숀 펜의 동생 크리스 펜 등 지명도가 높지 않은 배우들을 중심으로 캐스팅이 이뤄지게 된다. 배역진 중 특이한 케이스는 미스터 블루 역을 꿰차게 되는 에드워드 번커인데 그는 과거 은행 강도에 마약 밀매 등 갖은 범죄 행각에 멕시코 범죄조직 두목과의 유착관계로 FBI의 주시를 받던 요주의 인물이기도 했으며, 자신의 경험을 살린 다수의 범죄 소설을 출간해 인기를 얻은 기묘한 경력의 소유자였다. (공교롭게도 번커의 실제 별명은 배역처럼 블루 Blue였으며, 〈마셰티〉2010의 주인공이 되는 대니 트레조를 영화계에 입문시킨 사람도 바로 이 사람이었다.) 여담으로 오디션에 지원했지만 낙마한 배우 중에는 드라마 〈엑스 파일〉의 멀더 역으로 유명해지는 초년의 데이비드 듀코브니도 있었다. 촬영감독으로는 TV 교양물을 주로 찍으면서 연명하던 안드레이 세큘라가 기용되었는데, 여기서 타란티노와 손발을 맞춘 그는 〈펄프 픽션〉도 함께 작업하게 된다.

다소 풍족해졌다고는 하지만 여전히 120만 달러는 평균적인 할리우드 영화 제작비를 한참 밑도는 처참한 수준의 예산이었다. 결과적으로는 전화위복轉禍爲福이 된 이 영화 특유의 '절약' 정신은 제작 과정 내내 철저히 지켜졌는데, 이야기의 주된 공간인 창고는 낡은 시체안치소를 빌린 것이었으며 회상 장면에 나오는 미스터 화이트의 아파트는 해당 건물의 2층을 꾸며서 만들었다.(창고 안에 널린 비닐 덮인 상자의 정체는 로케이션 현장에서 다 치우지 못한 관이었다.) 배우의 의상부터 소품에 이르기까지 따로 준비할 여력이 없었기에 배우 본인이 십시일반으로 각자 부담해서 준비해야 했는데 하비 케이틀의 정장, 크리스 펜의 트레이닝 복, 마이클 매드슨의 자가용 캐딜락 등이 영화에 고스란히 투입되었다. 미스터 화이트가 경찰차를 향해 쌍권총을 갈긴 뒤 미스터 오렌지와 함께 현장을 뜨는 장면을 보면 배경인 주차장의 풍경이 극 중 상황과는 맞지 않게 평화롭다. 핑크의 회상 장면에서도 총격전을 벌이는 와중인데 사람들은 가만히 쳐다보고 있다. 이건 저예산 영화로서의 태생적인 '가난' 때문에 발생한 '옥에 티'이다. 야외촬영 당시 도로의 교통을 통제하던 경찰 인원은 고작 2명이었다고 한다.

별도의 사운드트랙을 위한 작곡가를 고용할 여력조차 없었기에 〈저수지의 개들〉의 음악은 타란티노가 기존의 팝음악 중 엄선한 곡들로 구성되었다. 다만 이는 각본을 작업할 당시부터 타란티노가 염두에 두고 있었고, 또한 원하던 바였다. 이때부터 타란티노 영화의 특징인 '불균질하지만 탁월한 앙상블의 선곡 능력'이 두드러지는데, 나중에 타란티노는 사운드트랙 앨범도 직접 프로듀싱하게 된다. 배우 로렌스 터니와의 불화로 현장에서 종종 주먹다짐 직전의 충돌이 빚어지긴 했지만, 초저예산에 낭비 없는 쾌속 일정으로 〈저수지의 개들〉은 순식간에 완성되었다. 각본에서 시사회에 이르기까지 영화 제작의 전 과정을 소요하는데 걸린 시간은 놀랍게도 고작 6개월에 지나지 않았다.

1992년 2월, 선댄스 영화제에서의 프리미어 시사회로 공개된 〈저수지의 개들〉은 과감한 스토리텔링 방식과 폭력 수위에 대한 찬반 논란으로 영화제 최대의 이슈가 되었으며 〈뉴욕 데일리 뉴스〉의 기자 제이미 버나드는 〈저수지의 개들〉이 일으킨 충격을 역사상 최초의 영화인 뤼미에르 형제의 〈열차의 도착〉1896에 비유하기도 했다. 영화는 칸 영화제 황금 카메라상을 수상하고 토론토 영화제를 비롯한 세계 유수의 영화제로부터 초청받으며 각지에서 적잖은 에피소드를 남겼는데, 그중 한 예로 바르셀로나 영화제 상영에서 영화를 보던 호러의 거장 웨스 크레이븐은 경찰을 고문하는 장면에서 더 이상 버티지 못하고 나가버렸다고 한다.

미라맥스의 소규모 배급으로 변변한 홍보 없이 19개 극장을 잡아 시작한 미국 상영은 61개 관에서 283만 달러를 거두는 데 그쳤지만, 〈저수지의 개들〉은 해외 수입까지 포함해 도합 2,200만 달러를 벌어들이는 초대박을 터뜨렸으며, 충격의 화제작을 상영관에서 접하지 못한 영화 팬들의 열광적인 호응과 입소문을 타고 비디오 출시 이후 홈미디어 시장의 베스트셀러로 막대한 부가 수입을 얻게 된다. 〈저수지의 개들〉은 시대의 컬트Cult가 되었으며, 일약 인디펜던트의 영웅이자 기대주로 떠오른 타란티노는 차기작 〈펄프 픽션〉까지 성공시키며 젊은 거장으로 발돋움하게 된다.

시대를 풍미한 컬트

장 뤽 고다르는 "영화의 경제가 곧 영화의 이념"이라는 말을 한 바 있다. 〈저수지의 개들〉은 이 명제에 더없이 부합되는 작품이기도 하다. 줄스 다신의 〈리피피〉1955를 비롯해 강탈의 모티브를 반복해온 하이스트 무비들은 대개 범죄 계획을 모의한 일군의 범죄자들이 대상을 탈취한 뒤 경찰과 일대 추격전을 벌이고, 수익의 배분을 두고 내부적으로 자멸하거나 또는 진압팀에 의해 사살되거나 감옥에 수감됨으로써 범죄에 대한 경각심을 부각시키는 결말로 귀결되곤 했다. 그러나 〈저수지의 개들〉에는 범죄 영화의 서두와 결말만이 있을 뿐, 과정이 완전히 생략되어 있으며, 나머지 이야기 또한 각 인물의 시점으로 파편처럼 나뉘었다가 짜 맞춰지는 입체적인 구성을 취하고 있다. 대규모의 카체이싱 액션을 찍기엔 턱없이 부족한 예산 탓이기도 했지만, 전형적인 이야기를 답습하되 스토리텔링 방식을 혁신함으로써 관객의 흥미를 견인하겠다는 타란티노의 계산이 깔려 있었다.

논란을 일으킨 폭력의 수위 문제는 아이러니하게도 타란티노의 연출이 성공적이라는 반증이기도 했다. 미스터 블론드가 납치된 경관을 고문하는 장면은 잔인성으로 화제를 모았지만, 정작 숏 바이 숏으로 이 장면을 유심히 관찰해보면 카메라는 좌측 상단의 천장을 향해 이동하고 귀를 자르는 직접적인 묘사는 없다는 사실을 알 수 있다. 범행의 시작과 결과만을 다룰 뿐 과정을 생략하는 〈저수지의 개들〉의 화법은 이 장면에서도 교묘하게 적용되어 관객은 귀를 자르는 순간을 보지 못했음에도 그것을 본 것과 같은 착각에 빠지게 된다. 사실 이런 방식의 '보여주지 않음으로써 본 듯한 착시'를 일으키는 연출기법 자체는 토브 후퍼의 〈텍사스 전기톱 살인사건〉1974, 리들리 스콧의 〈에이리언〉1979, 브라이언 드 팔마의 〈스카페이스〉1983 등에서도 볼 수 있는 의외로 고전적인 방식이기도 하다. 엄밀히 말해 〈저수지의 개들〉의 고문장면이 준 충격의 원인은 팝 음악을 틀면서 유희하듯 고문을 즐기는 미스터 블론드의 성격 묘사에 있었다고 보는 편이 정확하다. 일군의 범죄 영화들이 넘으려 하지 않았던 도덕적 통념의 경계선을 침범하는 대담함이 심리적으로 관객들을 경악시킨 것이다.

또한 〈저수지의 개들〉은 타란티노 영화를 결정짓는 특징인 '무수한 고전에 대한 오마주'가 관철되어 있는 작품이기도 하다. 기본적인 플롯은 스탠리 큐브릭의 〈킬링〉1956과 필 칼슨의 〈캔자스 시티 컨피덴셜〉1952의 흔적이 역력하며, 특히 〈킬링〉에 대해서 타란티노는 "〈킬링〉을 베낀다는 생각은 없었다. 그러나 내 생각에 〈저수지의 개들〉은 나의 〈킬링〉이다. 나는 나만의 방식대로 그런 종류의 강탈 영화를 만든 것"이라 밝혔다. 감독 본인은 직접적인 언급을 피했지만 정장을 차려입은 범죄자들의 행진은 프랭크 시나트라 주연의 〈오션스 일레븐〉1960, 경찰관을 의자에 결박한 채 고문하는 장면은 조셉 H. 루이스의 〈빅 콤보〉1955와 세르지오 코르부치의 마카로니 웨스턴 〈장고〉1966, 갱 무리의 가명을 색깔로 지정한 건 지하철 인질극을 다룬 조셉 서전트의 〈지하의 하이재킹〉1974, 막판의 3자 간 총 겨누기는 세르지오 레오네의 〈석양의 무법자〉1966, 강도와 우정을 나누는 잠입수사관의 등장, 창고에서의 대화, 쌍권총을 갈겨 차 안의 경찰들을 사살하는 장면 등은 주윤발 주연, 임영동 감독의 〈용호풍운〉1987에서 가져왔다. 〈용호풍운〉을 언급하는 관객에 대해서 타란티노는 당당히 〈용호풍운〉을 보고 영향을 받았음을 시인했다.

〈저수지의 개들〉이 센세이션을 일으킨 저변에는 기존 영화들의 규칙을 파괴하는 자유분방한 유희정신에 있었다. 거침없는 폭력의 묘사, 시간의 순서를 뒤섞고 인물의 시점을 옮겨가는 스토리텔링, 무의미한 잡담에 가깝지만 캐릭터 간의 개성을 만들어내는 대사, 영화와 만화, 하드보일드 소설 등, 장르와 시대를 불문하는 각종 대중문화의 인용, 익숙한 요소들을 해체하고 재조립하는 창조성이 새로운 것에 목말라 있던 시대의 정서와 맞물리며 엄청난 시너지를 일으킨 것이다. 〈저수지의 개들〉은 향후 〈헤이트풀 8〉2015에까지 이어지는 타란티노 스타일의 탄생을 알리는 신호탄이자, 금기의 영역을 넘어 영화의 신세기를 열어젖힌 선구자 격의 영화가 되었다.

2. 타란티노, 영화의 포스트 모더니즘을 열다 〈펄프 픽션〉1994

'펄프 픽션Pulp Fiction'이라 함은 주로 1950년대 무렵까지 발간되던 싸구려 소설 잡지에 실리던 소설을 일컫는 말이다. 질 낮은 종이에 대량으로 찍어낸 10센트짜리 잡지 연재소설. 서부극, 전쟁물, 탐정물, 로맨스와 호러, SF 등 온갖 장르를 총망라하는, 범죄와 마약, 섹스 등 자극적이고 선정적인 소재를 다룬 B급 통속물로 도시 하층민을 대상으로 한 대중오락의 역할을 톡톡히 했지만 일말의 문학성도 찾을 수 없는 쓰레기 하위문화로 취급되곤 했다. 그러나 시대가 지나면서 레이먼드 챈들러와 대실 해밋, 마크 트웨인과 러브크래프트, 아이작 아시모프와 필립 K. 딕에 이르는 작가들에 대한 평가와 더불어 고전으로서의 가치를 지닌 작품들이 재발굴되면서 펄프 픽션의 문화사적 가치는 새롭게 인정받게 된다.

〈저수지의 개들〉1992로 인디펜던트 영화의 센세이션을 일으킨 쿠엔틴 타란티노의 두 번째 영화 〈펄프 픽션〉1994은 문자 그대로 '펄프 픽션'과 같은 작품이다. B급으로 취급되어 왔던 그라인드하우스 시절의 영화들, 갱스터 느와르와 블랙 익스플로테이션 무비, 하드보일드 범죄 문학의 서사와 컨벤션을 한데 끌어다 모은 타란티노는 특유의 재기발랄한 입담을 곁들이는 동시에 〈지난해 마리앵바드에서〉1961의 알랭 레네 같은 유럽 모더니즘 감독들이 추구했던 바처럼 선형적인 시간 구조를 파괴하고, 대신 인물의 감정선을 따라 기승전결을 재구축함으로써 가장 진부하고 관습적인 이야기를 가장 참신한 화법으로 역전시킨 장르의 혁신가가 되었다. 그러나 이 영화의 참신함은 단지 스토리텔링의 측면에

서만 설명될 수 있는 성질의 것에 그치지 않는다.

펄프에 대한 두 가지 정의(1. 부드럽고 축축하며 형체 없는 물질의 덩어리 2. 거친 재질의 종이에 인쇄된 것이 특징인 소름 끼치고 선정적인 테마를 담은 책이나 잡지)로 영화가 열리는 건 실로 의미심장한 선언이다. 〈펄프 픽션〉을 유심히 들여다보면 고급문화와 하위문화, 옛것과 새로운 것의 이분법적 경계가 형해形骸화되어 무질서하게 뒤섞이는 카오스chaos적인 풍경을 목격하게 된다. 부치가 에스메랄다의 택시를 타고 모텔로 가는 장면에서 차창 밖의 배경은 고전기 헐리우드 영화에서 자주 사용된 매트 페인팅matte painting 합성 기법으로 만들어진 것이며, 마셀러스의 집엔 오픈릴 방식의 레코더와 턴테이블이 있고, 빈센트와 미아가 들르는 레스토랑에서는 마릴린 먼로를 닮은 여성이 〈7년 만의 외출〉1955의 유명한 장면을 따라 하고 제임스 딘, 제리 루이스, 딘 마틴 등을 코스프레한 사람들이 돌아다닌다. (빈센트는 이 장소에 대한 소감을 두고 "밀랍 인형 박물관에 온 것 같군요."라 말한다.)

화장실에서 일을 보던 빈센트는 1960년대에 유행한 만화 『모더스티 블레이즈』를 읽고 있으며, 부치는 마셀러스를 구할 때 가게 구석에 진열된 일본도를 뽑아든다. 혼성모방pastiche과 키치kitsch가 만드는 카오스의 우주. 한술 더 뜬 타란티노는 높은 수위의 폭력과 금기시된 소재를 거침없이 드러내고 전통적인 도덕과 윤리, 영웅주의에 얽매이지 않는 인물과 이야기를 창조함으로써 종래 헐리우드 상업 영화의 제약에서 벗어난 해방의 가능성을 제시했다. 그리하여 〈펄프 픽션〉은 냉전의 종식 후 보수적인 분위기에서 풀려나 자유분방함, 쿨Cool함을 추구했던 90년대의 시대정신을 대변하는 문화적 텍스트가 되었다. 수많은 평론가들이 이 작품을 두고 포스트모더니즘post-modernism의 개념으로 설명하는 건 이처럼 기성의 틀과 질서, 고정 관념을 교란하고 넘어서려는 타란티노 영화의 해체주의deconstruction적 성격에 기인한다.

〈블랙 마스크〉에서 〈펄프 픽션〉으로

〈펄프 픽션〉의 초기 구상은 타란티노가 〈저수지의 개들〉을 만들기도 훨씬 이전인 비디오 가게 점원시절부터 있었다. 이탈리아 호러 영화의 대가 마리오 바바가 만든 〈블랙 사바스〉1963의 열렬한 팬이었던 타란티노는 이 작품의 형식을 따라 세 편의 단편 에피소드를 엮은 옴니버스 구성의 범죄 느와르 영화를 만들 생각을 굳히고 여기에 〈블랙 마스크〉라는 임시 가제를 붙였다. 〈블랙 마스크〉는 1921년에 창간된 이래, 하드 보일드 소설의 대가 대실 해밋과 레이먼드 챈들러가 기고한 바 있는 유서 깊은 '펄프 픽션' 매거진의 이름을 따온 것으로, 타란티노는 세 편의 에피소드를 전부 범죄 느와르물로 만들 작정이었다. 그러나 이 초기의 구상은 작업이 진척되면서 세 개의 개별적 이야기가 하나의 접점으로 이어지는 장편의 구조로 대폭 방향을 수정하게 된다.

1992년, 배우이자 영화사 저지 필름Jersey Films의 공동 대표를 겸하고 있던 대니 드 비토의 주선으로 타란티노는 콜럼비아 영화사와 접촉해 차기작 프로젝트를 논의하기 시작한다. 이때 시나리오 개발비의 명목으로 100만 달러를 받은 그는 네덜란드의 수도 암스테르담의 한 아파트에 칩거하면서 〈펄프 픽션〉의 각본 집필에 돌입한다. 각본을 같이 고민하던 친구 로저 에버리가 1990년에 미리 쓴 「대혼란의 지배Pandemonium Reigned」를 토대로 금시계 에피소드를 먼저 탈고하면서 작업에 탄력이 붙은 타란티노는 빈센트가 줄스, 미아와 엮이면서 벌어지는 나머지 두 에피소드도 잇달아 써 내려 나갔다. 그러나 이때까지 순조롭던 영화의 준비는 콜럼비아 영화사의 미적지근한 태도로 인해 벽에 부딪힌다. 폭력의 수위와 마약의 묘사 등에서 영화가 끼칠 사회적 파장을 염려한 영화사 간부들이 제작비 투자를 망설인 것이다. (그들의 우려는 실제로 영화가 공개된 뒤 논란이 빚어짐으로써 부분적으로 현실화되었다.)

이때 콜럼비아 영화사를 대신해 난항에 빠진 타란티노의 물주物主를 자처한 사람이 바로 독립영화사 미라맥스의 하비 와인스타인이었다. 1993년 당시 미라맥스는 디즈니의 자회사로 막 인수된 상태였지만 독립적 경영권을 보장받은 상태였고, 와인스타인은 과감히 〈펄프 픽션〉의 제작비 전액을 감당하기로 결정한다. 남은 문제는 배역의 캐스팅이었다. 빈센트 베가 역은 처음에는 〈저수지의 개들〉에서 미스터 블론드 역을 맡았던 마이클 매드슨에게 제안했지만 그가 로렌스 캐스단의 서부극 〈와이어트 어프〉1994를 선택하면서 공석이 되었다. 대신 타란티노는 〈토요일 밤의 열기〉1977와 〈그리스〉1978로 70년대 대표적인 청춘스타로 군림했지만 경력의 침체기에 빠져 있던 존 트라볼타를 기용하기로 한다. 이때 빈센트 역의 유력한 경쟁자로 배역을 맡을 의사를 적극적으로 어필했던 사람은 〈나의 왼발〉1989과 〈라스트 모히칸〉1992로 메소드 연기의 달인이라 평가받던 다니엘 데이 루이스였다고 한다.

각본 단계에서부터 일찌감치 줄스 역은 사무엘 잭슨으로 내정되어 있었다. 그러나 아벨 페라라의 〈킹 뉴욕〉1990과 〈악질 경찰〉1992에서 단역으로 출연한 푸에르토리코 출신의 배우 폴 칼데론의 연기를 눈여겨본 타란티노는 잠시 동안 줄스 역의 캐스팅을 두고 고민에 빠진다. 감독이 흔들리고 있다는 걸 알게 된 사무엘 잭슨은 로스엔젤레스로 날아와 다시 오디션을 보았으며, 잭슨의 연기에 만족한 타란티노는 대신 칼데론에게 마셀러스의 술집에서 일하는 바텐더 역을 준다. 미아 역의 오디션에는 홀리 헌터, 이사벨라 로셀리니, 미셸 파이퍼, 맥 라이언 등의 쟁쟁한 배우들이 줄을 섰지만. 영화의 프롤로그와 에필로그에 등장하는 갱 커플 중 한 명인 허니버니 역을 에이전트사로부터 추천받았던 우마 서먼이 미아 역으로 발탁된다.

(무산된 프로젝트이지만 한때 타란티노는 빈센트 베가가 〈저수지의 개들〉의 등장인물인 미스터 블론드의 동생이라는 설정으로 매드슨과 트라볼타가 같이 출연하는 외전격 영화 〈베가 브라더스〉와 트라볼타와 잭슨을 다시 주역으로 내세운 〈펄프 픽션〉의 직접적인 속편을 진지하게 고려한 적이 있다. 또한 레스토랑에서의 대화 중 미아가 5인조 여성 비밀요원이 등장하는 미니시리즈의 시놉시스를 이야기하는 걸 볼 수 있는데, 실은 이것이 〈킬 빌〉 시리즈의 초창기 아이디어였다. 타란티노는 이 무렵부터 우마 서먼과 친밀한 관계를 맺으며 주인공으로 낙점해두고 있었던 것이다. 암흑가 생활을 청산하기로 결심한 줄스의 대사에서 드라마 〈쿵푸〉가 언급되는데 공교롭게도 이 드라마의 주인공 배우는 〈킬 빌〉의 '만악의 근원' 빌을 연기하게 되는 데이빗 캐러딘이다.)

브루스 윌리스는 울프 역의 하비 케이틀이 집을 방문했을 때 타란티노가 차기작을 작업 중이라는 소식을 전해 듣고는 즉시 각본을 구해 읽은 뒤 아무 배역이나 맡을 수 있다고 참여 의사를 밝혀 부치 역을 잡았다. 펌프킨과 허니버니 커플의 경우는 팀 로스가 먼저 펌프킨 역을 꿰어 찬 뒤 대학 시절 이래의 연기 동료 어맨더 플러머를 끌어들이면서 자연스럽게 해결되었다. 랜스와 조디 커플은 놀랍게도 전설적인 록 그룹 너바나의 보컬 커트 코베인과 코트니 러브 커플이 내정되어 있었으나 최종적으로 에릭 스톨츠와 패트리샤 아퀘트에게 배역이 떨어졌다. 마셀러스 역은 훗날 〈미션 임파서블〉 시리즈의 조력자 루터 역으로 잘 알려지는 빙 라메스에게 갔으며, 지미 역으로는 스티브 부세미가 낙점되어 있었으나 일정이 맞지 않아 감독인 타란티노 본인이 지미를 연기하고 대신 부세미는 버디 홀리 코스프레를 한 식당의 웨이터 역으로 잠깐 카메오 출연하게 된다. (지미 역의 캐스팅에 관한 웃기는 에피소드가 하나 존재한다. 〈펄프 픽션〉이 개봉한 1994년, 타란티노는 토크쇼 〈존 스튜어트 쇼〉에 게스트로 초청된다. 이때 존 스튜어트가 "이번 영화에서 좋은 배역(지미 역)을 맡으셨는데, 역할을 따기 위해 감독에게 성상납을 했나요?"라고 묻자 "네, 핸드잡을 해줬죠."라고 대답했다. 물론 지미 역을 맡은 배우는 감독 타란티노 본인이다.)

명망 높은 배우들이 모였지만, 주어진 예산은 고작 800만 달러에 지나지 않았다. 제작비를 절감하는 차원에서 배우들 모두 촬영기간 동안 주급 14,000달러만 받고, 대신 영화의 수익 일부를 인센티브로 가져가는 계약서에 서명해야 했다. 결과적으로 이 선택은 득이 되었다. 영화가 기록적인 성공을 거두면서 짭짤한 추가 수익을 챙기게 되었기 때문이다. 1993년 9월 20일에 촬영을 개시한 〈펄프 픽션〉은 1994년 5월 23일, 제47회 칸영화제에서 열광적인 반응을 이끌어내 황금종려상 수상의 영광을 안았으며, (심사위원장은 클린트 이스트우드였다) 10월 14일 1,100개의 극장에서 개봉해 북미 지역에서만 1억 790만 달러, 월드 와이드 2억 1,290만 달러의 흥행 성적을 기록한다. 제67회 아카데미 시상식에서도 〈펄프 픽션〉은 7개 부문에 노미네이트되어 각본상을 거머쥐는 기염을 토한다.

혼란 속의 질서, 시간의 재구성

〈펄프 픽션〉의 이야기 전개는 사건이 풀어져 나가는 과정을 순차적으로 밟아가는 직선적 플롯, 시간의 선형성을 파괴하고, 대신 개별 인물들의 이야기가 각자의 관점에서 전개되다가 특정한 접점에서 마주치는 식으로 짜깁기되어 있다. 세 개의 이야기 축과 다섯 개의 시간대. 분열된 서사의 퍼즐 조각을 조립하는 건 관객의 몫이다. 〈펄프 픽션〉의 놀라운 점은 얼핏 보면 시간의 순서가 뒤엉켜 있지만 각 이야기의 기승전결은 분명하게 드러난다는 데에 있다. 영화의 사건을 시간적 순서대로 배치하자면 다음과 같다.

1972년 어린 부치가 아버지의 동료로부터 유품인 시계를 전달받는다. → 빈센트와 줄스가 보스의 가방을 찾으러 브렛의 아파트로 갔다가 울프의 도움으로 사후 뒤처리를 하게 된다. → 펌프킨과 허니버니는 호손그릴에서 강도질을 하다가 우연히 일을 마친 빈센트와 줄스를 마주친다. → 보스 마셀러스에게 가방을 전달한 뒤, 빈센트는 레스토랑에서 마셀러스의 아내 미아와 트위스트를 춘다. 약물 과용으로 혼수상태에 빠진 미아를 빈센트가 아드레날린 주사로 살려낸다. → 마셀러스가 제안한 승부조작을 거부하고 경기에서 이긴 부치는 연인 파비엔느와 도피하던 중 아버지의 시계를 잃어버렸음을 깨닫고 집으로 돌아가는데, 우연히 빈센트를 마주치고는 기관단총으로 사살한다. 부치는 전당포에서 같이 곤경에 처한 마셀러스를 구하고 그의 용인으로 로스앤젤레스를 벗어난다.

호손그릴에서의 사건은 각각 프롤로그와 에필로그로 이야기의 양 극점에 자리하고 있으며, 프롤로그 다음과 에필로그의 앞에 빈센트와 줄스 콤비의 사건이 놓인다. 빈센트와 미아의 데이트, 금시계 에피소드 사이는 부치의 어린 시절 회상이 가르고 있다. 일견 혼란스러워 보이지만 에피소드 간의 배치를 살펴보면 명확한 미학적 원칙과 질서로 짜여 있음이 엿보인다. 데칼코마니를 방불케 하는 수미쌍관, 명료한 대칭을 이루도록 정교하게 챕터를 짜 맞추고 있는 것이다. 거칠 것 없는 아방가르드의 자유분방한 분위기 속에서도 엄격한 형식미학자의 면모를 관철시키고 있는 연출가 타란티노의 재능을 새삼 확인할 수 있는 대목이다.

운명과 구원

〈펄프 픽션〉의 시나리오는 '우연성'을 극의 중요한 요소로 끌어들인다. 펌프킨과 허니버니는 범행 현장에서 예상치 않게 프로페셔널 갱인 빈센트와 줄스를 만나고, 아파트에서 브렛 일당을 소탕한 줄스는 화장실에 숨어 있던 잔당의 습격을 받지만 총알이 모조리 빗나가 목숨을 건진다. 이걸 신의 계시로 여긴 줄스는 조직에서 은퇴할 결심을 하지만,

단순한 우연으로 넘기는 빈센트는 시계를 찾으러 집에 돌아온 부치와 우연히 마주쳐 죽음을 맞는다. 빈센트를 사살한 부치는 도로에서 마셀러스와도 마주쳐 총격전을 벌이다가 둘 다 나란히 변태 동성애자 콤비의 포로가 되지만 이 곤경은 도리어 전화위복의 기회로 돌아온다. 삶은 우연의 연속이며 부지불식간에 나락으로 떨어질 수도, 혹은 예기치 않은 구원의 기회를 만날 수도 있다는 타란티노의 운명론적 세계관은 일말의 종교성까지 띠고 있다.

빈센트는 약물 과용으로 죽어가는 미아를 아드레날린 주사로 살려내는데 이는 예수와 라자로의 모티브에 대한 인용. 줄스는 펌프킨과 허니버니 커플을 죽이지 않고 내보내는 자비를 실천하며, 울프와 지미가 빈센트와 줄스를 도울 때 물을 뿌리는 모습은 물로 내리는 세례 내지 침례 의식, 기독교적 정화의 짓궂은 패러디에 다름 아니다. 총기 오발로 마빈을 쏴 죽인 빈센트는 결국 자신의 총에 맞아 죽음으로써 인과응보를 완성하고, 부치는 원수 격인 마셀러스를 구함으로써 도리어 자신의 구원을 얻는다. 잔혹 미학을 추구했지만 선악 구도가 명확하게 갈리는 〈킬 빌〉 시리즈와 〈장고—분노의 추적자〉2012, 나치라는 인류사적 범죄자를 처절히 응징하는 〈바스터즈—거친 녀석들〉2009 등이 그렇듯, 피와 폭력의 향연을 벌이고 있음에도 타란티노의 영화가 대중적인 설득력을 지닐 수 있는 건 은연중에 교묘히 보편적인 윤리를 관철하고 있기 때문인지도 모른다.

〈펄프 픽션〉, 타란티노식 인용의 백과사전

〈펄프 픽션〉의 촬영 당시 사무엘 잭슨은 갖가지 영화와 감독, 장면의 연출과 뉘앙스를 설명하며 연기 지도하는 타란티노의 작업 방식에 경악했다고 술회한 바 있다. 마틴 스콜세지 이후 가장 방대한 영화적 지식의 소유자로 꼽히는 타란티노답게 〈펄프 픽션〉 또한 별의별 고전 영화에 대한 인용으로 넘쳐난다. 우선 영화사의 이름인 'A Band Apart'부터가 장 뤽 고다르의 〈국외자들〉1964에서 따온 것이며, 우마 서먼이 연기하는 미아의 헤어스타일과 한 손에 담배를 쥐고 있는 모습은 〈비브르 사비〉1962의 안나 카리나를 모방했다. 트위스트 댄스 장면은 영락없이 페데리코 펠리니의 〈8과 1/2〉1963의 댄스 콘테스트에 대한 오마주이다. (댄스 장면에서의 안무에는 배우들이 스스로 연구해서 오마주한 요소도 들어있다. 존 트라볼타가 손가락으로 V자를 그리며 흔드는 건 아담 웨스트 주연의 60년대 TV 시리즈 〈배트맨〉, 미아의 춤은 애니메이션 〈아리스토캣〉1970에서 착안한 것이라 한다.)

영화 내내 실체가 밝혀지지 않는 '맥거핀' 마셀러스의 가방은 로버트 알드리치의 〈키스 미 데들리〉1955에서 가방을 열었을 때 빛이 인물의 얼굴에 비치는 장면을 따라 했다. 마셀러스가 변태 콤비에게 능욕당하는 장면은 존 부어맨의 〈서바이벌 게임〉1972, 크리스토퍼 워큰을 베트남 참전용사 쿤스 대위로 캐스팅한 건 마이클 치미노의 〈디어헌터〉1978를 상기시킨다. 전당포에서 부치가 마셀러스를 구하러 들어가기 전에 무기를 고르는 장면은 타란티노 본인이 밝힌 바로는 야구 방망이는 〈워킹 톨〉1973, 전기톱은 토브 후퍼의 〈텍사스 전기톱 살인사건〉1974, (훗날 만들게 될 〈킬 빌〉 시리즈를 예고하는) 일본도는 그가 경애하던 배우 치바 신이치 주연의 찬

바라물에서 가져온 것이라고 한다.

다양한 대중문화에 대한 혼성 모방과 키치의 전략, 범죄자 남성집단의 등장과 잔혹성 묘사, 비선형적 플롯 등, 〈펄프 픽션〉에서 만개한 타란티노 스타일은 일대 선풍을 일으키며 헐리우드 영화계의 유행을 선도했다. 〈킬링 조〉1994와 〈유주얼 서스펙트〉1995, 〈필링 미네소타〉1996 등의 일군의 90년대 범죄 영화들은 타란티노 스타일의 아류 아니면 최소한 그 영향 아래 있다고 해도 과언이 아닐 정도이다. 〈펄프 픽션〉은 B급 영화와 하드보일드 소설, 만화 등 비주류의 위치에 놓여 있던 서브컬처의 요소를 집대성하며 시대정신으로 승화시키고, 고루한 틀에 얽매여 있던 창작자들의 관념에 일대 충격과 함께 해방의 가능성을 안겨주었다. 클래식의 반열에 오른 지금에 다시 보아도 〈펄프 픽션〉은 여전히 낡지 않고 신선하며 도발적이다. 이 영화는 실로 적절한 시기에 불현듯 출현한 포스트모던의 첨병이었다.

3. 블랙스플로이테이션, 필름 느와르 그리고 멜로

〈재키 브라운〉 1997

팸 그리어라 하면 지금이야 기억하는 사람이 별로 없지만, 70년대 미국 B무비의 한 계보를 작성함에 있어서 그녀의 이름을 빼놓는다는 건 불가능하다. 고든 파크스의 〈샤프트〉1971가 발표된 걸 계기로 폭발적으로 쏟아져 나온 '흑인에, 흑인에 의한, 흑인을 위한 영화', 이름하야 블랙스플로이테이션blaxploitation이라 불린 일련의 B무비들이 거쳐온 역사는 곧 팸 그리어의 전성기 경력과 고스란히 일치하며, 따라서 그녀를 언급하지 않고서는 장르의 역사를 설명함에 있어 생기는 공백을 메울 도리가 없기 때문이다. 연륜 있는 영화광이라면 리터드 라운드트리나 보네타 맥시, 프레드 윌리엄슨이나 론 오닐 등의 이름을 더 언급할 수는 있겠지만, 그들 중 어느 누구도 팸 그리어 만큼의 압도적인 존재감으로 한 장르의 상징으로까지 추앙받진 못했다.

러스 메이어의 〈인형의 골짜기를 넘어서〉1970에서 보잘것없는 단역으로 신시아 마미어스, 돌리 리드와 공연했을 때까지만 해도 이 여배우를 주목한 사람은 없었다. 그러나 주디스 브라운, 로버타 콜린스와 파트너가 되어 여죄수를 다룬 선정 영화 〈여감방〉1971, 〈여감방 2〉1971가 잇달아 성공하면서 팸 그리어는 당대 흑인들의 우상이자 여신으로 뛰어오른다. 〈코피〉1973에서부터 강인한 여전사로서의 팸 그리어의 이미지는 부동의 것이 된다. 자동차로 집을 뚫고 들어가 적들을 깔아뭉개거나 남자친구의 중요한 부위를 샷건으로 날려버리는 페미니스트 여전사를 보며 박수치고 즐거워하지 않을 관객이 어디 있겠는가? 〈용쟁호투〉1973의 조연 짐 켈리가 〈블랙 벨트 존스〉1974 같은 액션 활극에서 솜씨를 뽐내었던 것처럼, 팸 그리어 또한 〈폭시 브라운〉1974 같은 영화에선 특유의 큰 키와 관능적인 몸매를 십분 활용해 쿵푸 발차기를 날리고, 기관단총으로 시원한 총알 세례를 끼얹는 액션 여걸이었다.

이쯤에서 정리해야 할 몇 가지 오해가 있다. 블랙스플로이테이션 무비가 동어 반복의 태작들을 반복재생산하면서 쇠퇴해간 건 사실이지만, 그렇다고 팸 그리어가 대중의 시선에서 완전히 잊힌 처량한 퇴물 배우의 신세까지는 아니었다는 점이다. TV 시리즈 〈마이애미 바이스〉나 스티븐 시걸의 대표작인 〈형사 니코〉1988, 심지어 팀 버튼의 〈화성침공〉1996에서도 조연 출연하는 등 꾸준히 커리어를 이어왔고, 래리 코헨의 〈핫 시티〉1996에서는 블랙스플로이테이션의 황금기를 함께 일궜던 왕년의 흑인 배우들과 동창회 마냥 총출동하다시피 했다. 심지어 〈핫 시티〉에는 바로 다음 해에 공개될 '차기작'에서 합을 맞추게 될 만년 조연 전문 배우 로버트 포스터와도 나란히 등장한 적이 있다. 쿠엔틴 타란티노의 세 번째 장편영화 〈재키 브라운〉1997을 이야기함에 있어서 평론가들은 이구동성으로 과거의 B무비 스타들을 재발굴해냈다는 점을 높게 평가하는데, 이 부분만큼은 과장된 측면이 적지 않다. 다만 타란티노가 영화의 핵심을 팸 그리어의 캐스팅에 있다고 본 것만큼은 사실이다. 〈재키 브라운〉의 각본을 읽은 팸 그리어는 처음에는 '전형적인 흑인 역할', 즉 오델의 정부 멜라니 역할을 받으리라 예상하고, 배역을 수락하겠다고 타란티노에게 전화를 걸었다. 그러나 타란티노의 답변은 달랐다. "팸, 이건 당신에게 경의를 표하려고 쓴 시나리오예요."

그리고 또 다른 오해. 흔히 〈재키 브라운〉은 블랙스플로이테이션

영화의 과거에 바치는 타란티노의 헌사 정도로 요약되곤 하는데, 이건 반은 맞고 반은 틀린 이야기다. 물론 팸 그리어의 주연 캐스팅을 의도한 만큼 블랙스플로이테이션 장르의 흔적을 찾는 건 어려운 일이 아니다. 일단 제목인 〈재키 브라운〉부터가 다분히 그녀의 대표작 〈폭시 브라운〉을 의식한 작명으로, 영화의 원작이 된 엘모어 레너드의 범죄 소설 『럼 펀치』에서 백인이었던 주인공 재키 버크의 이름을 뒤바꾼 것이고, 포스터와 타이틀백의 글자 폰트 또한 〈폭시 브라운〉을 그대로 따라했다. (공교롭게도 이 영화의 캐스팅 디렉터를 맡은 스태프의 이름이 'Jaki Brown'이다. 철자는 다르지만 발음은 같다.) 오프닝의 음악은 배리 쉐어의 〈할렘가의 혈투〉1972에서 바비 워맥이 작곡한 곡이고, 극 중 재키가 감방에 갇히는 순간 흐르는 노래 〈Longtime Woman〉은 팸 그리어의 출세작인 〈여감방〉에서도 들을 수 있었다. 멜라니의 아파트 입주자 명단에 있는 이름 J. Hil은 〈여감방〉과 〈코피〉의 감독이었던 잭 힐에 대한 작은 헌사이며, 악역 오델 로비사무엘 잭슨가 멜라니브리짓 폰다에게 전화를 받으라 하는 장면의 연출은 〈트럭 터너〉1974에서 영감을 받고 따왔는데, 타란티노는 〈재키 브라운〉 다음 작품인 〈킬 빌 Vol. 1〉2003에서 〈트럭 터너〉의 메인 테마곡을 주인공 키도가 병원을 탈출하는 장면의 배경에 사운드트랙으로 깔았다. 〈킬 빌 Vol. 1〉 초반에 키도의 손에 죽는 흑인 킬러 버니타 그린이 팸 그리어의 오마주임은 물론이다. (타란티노는 15세 무렵 슈퍼마켓에서 원작 소설을 훔쳤다가 경찰에게 체포된 전력이 있었다. 영화의 제작에 들어가면서 원작자 엘모어 레너드를 만난 타란티노는 "나는 당신의 소설을 영화로 만들려고 태어난 사람 같아요."라며 존경을 표했고, 엘모어 레너드는 타란티노의 각본을 받아들고는 그때까지 26편에 달했던 자기 작품의 영상화 중 단연 최고라고 칭찬했다.)

〈저수지의 개들〉1992과 〈펄프 픽션〉1994에 이어 유혈 낭자한 폭력 묘사와 현란한 스토리텔링의 기교를 기대했을 관객 입장에서 〈재키 브라운〉은 놀라울 정도로 잔잔하고, 서사를 풀어감에 있어 고전적인 화술의 정공법을 취하고 있는 영화이다. 영화 전체를 통틀어 단 9발의 총알이 발사될 뿐. 이 영화에서 팸 그리어의 재키 브라운은 여전히 강인한 여성이긴 하지만 더 이상 왕년의 블랙스플로이테이션 무비 때처럼 주먹과 총으로 모든 걸 해결하지 않는다. 대신 재키의 승부수는 두뇌 싸움에 있다. 범죄조직과 경찰 (그중 레이 니콜렛 역의 마이클 키튼은 엘모어 레너드의 또 다른 소설을 원작으로 한 〈조지 클루니의 표적〉1998에 같은 역으로 출연한다) 양쪽의 틈바구니에서 순순히 요구를 들어주는 척하지만, 종국에는 양쪽을 모두 이용해 상황을 조종하고 돈을 차지하는 건 그녀이다. 오델과 경찰 측은 그들이 재키를 이용한다고 생각하지만 종국에 이용당한 건 그들이며, 재키는 특유의 포커페이스로 좀처럼 속을 드러내지 않는다. 그녀가 제대로 감정을 드러내는 건 모든 상황이 끝나고 보석보증인 맥스 체리로버트 포스터와 담소를 나누며 이별할 때뿐이다.

돌이켜보면 이 영화의 모든 전개와 완급은 오프닝에 다 함축되어 암시되고 있다. 마이클 니콜스의 〈졸업〉1967에서 (사이먼 앤 가펑클의 〈The Sound Of Silence〉이 흐르는 가운데 젊은 더스틴 호프먼이 무빙워크를 타고 가는) 오프닝의 수평이동 롱테이크를 끌어다 가져온 이 장면에서 재키 브라운은 담담히 서 있다가 검색대를 통과해서 뚜벅뚜벅 걷다가, 점차 쫓기는 사람처럼 달리지만, 뒤에 가서는 아무 일 없었다는 듯 웃으며 승객들을 맞는다. 오프닝의 흐름처럼 재키의 행보는 별일 없이 흘러가다가 갑자기 사건에 연루되고, 그 뒤로 상황은 점점 급진전되지만, 나중에 가서는 골칫거리를 해결해버리곤 거금을 챙기고 유유히 떠나버린다. 인생에 지칠 대로 지친 건달들이 막판에 한 '건수'를 해낸 뒤 손을 털고 떠나려는 유의 플롯. 영화광들이라면 어디선가 익히 보았음직 한 전형적인 이야기이다. 좀 더 거슬러 올라가자면 이런 서사의 전형성에는 스탠리 큐브릭의 〈킬링〉1956이나 존 부어만의 〈포인트 블랭크〉1967, 돈 시겔의 〈킬러〉1964나 〈돌파구〉1973, 로버트 알트먼의 〈긴 이별〉1973 등과 같은 무수한 사례들이 존재한다. 그러므로 〈재키 브라운〉의 가장 큰 근간은 블랙스플로이테이션 무비라기보단 좀 더 예전의 영화들, 클래식이 된 헐리우드 고전 범죄 느와르에 연원을 두고 있다고 보는 편이 옳다. 그러나 진부해진 관습을 비트는 지점에서 타란티노 특유의 재기발랄함과 장르의 닳아빠진 컨벤션을 꿰뚫어 보는 영화광적 기질이 한껏 발휘된다.

마이클 만의 〈히트〉1995에서 냉혹한 킬러로 카리스마를 뽐냈던 로버트 드 니로는 타란티노 영화에 와서는 전직 은행 강도 루이스 가라 역(원래 드 니로가 원했던 역은 맥스 체리였는데 포스터가 차지하면서 바뀌었다. 실베스타 스탤론은 루이스 가라 역의 제안을 거절했다)을 맡아서는 오델의 부하로 전락해 있고, 미국의 국민배우였던 헨리 폰다의 손녀 브리짓 폰다(극 중 그녀가 보는 영화는 아버지 피터 폰다가 출연한 〈더티 메리 크레이지 랠리〉1974이다)는 흑인 무기 밀매업자의 정부情婦가 되어 있는데, 헐리우드 장르 영화에서 흔히 백인 사장과 흑인 직원이라는 식으로 은연중에 인종차별적 구도를 관철시키고 있던 걸 떠올리자면, 이쯤에서 관객은 익숙해진 구도가 뒤집히는 데서 오는 유쾌한 전복의 쾌감에 젖게 된다. 코엔 형제의 〈밀러스 크로싱〉1990에 나왔을 법한 '두뇌를 무기로 승부하는 주인공'을 아일랜드계 백인 남성에서 흑인 여성으로 인종과 성별을 바꾸었을 뿐인데도 이 영화는 전혀 다른 형태의 장르처럼 보인다. 다시 말해 〈재키 브라운〉은 헐리우드의 클래식 필름 느와르를 현대 배경에 흑인 여성 주인공으로 팔레트 스왑해 새롭게 각색한 버전으로 보는 편이 옳을 것이다.

그리고 이러한 장르의 틈새에 중년의 로맨스가 더해진다. 과거 인터뷰에서 타란티노는 이렇게 말한 바 있다. "맥스가 재키를 처음부터 사랑했는지는 모르겠다. 그러나 그는 그녀를 원했다. 어쩌면 그는 여자를 원하는 게 뭔지를 잊어버린 것 아닐까?" (맥스가 재키를 보석으로 빼내고 처음 만났을 때 배경에 흐르는 곡은 블러드스톤의 〈Natural High〉로 맥스가 재키에게 매혹될 것임을 미리 예고한다.) 〈펄프 픽션〉에서 두목의 여자와 사랑에 빠진 조직원이라는 장르의 관습에 기댔던 타란티노는 〈재키 브라운〉에서는 청춘의 혈기방장은 없는 대신, 보다 농밀하고 현실적인 멜로드라마를 구축하는 데 성공한다. 영화는 재키가 공항을 통해 '들어오는' 장면으로 시작되고, '떠나는' 장면으로 막을 내린다. 무빙워크에 몸을 실은 채 떠밀려 내려온 여자가 결말에 이르러선 자신의 의지로 차를 몰아 길을 떠난다는 수미쌍관의 구성. 〈재키 브라운〉은 잠시 '통과'할 뿐인 '과정'에 대한 이야기이며, 일종의 로드무비이기도 한 것이다. 맥스는 업무 전화를 받으며 떠나는 재키를 바라보고, 운전대를 잡은 재키의 표정엔 환희와 안도 대신 쓸쓸함이 감돈다. 사건을 함께 겪은 파트너로서 둘은 서로를 믿지만, 인생의 황혼에 접어든 남녀에게 주어진 사랑이란 신혼의 황홀함이 아닌 권태로운 일상일 것임을 알 만큼 서로 나이가 들어버렸음을 안다. 이후 타란티노의 영화에선 꾸준히 멜로적 요소가 포함되곤 했지만 이 영화만큼의 애잔하고 곡진한 감정을 재현해내는 일은 다신 없었다.

〈펄프 픽션〉의 850만 달러보다 늘어나긴 했지만 1,200만 달러의 중저예산(떠오르는 신예 타란티노와 함께 작업해보고 싶었던 마이클 키튼과 로버트 드 니로는 스스로 개런티를 대폭 삭감했다)으로 제작된 〈재키 브라운〉은 북미에서만 제작비의 3배가 넘는 3,967만 달러, 월드와이드 합계 7,470만 달러를 벌어들이며 알짜배기 흥행사로서 타란티노의 입지를 탄탄히 해주었다. 시카고선타임스의 영화평론가 로저 에버트는 "타란티노가 가장 어려운 과제를 두고서, 자신의 방식을 숨기고, 등장인물들에게 생동감 있고 사실적이며 자연스러운 대사를 부여했다."며 1997년에 자신이 꼽는 최고의 영화 중 하나로 선정했고, 영화에서의 호연으로 사무엘 잭슨은 제 48회 베를린국제영화제 남우주연상을 수상, 로버트 포스터는 아카데미 남우주연상에 노미네이트되는 영광을 얻었다. 다만 영화는 엉뚱한 방향에서 비판의 화살을 맞으며 작은 촌극을 빚어내게 되었는데, 〈똑바로 살아라〉1989와 〈말콤 X〉1992의 스파이크 리 감독이 흑인을 폄하하는 비속어인 'nigger'나 'motherfucker' (사무엘 잭슨은 전매 트레이트 마크가 되다시피 한 이 단어를 극 중 37번 말했다) 같은 말들이 쓰이는 걸 두고 문제제기를 한 것이다. 이에 대해 사무엘 잭슨은 "만약 당신이 (영화에서) 한 시대의 언어를 다룬다면 그 시절의 언어를 쓸 것입니다. 그리고 그것은 당시의 언어였습니다. 나는 남부에서 자랐습니다. 평생 동안 나는 그 말에 구애받지 않았습니다."며 영화를 옹호했고, 이에 대한 타란티노의 답은 다음과 같았다.

"난 작가로서 자신이 원하는 캐릭터를 표현할 수 있다고 생각하며 내가 지금까지 (흑인들을) 지켜봐 왔던 모습을 그대로 표현하려는 것이 문제가 없다고 생각한다. 그런데 난 백인이어서 그런 것들을 영화에 집어넣으면 안 되고, 휴즈 형제는 흑인이어서 집어넣어도 된다? 그거야말로 진짜 인종차별이다. 이게 바로 카슨 시와 〈재키 브라운〉을 촬영했던 캄프튼, 잉글우드시의 흑인 사회가 분리된 이유를 말해줄 수 있는 상황이다. 내가 백인이란 이유로 이런 질문을 던졌다는 것에 매우 화가 난다. 난 거짓이 아닌 진실을 보여줄 권리가 있다."

아홉 번째 작품 〈원스 어폰 어 타임 인 할리우드〉2019를 내놓으며 은퇴까지 마지막 한 편만을 남겨놓은 타란티노의 필모그래피에서 〈재키 브라운〉은 몽타주의 쾌감을 추구한 수작 〈데스 프루프〉2007와 더불어 가장 주목받지 못했지만, 뒤집어 생각해보면 가장 특별한 위치를 차지하는 작품이다. 〈저수지의 개들〉과 〈펄프 픽션〉의 그만의 영화 작법과 스타일을 정립했다면, 이 영화에서 타란티노는 고전기 할리우드 영화를 방불케 하는 안정감 있는 구성과 연출, 섬세하게 다듬어진 만듦새로 자신의 색을 다소 빼더라도 얼마든지 걸작을 만들어낼 수 있음을 보여주었다. 격格을 제대로 아는 사람만이 파격破格을 행할 수 있는 법. 천방지축 날뛰는 타란티노 영화의 개성과 자유분방함은 사실 장르와 고전에 대한 탄탄한 영화사적 지식이 밑거름되었기에 가능한 것이라는 역설을 〈재키 브라운〉은 여실히 증명한다.

호금전, 무협을 재정의하다

"스튜디오에서 무협 영화들은 이상하게 모두들
액션 장면의 리얼리티에 중점을 두고 있었다.
하늘을 날고, 칼과 칼이 부딪치면서 화살을 던지는 장면들은
사실상 대부분 상상에 의존한 것인데도
그것이 진짜인 것처럼 만들려고 했다. (…)
나는 액션과 풍경의 관계로 나의 관심을 돌렸다."

호금전胡金銓 / King Hu : 1931 ~ 1997

1. 시대를 관통한 무협의 고전 〈용문객잔〉 1967

안녕, 용문객잔

〈안녕, 용문객잔〉2003에서 낡은 단관 극장인 복화극장은 다음 날이면 문을 닫게 될 처지로 마지막 상영의 밤을 보내고 있다. 천 명 가까운 관객을 받아들일 만큼 넓고 큰 내부는 한때 이 극장이 누렸을 전성기를 짐작하게 하지만, 현재의 복화극장은 찾는 이의 발길이 끊긴 퇴락한 처지에 지나지 않는다. 극장을 지키는 사람은 묵묵히 영사기를 트는 영사기사, 매표소를 지키는 절름발이 여인, 텅 빈 객석에 드문드문 앉아 있는 서너 명의 관객뿐. 그중 손자의 손을 잡고 온 노인은 은막에 비치는 영화를 보면서 회한에 찬 표정으로 눈물을 흘린다. 노인은 한때 배우였던 묘천이며, 그가 바라보고 있는 영화는 자신이 출연한 무협 영화 〈용문객잔〉1967이다. 역사의 한 페이지로 사라질 공간 속과 추억의 영화. 사라져가는 것들에 대한 애수가 적막한 극장 속을 흐르는 가운데, 비는 하염없이 쏟아진다.

〈용문객잔〉은 〈대취협〉 1965 에 이은 '객잔 4부작'의 두 번째 영화이자, 한 창작자의 기량이 본격적으로 자신만의 스타일을 확립하는 기점이 된 작품이다. 장철의 〈의리의 사나이 외팔이〉 1967 가 서극의 〈칼〉1995과 진가신의 〈무협〉2011으로 변주된 바 있듯이, 호금전의 〈용문객잔〉 또한 이혜민의 〈신용문객잔〉1992으로 리메이크되었으며, 서극은 이 작품의 후일담 격인 3D 영화 〈용문비갑〉2011을 만들었다. 〈용문객잔〉의 스타

일과 미장센, 고증은 훗날 명나라 시대를 배경으로 삼은 무협 영화들이 이어받는 토대가 되었으며, 특히 서극의 〈소오강호〉1990가 김용의 원작 소설과는 사뭇 다른 파격적인 각색을 감행한 데서는 〈용문객잔〉의 서사를 따르려고 한 흔적이 역력하다. 다시 말해 〈용문객잔〉은 아시아 무협 영화의 문법과 전형을 완성한 이정표의 성격을 지닌 작품 중 하나이며, 이후의 무협 영화에 관한 논의는 〈용문객잔〉이 남긴 거대한 그림자를 벗어나서는 이야기할 수 없는 것이다. (실제로 서극은 은둔 중이던 호금전을 모셔와 〈소오강호〉의 연출을 맡겼지만, 촉박한 일정 안에 영화를 완성하려던 서극의 작업방식과 호금전의 완벽주의가 충돌해 결국 호금전이 현장에서 떠나게 되는 사건이 일어난다. 호금전의 하차 이후 서극은 시나리오에서 30여 개의 장면을 뜯어고치고 자신이 제작과 연출을 겸해 영화를 마무리 짓는다. 이혜민, 정소동과 더불어 〈소오강호〉의 공동 연출 중 한 사람으로 참여한 허안화는 호금전이 연출한 분량이 영화에 쓰이지는 않았지만 시나리오와 프로덕션 디자인, 표현하고자 한 주제에는 여전히 호금전의 정수가 남아 있음을 강조했다.)

〈용문객잔〉, 무협 영화의 정치적 에토스Ethos

명나라 경태 8년1457년, 궁정의 실권을 장악한 동창의 환관들은 황제의 직속 기관인 금의위까지 장악하고 정치를 좌지우지했다. 충언하는 관리들은 환관들의 손에 의해 유배를 가거나 주살 당했는데, 병부상서 우겸 또한 반역죄의 누명을 뒤집어쓰고 참수당했으며 그의 자식들은 변방의 접경지대인 용문龍門 밖으로 추방당했다. 하지만 병권을 쥐고 있던 우겸의 인망이 두터워 우겸을 따르던 부하들이나 일단의 우국지사들이 우겸의 자식들을 구출할 것을 두려워한 조소흠은 후환을 남기지 않기 위해 암살을 명령한다. 객잔의 주인 오령과 그의 의형제 소소자, 주씨 남매는 동창의 고수들에 맞서 우겸의 가족을 구하기로 결의한다.

〈대취협〉을 마치고 쇼브라더스와 결별한 호금전은 대만으로 건너가 유니언 스튜디오의 전폭적인 지원으로 〈용문객잔〉의 제작에 돌입했다. 대만 남서부인 대남과 도원 지역에 드넓은 부지를 사들여 거대한 오픈 세트를 건설하고 로케이션을 철저히 통제했으며, 그리하여 완성된 영화는 홍콩과 대만, 한국과 일본의 박스 오피스를 석권하는 기염을 토하게 된다. 〈용문객잔〉이 일으킨 반향과 영화사적 의의는 컨텍스트적인 측면, 당대의 시대상을 살펴야 이해될 수 있다. 홍콩과 대만에서 만들어진 무협 영화의 근간에는 공통적으로 모종의 정치적 함의가 깃들어있다. 중국의 역사와 전통으로부터 영화의 소재를 얻지만, 정작 보는 이들은 중국 본토로 돌아갈 수 없다는 지독한 아이러니. 여기에는 1964년 문화대혁명 이후, 공산당을 피해서 대만과 홍콩으로 들어간 사람들, 중국인이지만 고향을 잃고 정체성의 근간을 뿌리 뽑혀버린 사람들이 지니게

된 상실감과 본토에 대한 그리움이 내밀히 깔려 있다. 영국으로부터 독립해 본토에의 귀속을 주장하던 대학생들의 반영 투쟁이 한창 격화되던 시기가 무협 영화의 유행과 겹치는 건 결코 우연이 아니었던 것이다.

〈용문객잔〉의 인물들은 동창의 추격을 뿌리치고 홀연히 어디론가로 떠나며, 비슷한 시기 장철이 고샤 히데오의 〈3인의 사무라이〉1964를 무단 리메이크한 〈변성삼협〉1966의 주인공은 청나라의 침략으로 무너진 명나라를 수복하고자 싸움터로 나선다. 두 영화의 상반된 결말은 각각 공산당 세력에 의해 본토에서 밀려나 변방에 새로 터전을 잡은 홍콩과 대만 사회의 정치적 무의식에 대한 영화적 반영으로 보인다. (변방으로 내몰린 유랑자의 정서, 또는 고향을 되찾겠다는 수복에의 의지) 이때 장철이 인물에 중점을 두고 무협의 서사를 만들어나갔다면, 〈용문객잔〉에서 호금전은 영화의 공간학적 지형도를 설계하면서 그 구도 안에 일말의 정치적 은유를 심어놓다. 〈용문객잔〉의 도입부는 충신 우겸이 성문 근교로 끌려가 처형되고 그의 자제들이 용문 바깥으로 추방되는 장면으로 열린다. 성문은 본토로부터 나오는 출구이며 그 바깥의 사막과 산하, 동창의 고수들에 의해 포위된 용문객잔은 본토로부터 유리된 홍콩과 대만의 처지를 은유적으로 드러낸다. "이름과 돈을 쫓기보다는 충신의 핏줄을 지키고 싶을 따름"이라는 극 중의 대사에는 동창으로 상징화되는 공산화된 중국의 위협은 싫지만, 그런 한편으로는 무너진 과거의 중국과 그 가치를 복권시키고 싶다는 양가적인 욕망이 투영되어 있는 것이다.

〈협녀〉1971의 자연주의적 이미지가 수묵 풍경화의 전통 속에 있다면, 〈용문객잔〉의 군상극은 경극과 같은 중국식 실내극의 양식과 연관이 깊다. 실내 공간을 2.35:1 시네마스코프 영상의 수평적 구도로 담아내면서, 호금전은 다층적인 이해관계의 인물들을 한 프레임 안에 몰아서 배치하고 그들 사이에 조성되는 분위기에 포커스를 맞춘다. 실내 공간이 되었든 야외 로케이션이 되었든, 호금전은 역사적 공간을 창조하고 그 우주 안의 공기를, 여백에 깃든 인간과 자연, 공간의 총체적인 관계를 찍고자 한 감독이다. 정체를 감춘 동창의 자객들과 소소자 간에 흐르는 적막함 속의 긴장감, 서로의 목적과 의도를 알고는 오해를 풀고 단결하는 협객들의 관계를 〈용문객잔〉의 카메라는 인물과 인물 사이에 벌어진 횡적인 구도 속의 간격으로 표현한다. 객잔 내부에서 차곡차곡 쌓아온 갈등은 마지막 대결에서 일시에 폭발하면서 〈용문객잔〉은 막을 내린다. (여담이지만 폐쇄된 밀실 안에서 서로를 의심하고 대립하는 군상극의 면모는 잘 알려진 홍콩 무협의 열렬한 팬인 쿠엔틴 타란티노가 70mm 와이드 스크린 작품인 〈헤이트풀 8〉2015에서 서부극의 외양을 입혀 오마주한다.)

중요한 건 〈용문객잔〉의 결말에서 살아남은 인물들이 돌아가지도, 객잔에 머물지도 않고 어딘가로 떠난다는 점이다. 떠나온 본토로 돌아가지도, 객잔으로 은유되는 홍콩에도 머물지 못하고 유랑의 길에 오르는 인물 군상, 정주하지 못하는 방랑자의 이미지는 〈영웅본색〉1986과

〈첩혈쌍웅〉1989, 〈열혈남아〉1989와 〈아비정전〉1990 등 장르를 불문하고 홍콩 영화에서 반복되는 모티브의 원형이 되었다. 그런 점에서 호금전의 정신적 후계자는 서극이 아니라 왕가위일 수 있다. 성벽 너머 사막 가운데 놓인 객잔이라는 공간학적 지형도는 훗날 왕가위가 중국 본토로 들어가 찍은 〈동사서독〉1994에서 백타산과 사막에 은거하는 구양봉의 거처로 고스란히 이어져 〈용문객잔〉이 지닌 함의를 더욱 심화하였으며, 홍콩마저 버리고 망향望鄉의 처지가 된 인물을 그린다는 점에서 〈해피투게더〉1997는 〈용문객잔〉의 속편 아닌 속편처럼 보인다. 홍콩반환의 시점인 1997년까지 만연하여 왕가위의 〈일대종사〉2013까지 이어지는 대만과 홍콩 영화의 정치적 에토스ethos를 구조적으로 정립한 첫 영화가 바로 〈용문객잔〉이었던 것이다. 그러한 점에서 차이밍량의 〈안녕, 용문객잔〉의 무대인 복화극장의 마지막 상영작이 〈용문객잔〉이라는 건 매우 의미심장하다. 홍콩은 반환되었고 시대는 변했으며 〈용문객잔〉의 함의도 어느덧 한 시대의 유물이 되고 만 것이다.

공동체주의와 힘의 윤리

〈용문객잔〉은 무술에 관한 영화가 아니며, 호금전 본인 또한 무술에 의지해서 영화를 찍지 않았다. 〈당산대형〉1971과 〈정무문〉1972의 악역으로 친숙한 경극배우 한영걸이 무술감독을 맡았으며, 영화의 배역 상당수는 경극 무대 공연의 경험을 가지고 있었다. 호금전은 경극과 무협소설, 궁중비사와 기담설화의 서사적 전통에서 무협의 구도를 다듬어 나간 작가이며 자신이 만드는 무협이 항상 어떤 정신적 가치에 관한 영화이기를 바랐다. 협객들은 의리와 신의, 충성과 정의를 위해 힘을 모은다. 비록 악인이 당해낼 자 없는 절정의 고수이며 황제의 권력을 등에 업고 있지만 선한 이들이 뭉쳐서 협력한다면 이를 꺾는 것이 불가능한 것은 아니다.

동창의 우두머리 조소흠은 조정을 좌지우지하지만 더 많은 힘을 얻는데 집착한 나머지 파멸하며, 반면 자신들의 힘을 사람을 구하는 데 쓴다는 점에서 오령과 소소자, 주 씨 남매와 같은 협객들은 선한 편에 속한다. 힘이 얼마나 강한가가 아니라, 어떠한 가치를 위해 힘을 선용善用하는가, 사사로운 이익에 매달릴 것인가, 아니면 홍익弘益에 이바지할 것인가의 여부가 선인과 악인의 경계를 가른다. 이것이야말로 호금전이 〈소오강호〉에 이르기까지 무협의 세계를 통해서 역설하고자 한 공동체주의와 힘의 윤리의 요체이며, 개인적인 은원恩怨의 서사를 반복하는데 그치는 여타의 무협을 넘어서 도달한 정신적 경지인 것이다. 〈협녀〉가 도가적 자연과 불교적 해탈을 결합한 구도求道의 길을 가고자 한다면 〈용문객잔〉은 유가적 공동체주의의 전통과 도덕에서 보편적 선의 길을 탐색하고자 한다. 〈용문객잔〉이 기술적으로 더욱 세련된 리메이크와 후속작을 가졌음에도, 시대를 넘어 전혀 빛을 잃지 않고 회자되는 건, 이처럼 화려한 안무와 특수효과의 껍데기에 감춰지기 십상인 무협 장르 본연의 정수를 꿰뚫고 있기 때문일 것이다.

2. 강호江湖를 재창조한 무협 영화의 전설 〈협녀〉 1971

호금전, 거장의 탄생

호금전은 무협 영화의 한 전형을 완성한 대가로 영화역사에 이름을 남겼지만, 명성과는 달리 그 경력의 시작은 무협과는 인연이 먼 것이었다. 북경 출신이었던 호금전은 1948년, 17세의 나이에 본토를 떠나 홍콩으로 이주하게 되는데, 광둥어가 서툴렀던 그는 생계를 위해 갖가지 직업을 전전하다가 미술감독으로 일자리를 얻게 되면서 영화계에 발을 들이게 된다. 이 시기에 그는 홍콩 영화계에서 닥치는 대로 여러 일을 소화했는데, 엄준 감독의 요청으로 배우를 하며 연기 경력을 쌓는가 하면 이한상 감독의 〈천녀유혼〉1960에서 조감독으로 일하며 시나리오를 공동집필하고, 관록이 어느 정도 생기자 쇼브라더스 영화사의 배우 훈련반에서 연기를 지도하는 교사로 활동하며 영화 제작 전반에 관한 지식과 경험을 축적해 나갔다.

쇼브라더스에서 제안한 배우 장기계약으로 안정된 길을 걸을 수 있었지만, 호금전은 이를 거절하고 감독으로 데뷔하기 위한 시나리오 작업에 수년간 몰두한다. 그리하여 항일전쟁기의 역사를 배경으로 한 〈대지아녀〉1963와 공동연출작 〈옥당춘〉1964을 내놓지만 안타깝게도 두 편 모두 흥행에는 실패하고 만다. 이때 쇼브라더스의 회장 소일부가 무협 영화의 연출을 권유하면서 만들게 된 〈대취협〉1965으로 호금전의 필모그래피는 일대 전환점을 맞이한다. 그는 자신이 익히 접했던 무협 소설의 이야기를 재구성하고, 금연자 역으로 배우 훈련반 시절에 가르친 신인 정패패를, 걸인 행색의 협객 대취협 역으로 악화를 기용했으며, 경극 배우를 하던 한영걸을 무술감독으로 삼아 액션의 합을 완성해나갔다. 이 작품이 큰 성공을 거두면서 정패패와 악화는 일약 인기배우의 반열에 오르게 되었으며, 호금전 또한 무협 영화에 신선한 바람을 불어넣은 인재로 주목받게 된다. 정패패는 장철의 〈심야의 결투〉1968에서도 금연자 역으로 다시 출연하며 무협 영화의 히로인으로 강한 인상을 각인시키게 된다. 훗날 그 인연으로 〈와호장룡〉2000의 악연 '푸른 여우'를 연기하게 되는데 이는 호금전에게 바치는 이안의 오마주이기도 하다. 한편 무술감독 한영걸은 이소룡 주연의 〈당산대형〉1971에서 악당 두목으로 얼굴을 드러내게 된다.

〈대취협〉으로 신파新派 무협의 일대 유행을 불러일으켰지만, 제작과정 내내 쇼브라더스와 불화를 겪었던 호금전은 바로 회사를 떠나게 된다. 대만의 유니언 스튜디오로부터 전폭적인 지원을 받아 마음껏 자신만의 영화를 만들게 된 호금전은 바로 이 시기에 '객잔 4부작'과 '풍경 4부작'으로 불리는 무협 영화 연작 중 손꼽히는 걸작인 〈용문객잔〉1967과 〈협녀〉1971를 탄생시키게 된다. 이즈음부터 호금전은 무협 장르 안에서 본격적으로 자신만의 작가적 구도를 찾아가게 된 것이다. 〈용문객잔〉이 대만과 한국, 동남아 방면에서 공전의 흥행을 기록하면서 힘을 얻은 호금전은 중국 전래의 기담소설『요재지이』에 수록된 단편「협녀」에 주목해 〈협녀〉의 이야기를 구상하게 된다. 한 선비가 폐가에 숨어 사는 여인의 사연을 들은 뒤 그녀의 복수를 돕는다는 원전의 이야기를 각색하여 혜원대사를 비롯한 인물의 등장과 결말을 새롭게 구상해 넣었다.

〈용문객잔〉에서 두각을 드러낸 호금전 특유의 완벽주의는 〈협녀〉의 제작과정에서 더욱 극단화되었다. 고성제의 마을은 대규모의 오픈 세트를 지어서 촬영했는데, 이때 호금전은 세트 공간이 현실의 풍경처럼 자연스럽고 사실적으로 보여야 하며 실제의 건축물처럼 쉽게 허물 수 없는 견고한 것이어야 한다는 원칙을 세우고 제작 준비에 돌입했다. 심지어 오래된 성채와 폐가의 황량함을 표현하기 위해 세트를 지은 뒤에 일부러 불을 지르는가 하면 잡초가 무성히 자라도록 여러 시일 동안 관리하지 않은 채 방치할 정도였다. 야외 로케이션 촬영에서도 완성도에 대한 호금전의 집착은 고수되었다. 자연풍광의 아름다움을 고스란히 담기 위해 원하는 날씨와 광선 상태가 될 때에만 촬영하는 작업 스타일은 (호금전 영화의 제작부 출신이었던 허안화 감독의 증언에 따르면) 하루에 한 장면만 겨우 건질 만큼 진척이 느려, 명장면으로 꼽히는 대나무숲 결투는 무려 25일 동안이나 촬영이 지속될 지경이었다.

한 달이면 촬영과 편집을 마치기 십상인 당시의 홍콩과 대만 영화계에선 호금전의 제작방식은 실로 받아들이기 어려운 것이었다. 일정이 늘어지자 그의 제작방식을 존중하고 지원하던 유니언 스튜디오의 사장조차 매번 찾아와 "그거 언제 끝낼 거야? 언제 끝낼 거냐고?"라 독촉할 정도였다. 마침내 완성된 영화의 상영시간은 187분에 달하는 엄청난 대작으로 대만에서 개봉할 당시에는 2부로 나누어 극장에 걸었지만 흥행에 참패했고, 홍콩에서 개봉할 때는 150분으로 축약된 판본이 상영되었지만, 이때는 〈당산대형〉이 홍콩 박스 오피스를 석권하던 시기라 〈협녀〉는 빛을 보지 못하고 얼마 못 가 극장에서 내려져야 했다. (한국에서는 이보다 더 많은 분량이 잘려 나간 90분 판본으로 들어왔다.) 〈협녀〉의 실패로 막대한 손실을 입게 되면서 유니언 스튜디오와 결별하게 된 호금전은 다시 홍콩으로 돌아와 골든하베스트에서 〈영춘각의 풍파〉1973와 〈충렬도〉1974를 만들게 되지만 매번 일정과 예산을 초과하는 그의 작업방식은 절친한 사이였던 추문회 회장조차 질리게 만들었고, 결국 이 두 작품을 끝으로 골든하베스트와의 인연도 마감하게 된다. (이 일로 홍콩영화계의 블랙리스트에 오른 호금전은 한동안 연출의 기회를 얻지 못하다가 한국에서 해인사와 불국사, 설악산 등지를 로케이션으로 삼아 〈산중전기〉1979와 〈공산영우〉1979를 동시에 제작하게 된다. 본래 〈산중전기〉의 원판은 184분에 달했으나 한국에서는 대폭 잘려 나간 92분 판으로 상영되는 비운을 겪었다. 이 작품은 대만전영자료관의 주도로 4K 디지털 리마스터링을 거친 복원판이 제 73회 베니스 국제영화제에 상영되면서 다시 세상의 빛을 보았다.)

그러나 한때의 실패작으로 잊힐 뻔한 〈협녀〉의 영화적 가치를 발굴해낸 건 서구 영화계에서였다. 1973년, 150분 판본을 접하고 감명받은 프랑스의 영화평론가 피에르 리시앵이 〈협녀〉의 존재를 서구 비평계에 알렸으며, 1975년에는 칸영화제 고등기술대상을 수상하게 된다. 이는 중화권 무협 영화의 가치를 세계 영화계에 알린 일대 사건이었으며, 〈협녀〉에 대한 재평가도 활발히 이뤄지게 된다. 걸작 〈협녀〉와 거장 호금전의 명성은 불멸의 것이 된 것이다. 그리고 마침내 2014년, 대만영화협회CTFA: Chinese Taipei Film Archive에서 추진한 고전 영화 복원 및 가치 창출 프로젝트의 일환으로 〈용문객잔〉과 함께 〈협녀〉의 4k 리마스터링 복원이 이뤄졌으며, 〈용문객잔〉은 2014년, 〈협녀〉는 2015년에 각각 칸 국제영화제에서 칸 클래식 선정작의 일환으로 다시 세상의 빛을 보게 되었다. 반세기 가까운 세월이 지나서야 현대의 관객들은 비로소 온전한 형태로 복원된 〈협녀〉를 접할 수 있게 된 것이다.

무협을 넘어서는 무협의 신경지新境地

오늘날에는 무협 영화의 거장으로 칭송받는 호금전이지만, 정작 〈대취협〉 이전까지 그는 무협 영화를 만드는 데는 관심이 없었으며 무술 연출에도 완전히 무지했다. (호금전 무협의 액션은 쿵푸보다는 북경식 경극의 전통을 이어받아 현대 무용과 결합한 산물로 감독 본인은 이를 '리듬의 페이스' 라고 불렀다.) 하지만 무협 영화의 경험이 일천하다는 그의 단점은, 역설적으로 그가 만드는 무협 영화가 다른 감독들이 찍어내는 것과는 전혀 다른 참신한 작품이 될 것이라는 일말의 가능성을 품고 있는 것이었다. 한 인터뷰에서 호금전은 이런 말을 한 적이 있다. "스튜디오에서 찍는 무협 영화들은 다들 이상할 정도로 액션 장면의 사실성에만 중점을 두고 있었다. 공중을 날고, 칼과 칼이 부딪치며 화살을 막는 장면들은 상상의 산물임에도 다들 그것이 진짜인 것처럼 만들려고 했었다. 금방 한계에 부딪힐 것이 보였다. 그래서 나는 액션과 풍경의 관계로 관심을 돌렸다." 이 말에는 무협 영화감독으로서의 호금전의 지향점이 어디에 있었는지가 가장 극명히 드러나 있다.

그와 더불어 무협 장르의 양대 산맥으로 더불어 언급되는 장철의 영화와 비교하면 호금전의 무협 영화가 지닌 특징은 보다 극명히 드러난다. 〈의리의 사나이 외팔이〉1967나 〈심야의 결투〉, 〈복수〉1970 등의 명작을 쏟아내며 오랜 기간 쇼브라더스의 전속 감독으로 일했던 장철은 시종일관 협객 간의 의리와 복수라는 테마를 붙잡고 실내 스튜디오 중심으로 작업하며 여러 편의 영화들을 연달아 찍어냈다. (다시 말해 장철은 제한된 일정 안에 여러 편의 영화를 천편일률적으로 찍어내야 하는 B급 스튜디오 시스템에 최적화된 인물로 한 해에 5~6편의 무협 영화를 찍어내는 괴력을 발휘한 바 있다.) 실제로 남파권법 홍가권의 고수이기도 했던 장철의 카메라는 인물의 액션에 초점을 맞추고 격렬한 핸드헬드 카메라로 찢기고 난자되는 육체의 잔혹미를 사실적으로 포착해 남성적 비장미를 이끌어냈다.

반면 호금전의 관점과 미학은 장철과는 정반대의 선을 그리는 것이었다. 무엇보다 호금전의 무협 영화를 여타의 작품들과 차별화시킨 건, 감독 자신의 말마따나 '풍경에 대한 관심'이었다. 〈협녀〉에서 〈충렬도〉, 〈공산영우〉와 〈산중전기〉로 이어지는 '풍경 4부작'에서 극명히 드러나듯, 호금전의 카메라는 관조적인 시선을 유지한 채, 드넓은 풍경 가운데 놓인 피사체의 하나로서 극 중의 인물들을 거리를 두고 바라본다. 유려한 수평적 움직임이 두드러지는 와이드 스크린 안에 풍경과 인물을 함께 아우르는 〈협녀〉의 정적인 프레임은 무용처럼 현란한 무공도 고적한 자연 안에서는 대나무 잎사귀의 흔들림처럼 덧없고 부질없는 하나의 몸짓으로 여겨지게 만든다. 자연의 광대함을 마주하고 선 인간의 숭고. 서구에서는 데이비드 린이 〈아라비아의 로렌스〉 1962 와 〈라이언의 딸〉1970,

〈인도로 가는 길〉1984로 해낸 미학적 성취를 동양에서는 호금전이 〈협녀〉로 이뤄낸 것이다. 장철의 협객들이 세속적 원한의 굴레에 매여 폭력의 늪에서 헤어나지 못하는 폐쇄적 숙명론의 함정에서 처해 있다면, 초월적인 법력의 소유자 혜원대사와 불가에 귀의하려는 양낭자가 그러하듯 〈협녀〉에서 호금전은 강호로 대변되는 인간사의 세속적 갈등으로부터 벗어나 종교적인 초월, 탈속적 선禪의 경지를 지향한다. (그러한 점에서 〈협녀〉의 영어 제목이 'A Touch of Zen' 이라는 점은 실로 의미심장하다.)

〈협녀〉의 공간학적 지형도는 전혀 상반된 두 개의 세계를 대극적인 관계로 대비시킨다. 마을 공간이 입신출세의 욕망과 음모가 판을 치는 유가儒家적인 세속이라면, 그 반대편에는 대나무 숲과 산수山水로 대변되는 도가道家적 자연과 혜원대사의 존재로 표상되는 불교佛教적 초탈이 자리 잡고 있다. 이때 호금전은 햇살 내리쬐는 숲의 빈 여백 사이로 운무雲霧가 피어올라 빛을 부드럽게 걸러내는 일대 장관을 연출하며 중국 수묵 산수화의 회화적 전통을 영화적 공간 속으로 끌어들인다. 〈협녀〉의 도입부는 어둠 속에 빛나는 거미줄과 거미의 이미지로 열리는데, 이 장면은 혜원대사의 제자들이 양낭자 일행을 추적하는 금의위 부사를 숲

속에서 밧줄로 포박하는 장면과 대구를 이루며 세속적 욕망과 인연의 굴레에 사로잡힌 인물의 내면을 은유한다. 시적인 은유, 회화적 아름다움으로 넘치는 〈협녀〉의 인서트 이미지들은 극 중 인물들로 하여금 그들 자신의 내면을 돌아보게 하는 투명한 거울처럼 작용한다. (북진무사 허현순의 두 아들 중 한 사람은 경력 초년기의 홍금보이다. 〈협녀〉로 호금전과 인연이 생긴 그는 나중에 〈충렬도〉에서 왜구의 수장 역을 맡게 된다. 양낭자 역의 배우 서풍은 이후 영화제작자로 변신해 〈홍진〉1991과 〈패왕별희〉1993, 〈풍월〉1996을 제작한다.)

혜원대사와 그의 제자들이 금의위 부사로부터 양낭자와 석장군을 구하기 위해 등장하는 장면에서, 호금전은 잎사귀를 사뿐히 밟고 내려오는 경공술의 순간 사이로 대나무와 풀의 흔들림, 고요한 물의 흐름 등 자연의 이미지를 삽입해 넣으며 이전의 무협 영화에서는 전례가 없었던 명상적인 순간, 반가사유상半跏思惟像의 이미지를 창조해낸다. 혜원대사의 등장은 항상 역광에 렌즈 플레어 효과가 곁들어져 세상사를 초탈한 신적인 존재처럼 연출되는데 이러한 묘사는 부상을 입은 혜원대사가 언덕 위에 올라 참선參禪에 드는 순간, 부처의 머리에 광배光背(불상의 머리 뒤에 광명을 상징하는 장식물)가 드리운 듯한 이중 이미지Double Images를 만들어내는데서 정점에 달한다. 〈협녀〉는 대중적 오락으로 쉽게 소비되고 성행하던 무협 장르가 기존의 틀을 깨고 형이상학形而上學적인 심오함, 과감한 예술적 비전을 담아낼 수 있음을 입증한 기념비적 역작이 된 것이다.

〈협녀〉가 무협 장르의 역사에 남긴 영향은 오늘날의 영화에도 현저히 남아 있다. 아마도 지금의 관객들은 〈협녀〉 원전이 아닌 그 오마주를 먼저 접했을 것이다. 도시와 자연을 극명히 나누는 공간의 이분법적 대비, 대나무 숲에서의 결투 장면은 이안의 〈와호장룡〉에서 북경과 표국의 공간적 대비와 로케이션 촬영으로 재현되었으며, 장예모의 〈연인〉2004 또한 〈협녀〉의 액션과 공간 설계로부터 받은 영향을 감추지 않고 있다. 잠정적으로 은퇴한 상태였던 호금전을 다시 불러 모셨지만 예술적 견해의 차이와 제작상의 난관(호금전은 촬영 전에 시나리오를 완벽히 다듬은 뒤 원하는 영상을 얻을 때까지 오랜 시간 공을 들이는 연출가로 유명했으며 따라서 자주 시나리오를 바꾸고 빠르게 일정을 추진하는 서극의 방식과 충돌을 빚을 수밖에 없었다)으로 결별하고 서극이 마무리 지었던 〈소오강호〉1990에서도 성聖과 속俗을 극명히 대비시키며 강호江湖의 덧없음을 설파했던 호금전 무협의 테마는 고스란히 이어지고 있다.

마틴 스콜세지, 이방인의 눈으로 미국을 돌아보다

"물론 이것은 순전히 견해의 문제다.

하지만 나는 영화의 관점이 명확하고 개인적일수록

그 영화의 예술성이 높아진다고 생각하는 편이다."

마틴 스콜세지Martin Scorsese : 1942 ~

스콜세지, '국가의 탄생'을 그리다 〈갱스 오브 뉴욕〉2002

스콜세지, 뉴욕의 '창세기'를 만나다

〈갱스 오브 뉴욕〉2002은 거장 마틴 스콜세지가 일생을 건 '꿈의 프로젝트'였다. 뉴욕 퀸즈의 리틀 이탈리아에 집단 거주하던 이탈리아계 이민자의 후손이었던 스콜세지는 유년기부터 아일랜드계와 이탈리아계 이민자들이 패싸움을 벌이던 이야기를 들으면서 자랐고, 평론가 리처드 시켈과의 인터뷰에서는 나중에 세인트패트릭 구 성당 주변의 공동묘지를 둘러보면서 자신이 살던 땅에 이탈리아인보다 먼저 아일랜드인들이 정착했다는 사실을 알게 되었다고 술회한 바 있다. 1970년 정월 초하루에 롱아일랜드의 친구 집에서 시간을 보내던 스콜세지는 논픽션 작가 허버트 에스버리가 1927년에 집필한 『뉴욕의 갱들Gangs of New York』을 우연히 발견하게 된다. 19세기 말에서 20세기 초를 관통하며 미국의 암흑가, 뒷골목의 풍경과 생리를 포착한 에스버리의 책은 방대한 분량 안에 뉴욕의 어두운 과거사를 치밀한 필치로 생생히 묘사하고 있었고 스콜세지는 이 책에 푹 빠져들었다.

그중에서도 스콜세지가 주목한 건 뉴욕의 하층민이 모여 살던 파이브 포인츠를 배경으로 1840년대에서 1860년대까지 20년간에 걸친 이야기였다. 이 시기의 뉴욕은 콜레라와 온갖 질병이 창궐했고, 엘리자베스가의 경우는 뉴욕 최고의 영아 사망률을 기록했다, 길거리 밑 지하 동굴에 이민자들을 저임금으로 부려먹던 작업장이 성업했고, 골목은 매번 아일랜드계 이민자와 토박이 미국인 하층민들 간의 분쟁과 폭력 시위로 얼룩졌으며, 어린 소녀들은 12세 무렵부터 술을 마시고 성매매를 하면서 평균 수명이 15세를 넘기지 못하는 등, 사람들이 쓰레기 취급을 받으며 죽어가는 것이 뒷골목 뉴욕의 일상이었다. '풍경은 기원을 은폐한다'는 말처럼 수도 워싱턴 D.C와 더불어 미국의 상징이라 할 수 있는. 첨단을 달리는 현대 도시 뉴욕의 화려한 외관 이면에는 지금으로선 상상조차 할 수 없는 비참한 슬럼의 과거가 있었던 것이다. 찰스 디킨즈의 『미국 여행기』를 비롯, 도시가 형성된 역사의 초창기에 관한 자료들을 조사하고 검토한 스콜세지는 이 내용들이야말로 자신이 영화화해야 할 소재라고 마음먹게 된다.

스콜세지의 인생 행보와 경력을 떠올려보면 〈갱스 오브 뉴욕〉은 언젠가는 건드리지 않을 수 없는 필연이었을 것이다. 뉴욕의 리틀 이탈리아에서 평생을 살아온 그의 작품에는 항상 이탈리아적이면서도 뉴욕적인 지역적 특성이 녹아들어 있었다. 뉴욕대 영화과 시절의 실험영화들이 일관되게 보여주는 '황량한 거리와 음침한 침실'이라는 시각적 컨셉과 리틀 이탈리아라는 공간에 대한 감독의 애증은 데뷔작 〈누가 내 방문을 두드리는가?〉1969, 지역 불량배들의 폭력에 대한 다큐멘터리적 묘사는 〈바바라 허쉬의 공황시대〉1972에서 선명하게 드러나고 있으며, 이 두 요소는 초년의 갱스터 무비 걸작 〈비열한 거리〉1973에서 처음 집대성되기에 이른다. 다시 말해 〈갱스 오브 뉴욕〉은 뉴욕이라는 도시 공간과 그 안에서 벌어지는 인간사, 폭력의 문제에 천착해 온 스콜세지 영화의 본령과 매우 밀접해 있는 이야기였으며, 〈좋은 친구들〉1990과 〈카지노〉1995에서 창조한 갱스터 캐릭터의 근원을 과거로 거슬러 올라가 탐색하는 일종의 '창세기'였던 것이다.

"최초의 시나리오는 '당신은 당신의 여름을 이 거리에서 구세주가 나타나길 기도하며 헛되이 보낼 수 있지'라는 브루스 스프링스턴의 노래에서 시작되었다. 마지막 역시 그의 노래인 〈아담은 카인을 키웠다〉의 가사를 인용하는 것으로 끝을 맺었다. '사라졌으나 어두운 꿈의 심연으로부터 잊히지 않은Lost but not forgotten from the dark heart of a dream.'"

—제이 콕스영화평론가, 각본가

영화평론가이자 비슷한 연배의 동료였던 제이 콕스에게 『뉴욕의 갱들』을 영화화할 뜻을 밝힌 스콜세지는 그와 의기투합하여, 1979년 원작의 판권을 구입하고 각본 작업을 추진한다. 〈뉴욕, 뉴욕〉1977과 〈라스트 왈츠〉1978의 잇따른 흥행 실패로 슬럼프에 빠지고, 마약 중독에서 벗어나고자 재활 치료 중이었던 스콜세지에게 제이 콕스는 뤽 산테의 『로 라이프』, 『뉴욕의 빛과 그림자』 같은 문헌들과 사진자료들을 참고해가며 작성한, 장장 179페이지에 달하는 대하소설에 가까운 분량의 시나리오를 작성해 들고 왔다. 각본은 훌륭한 수준이었고 스콜세지는 〈갱스 오브 뉴욕〉이 위기에 빠진 자신의 경력을 구원할 역작이 되리라는 걸 직감했다. 회심의 걸작 〈성난 황소〉1980로 부진을 털고 재기한 스콜세지에겐 〈갱스 오브 뉴욕〉이 니코스 카잔차키스의 동명 원작에 바탕한 종교영화 〈그리스도 최후의 유혹〉1988과 더불어 반드시 만들어야 할 차기작 프로젝트로 남아 있었다. 문제는 분량만큼이나 방대한 각본의 스펙트럼이었다. 제이 콕스가 쓴 각본은 탁월했지만 1846년 겨울부터 1863년 여름까지로 시간대를 한정시켰음에도 너무나 많은 등장인물과 에피소드가 한데 담겨 있었고, 그렇다고 대뜸 잘라버리기에는 어느 것 하나 놓치기에 아까운 매력적인 요소들이었다. 다시 말해 영화 한 편의 일목요연한 플롯으로 정리하려면 어디에 초점을 맞춰야 하는가를 두고 두 사람은 난관에 부딪힌 것이다.

> **"〈갱스 오브 뉴욕〉을 편집하면서 들어낸 장면 중에 다시 갖다 붙이고 싶은 장면이 있다는 말을 하는 게 아니에요. 어쩐 장면을 잘라냈든 후회는 없어요. 단지 각본 자체가 절대 완성할 수 없는 각본이었단 말입니다."**
>
> **—마틴 스콜세지**

이는 뒷날 스필버그가 〈링컨〉2012을 준비하면서 마찬가지로 (1999년 판권 구입 이래) 오랜 시간 영화 제작을 지연한 이유와 일맥상통한 것이었다. 550페이지에 달하는 토니 커쉬너의 각본 초고를 받아들고 흡족해 하면서도 "HBO 미니시리즈로 만든다면 모를까, 영화론 어렵겠는 걸." 하던 스필버그가 종국엔 링컨의 두 번째 재선 직후, 수정헌법 13조를 통과시키기까지 42일간의 투쟁에 집중하는 것처럼, 스콜세지 또한 멋진 일화와 다채로운 인물들의 비중을 희생하는 대신, 어느 구역이 뉴욕시의 전반적인 상황을 대변하는지, 어떤 부분이 뉴욕의 성장과정, 더 나아가 미국의 성장사를 함축하는데 적절한지를 판단해야 했다. 어쩌면 HBO의 〈롬〉이나 BBC의 〈나, 클라우디우스〉 같은 TV 시리즈로 만드는 편이 각본 전체를 아우르는 최선의 방안이었을지도 모른다. 그러나 스콜세지는 헐리우드 뉴 시네마를 온몸으로 겪은 시대의 총아였다. 〈지옥의 묵시록〉1979이나 〈천국의 문〉1980 같은 유려한 흐름의 영화를 두 시간 반에서 세 시간 이상 넘어가는 길이의 대서사시로 찍고 극장에 걸었던 시절처럼 〈갱스 오브 뉴욕〉을 현대의 에픽 클래식으로 만들고자 하는 야망을 품고 있었던 것이다.

본래 〈갱스 오브 뉴욕〉은 1981년쯤 제작에 들어갈 계획이었다. 1977년 스콜세지는 대강의 초안을 완성하자마자 〈버라이어티〉지에 두 면을 광고를 냈는데, 야곱 리스의 사진 〈갱들의 보금자리〉와 영화의 제목을 올리고는 "지금은 제작준비 중"이라고 써 붙였다. 그럼에도 영화가 20년 넘게 미뤄진 건 두 가지 이유에서였는데, 먼저 스콜세지 감독 본인이 어떠한 관점에서 영화의 이야기를 다룰지 명확한 방향성을 정하지 못하고 있었고, 다음으로 마이클 치미노가 블록버스터급 자본을 투입해 만든 〈천국의 문〉이 유나이티드 아티스트 영화사를 도산 직전까지 몰아넣을 정도로 흥행에 참패해, 영화사들이 대형 서사극에 투자하는 걸 꺼리게 된 탓이었다. 공교롭게도 치미노와 스콜세지 두 사람 모두 이탈리아 이민자의 후손이었고, 〈천국의 문〉과 〈갱스 오브 뉴욕〉 두 영화 모두 각각 개척기의 서부와 남북전쟁기의 뉴욕에서 벌어진 미국사의 어두운 부분을 다룬다는 점에서 공통점을 갖는다. 스콜세지가 처음에 암스테르담 역으로 염두에 둔 배우는 〈오 럭키 맨!〉1973으로 눈여겨본 말콤 맥도웰이었고, 로버트 드 니로도 물망에 올랐다. 나중에 로버트 드 니로는 윌렘 데포와 더불어 '도살자 빌' 역으로 다시 고려되었지만 다른 작품의 출연 일정과 겹쳐 무산되었다. 영국의 펑크밴드 클래쉬도 배역진으로 점찍어 두었지만 영화가 엎어지면서 없던 일이 되었고, 대신 스콜세지는 〈코미디의 왕〉1983에서 이들을 카메오로 출연시킨다.

이야기의 구상이 겨우 다듬어진 건 1990년 즈음의 일이었다. 마찬가지로 〈순수의 시대〉1993를 제이 콕스와 함께 작업하던 스콜세지는 틈틈이 〈갱스 오브 뉴욕〉의 각본을 수정했고, 마침내 뉴욕 토박이의 대표격인 '도살자 빌'과 그의 칼에 아버지가 살해당하자 복수를 다짐하는 청년 암스테르담 발론의 대결 구도로 이야기의 초점을 잡았다. (단, 대규모의 패싸움 장면으로 열리는 도입부만큼은 1979년 각본 초고 단계부터 정해져 있었다.) 서사의 곁가지를 쳐내면서 이야기를 간소화하고, 연대기적 구성으로 재편하면서 지하 동굴의 생활이나 극장에서의 폭동 장면과 같이 틈틈이 해당 시대의 생활상 묘사를 넣는 고전적인 기법의 스토리텔링으로 풀어나가고자 했고, "〈폼페이 최후의 날〉1959의 화산폭발처럼" 드래프트 폭동 사건(300달러를 내면 병역 면제를 시켜주는 징병제도에 반발한 빈민층의 징병 거부와 군의 유혈진압)이 터지며 뉴욕이 아수라장이 되는 걸로 결말을 가다듬었다. 1998년 매니지먼트 업계의 대부 마이클 오비츠가 〈비상근무〉1999의 촬영장에 찾아오면서 〈갱스 오브 뉴욕〉의 현실화는 급물살을 타게 된다. 오비츠는 스콜세지에게 "마티, 혹시 평생 꿈꿔오던 프로젝트가 있나?"라 물었고, 그의 주선으로 레오나르도 디카프리오를 캐스팅하는 행운을 얻은 것이다. 당대 최고의 청춘스타가 합류하자 제작비 투자에 물꼬가 트였고, 미라맥스 영화사의 수장 하비 와인스타인과 손잡으면서 스콜세지는 마침내 본격적인 영화의 제작 단계에 돌입한다.

(여담으로 디카프리오는 〈타이타닉〉1997으로 국제적 스타가 되기도 전인 1991년부터 스콜세지의 신작에 출연할 의사를 밝혀왔다.) 소속된 에이전시가 만남을 성사시켜주지 않자, 본인이 직접 스콜세지의 에이전시 CAA로 옮기는가 하면, 1999년 캐스팅이 성사되자 디카프리오는 "마티의 영화에 내가 출연하게 되었다니 믿기지 않는다. 어떤 배우가 마티와의 작업을 마다할 수 있겠는가?" 하며 미친 듯이 기뻐했다. 〈갱스 오브 뉴욕〉으로 시작된 두 사람의 파트너십은 〈휴고〉2011의 실패로 스콜세지가 신작에 들어가지 못하는 지경에 이르자 '보은報恩'의 차원에서 직접 투자에 발 벗고 나선 〈디 울프 오브 월스트리트〉2013로까지 이어진다.

고난의 행군, 촬영에서 개봉까지

"문제는 늘 시작부터 발생하게 마련이다. 영화의 첫 장면이자 아일랜드 이민자의 삶의 터전인 양조장 내부의 인테리어를 놓고 우리는 고민에 빠졌다. 당시 뉴욕 양조장의 내부가 어떻게 생겼는지 알 턱이 있나. 그 어떤 사진자료도 남아 있지 않은 것이다. 결국 우리는 기술고문(이자 『로 라이프』의 작가인) **뤽 산테의 도움을 받아 뉴욕의 양조장이 같은 시절 프랑스의 양조장 내부와 별로 다르지 않음을 알아냈다. 또한 마티가 상상한 "사람들이 케이크처럼 켜켜이 쌓인 층으로 분리된 작은 방에서 근근이 생계를 이어나가며 고양이 걸음으로 서로 내통하는 지하터널 같은 느낌"을 살렸다. 결국 만들어 놓고 보니 이건 『레 미제라블』에 나오는 지옥도였다."**

—단테 페레티미술감독

로케이션 선정에서부터 제작진은 난관에 직면했다. 현대의 뉴욕 어느 곳에도 과거 19세기의 흔적을 찾을 수 없거나, 일부 남아 있더라도 대규모 서사극의 촬영지로 쓰기에는 부적합한 환경이었던 것이다. 제작진은 19세기의 뉴욕 슬럼가를 새롭게 창조해야 한다는 결론에 도달했다. 프로덕션 디자이너 단테 페레티는 과거 〈쿼바디스〉1951 나 〈벤허〉1959 등의 세트가 건설되었던 이탈리아의 치네치타 스튜디오에 사방 1마일 부지를 확보하고, 그 안에 맨해튼 슬럼가와 극장, 교회, 술집 등 영화에 필요한 세트 공간을 실재 자재를 동원해 건설해나갔다. (따라서 대부분의 엑스트라가 이탈리아인으로 채워졌고 영어가 통하지 않아 적잖은 곤란을 겪어야 했다. 때문에 이탈리아에 주둔해 있던 미 공군 31 비행단의 인원들이 영어를 쓰는 엑스트라로 자주 동원되었다.) 〈갱스 오브 뉴욕〉의 미술 작업은 세트 건설이라기보다는 아예 마을 자체를 건설하는 것에 준하는 작업이었다. 때마침 〈스타워즈 에피소드 1—보이지 않는 위험〉1999의 작업을 마치고 응원차 현장을 방문한 조지 루카스는 스콜세지에게 "이런 세트는 컴퓨터 그래픽으로 다 지을 수 있지 않나?" 시큰둥해했지만 감독의 결정은 옳았다. 세트인지 실제 건축물인지 구분되지 않는 수준의 환경을 조성한 결과, 배우들은 마치 그 시대의 뉴욕으로 돌아간 것처럼 실감 나는 연기를 펼칠 수 있었던 것이다. 다만, 광범위한 규모의 세트 건설과 시대상 고증으로 촬영 초반에 소모된 비용은 〈갱스 오브 뉴욕〉의 일정이 진행될수록 스콜세지의 발목을 붙잡는 요인이 되고 만다.

시대상 고증에 있어 완벽주의를 고수한 스콜세지의 집념은 배우들의 억양을 조정하는 데까지 미쳤다. 배우들의 발성 코치를 담당한 팀 모니카는 출연진에게 일반적인 아일랜드 억양이 아닌, 영국과 아일랜드

각지의 다양한 방언을 훈련시켰고, 디카프리오의 경우는 암스테르담이 아일랜드계이지만 미국에서 성장한 인물이기에 반 정도는 미국식과 뒤섞인 억양을 구사하도록 세심히 지도했다. 다니엘 데이 루이스의 경우는 스콜세지가 따로 미국의 대표적인 시인이자 수필가 월트 휘트먼이 1892년에 녹음한 축음기 음성을 들려주면서 과거의 딱딱한 뉴욕 억양을 재현하는 데 참고하게 할 정도였다.

메소드 연기의 대가라는 명성답게 다니엘 데이 루이스의 연기에 대한 집념은 연출에 임하는 스콜세지의 각오 못지않게 비장한 것이었다. (그는 〈반지의 제왕〉 시리즈의 아라곤 역을 맡아 달라는 피터 잭슨의 부탁을 뒤로 하고 이 영화에 합류했다.) 미국 상류사회를 배경으로 한 〈순수의 시대〉1993의 촬영에 임하면서 두 달 동안 19세기 말의 정장과 탑 햇, 지팡이 차림으로 뉴욕 시내를 돌아다닌 전적이 있던 데이 루이스는 반대로 동시대 뒷골목을 그린 〈갱스 오브 뉴욕〉에서도 마찬가지로 현장 밖에서도 영화 의상을 입고 돌아다닌 끝에 폐렴에 걸렸다. 치료도 19세기 방식으로 받아야 한다고 고집을 부리다 스콜세지 감독의 만류로 겨우 항생제 투여를 받아들일 정도였다. '도살자 빌'에 어울리게 실제 푸줏간에서 도살 견습을 받았고, 촬영을 쉴 때도 칼을 갈면서 노려보는 걸로 디카프리오를 심리적으로 압박했으며, 디카프리오와 격투장면을 촬영하던 도중 코가 부러지는 부상을 입었음에도 중단 없이 촬영을 지속했다. 데이 루이스는 '도살자 빌'의 광기 어린 심리 상태를 유지하기 위해 쉬는 틈틈이 에미넴의 음악을 자주 들었다고 한다. 디카프리오 역시 연기에 열정적으로 임해 영화에 참고된 당시의 문헌자료(특히 '교정의 집' 이라 불리던 소년원에서 소년기를 보낸 한 젊은이의 수기가 복수에 대한 집념으로 찬 암스테르담의 내면을 이해하는 데 큰 도움이 되었다고 한다)들을 탐독하며 암스테르담의 캐릭터를 만들어 나갔고, 감독의 요구로 몸무게를 10kg 늘이며 웨이트 트레이닝과 칼 던지기, 격투술을 연습했다. 카메론 디아즈의 경우는 감독이 소매치기 기술에 숙달시키기 위해 '마법사'라는 별명으로 불리는 30년 경력의 이탈리아 소매치기 전문가를 따로 고용해 지도를 받게 했다.

처음 〈갱스 오브 뉴욕〉을 위해 책정된 예산은 8,300만 달러였다. 물론 적지 않은 제작비였지만 이 정도 규모의 대하 서사극을 지탱하기에는 모자란 예산이었고, 완성도에 대한 스콜세지의 집념이 불타오를수록 비용은 더욱 빠르게 소진되었다. 영화에서 가장 거대한 스케일과 폭력 묘사로 강렬한 인상을 남긴 오프닝은 2001년 1월 말에 촬영되었는데, 이즈음 책정된 예산은 3년에 걸친 일정으로 거의 바닥난 상태였다. 추가 배정된 예산이 더해져 제작비는 1억 달러로 뛰어올랐지만, 찍어야 할 나머지 자잘한 장면들 외에도 클라이맥스를 장식할 드래프트 폭동 장면이 남아 있는 상황이라 이마저도 모자랐다. 스튜디오에선 빨리 마무리 지으라는 독촉이 떨어지는 한편, 스태프와 엑스트라들은 떠나가고 소품은 몰수되고 있었다. 심한 경우 현장에 인원이 세 명밖에 없어서 촬영 자체가 불투명한 상황이 빈번해졌다. 스콜세지와 디카프리오는 연출료와 출연비를 자진 삭감하는가 하면 사비를 보태가며 촬영을 지속해 나갔다. 그야말로 '고난의 행군'이었다.

영화사와 투자자로부터 "더는 예산이 없다."는 말을 듣는 상황에서 스콜세지에게 남은 선택은 원래의 구상을 일정 부분 포기하는 타협뿐이었다. 가장 방대한 스케일을 선사해야 할 드래프트 폭동 장면이 대폭 축소된 건 이런 이유에서였다. 하비 와인스타인은 "마티, 예산 관계상 열

개의 신 중 오직 세 개만 찍을 수 있어요. 어떤 장면을 고를래요?"라 제안했고, 스콜세지는 억지로 사정해가며 두 개의 신에 대한 추가 촬영 허가를 더 얻어낼 수 있었다. 이때 고른 장면 중 하나가 바로 서커스장이 무너지면서 코끼리가 길거리로 뛰쳐나오는 장면이었다. 와인스타인은 불필요한 장면이라 여겼지만, 스콜세지는 끝까지 이 장면의 촬영을 고집했다. "아뇨, 필요해요. 영화를 통틀어 가장 초현실적인 장면이 될 테니까요." (이 사건은 드래프트 폭동이 있은 지 2년 뒤에 발생한 실화이지만 영화에선 폭동 때 일어난 상황으로 합쳐졌다.) 본래 꿈꾸었던 바를 완전히 구현하진 못한 아쉬움을 남기며 스콜세지는 〈갱스 오브 뉴욕〉의 촬영을 마무리 지었다.

본래 스콜세지가 편집한 워크프린트 판의 상영시간은 〈원스 어폰 어 타임 인 아메리카〉1984에 필적하는 3시간 36분이었다. 그러나 극장에 걸릴 편집본을 두고 하비 와인스타인과 마찰을 빚은 스콜세지는 2시간 48분으로 한 시간 가까운 분량을 덜어내고 후반 작업을 마쳐야 했다. (스콜세지는 극장판이 영화의 최종판이라 못 박았고 편집자 텔마 슌메이커 또한 별도의 감독판이 공개되지는 않을 것을 시사했다. 그러나 2001년 가을 워크프린트 판을 보았던 평론가 제프리 웰스는 워크프린트 판이 극장판보다 내레이션의 비중이 적으며, 보다 풍부하고 만족스러운 경험이었다고 소감을 밝혔다.) 3년의 우여곡절 끝에 〈갱스 오브 뉴욕〉은 완성되었고, 2001년 6월에 공개된 티저 예고편에선 2001년 크리스마스로 개봉 일정을 못 박았다. 그러나 영화가 겪을 수난은 아직 끝나지 않았다. 그해 9월 11일, 세계무역센터 빌딩이 테러로 파괴된 것이다. 과거에서 현재로 넘어와 뉴욕의 전망을 담은 영화의 마지막 장면에선 빌딩이 멀쩡하게 남아 있는데 영화사 측에선 이것이 국민 정서상 논쟁을 촉발할 소지가 있다는 이유로 빌딩을 CG로 지우거나 해당 장면 자체를 들어낼 것을 요구했다.

엔딩만큼은 절대 양보할 수 없었다. 스콜세지는 다음과 같이 말했다. “세상의 많은 곳에서 이민 온 사람들은 이 도시를 세우기 위해서 싸웠다. 피를 흘리고 쓰러졌다. 우리는 그런 과거를 알고 있다. 어떻게 그것을 파괴할 수 있겠는가?” 결국 영화는 9·11 테러의 여파가 잠잠해지길 기다리며 영화사 창고에서 한 해를 묵혀야 했고 2002년 1월 재편집에 들어간 〈갱스 오브 뉴욕〉은 그해 12월 20일 천신만고 끝에 세상에 공개되었다. 당초 크리스마스 대목을 노렸지만 디카프리오의 또 다른 주연작 〈캐치 미 이프 유 캔〉2002과의 충돌을 피하기 위해 개봉일을 조정한 결과였고, 영화는 월드와이드로 1억 9천 3백만 달러로 손익분기에 조금 못 미치는 수익을 거둬들였다. 평론가 로저 에버트는 스콜세지의 최고작에는 미치지 못하지만 뛰어난 작품이라 호평했고, 토드 맥카시는 “위대한 영화라기엔 조금 모자라지만 미국 역사의 배우지 못한 측면에 눈과 마음을 열게 하는 인상적인 작업”이란 찬사를 보냈으며 리처드 로퍼는 ‘걸작’이라 열광했다. 스콜세지 필모그래피의 21세기 첫 영화 〈갱스 오브 뉴욕〉은 그해 롤링 스톤의 피터 트래비스, 뉴욕 타임스의 A.O. 스캇과 스티븐 홀든, 워싱턴 포스트의 앤 호나다 등 유력한 영화평론가들이 꼽은 그해 최고의 작품 순위에 오르내리며 수작으로 인정받았다.

〈갱스 오브 뉴욕〉, 미국의 건국신화를 해체하다

미국은 신화가 없는 나라다. 1620년 메이플라워호를 타고 북미 신대륙으로 건너간 영국계 이민자들로부터 역사가 시작되고 영국으로부터 독립해 별개의 국가를 수립한 건 1776년의 일이었다. 국가 공동체에 속한 사람들이 공유할 정신적 토대로서의 신화가 없이 출발했다는 미국 사회의 특수성은 그들로 하여금 스스로의 역사 자체를 신화화하는 방향으로 이끌었다. 가장 대표적인 예가 서부극이었다. 인디언이라 칭한 아메리카 선주민들의 사회를 파괴하고 인종을 말살하다시피 한 피의 역사, 대륙횡단 열차의 개통으로 상징되는 자본주의 성장의 추악한 실상은 텅 빈 야만의 황야를 문명사회로 개척한다는 프런티어 정신의 신화로 뒤바뀌어 대중의 뇌리에 각인되었다. 부끄러운 치욕과 수치의 역사를 그럴싸한 서사, '신화화된 역사'로 대체하는 것이 미국 문화의 이면에 담긴 거대한 위선이자 무의식이 되었다.

영화도 마찬가지였다. D.W 그리피스의 〈국가의 탄생〉1914이 있은 이래, 영화는 역사 서술의 도구이자 선전 수단이 되었다. 문헌 기록이 주지 못하는 영상 특유의 생동감은 보는 이로 하여금 재현된 과거, 그럴싸한 시뮬라크르simulacre를 진실로 받아들이게 한다. 그러나 재현된 역사의 이미지란 만들어질 당시의 이데올로기에 의해 좌지우지된 조작의 산물이다. 〈황야의 결투〉1946나 〈리오 브라보〉1959는 정정당당한 서부 사나이의 이미지를 보여주지만, 실제의 서부는 명보안관 와이어트 어프조차 뒤에서 사람을 쏘아 죽이는 무법천지였다. 〈바람과 함께 사라지다〉1939는 남북전쟁 이전의 남부를 '문명'으로 이상화하지만, 목화 플랜

테이션 농업을 뒷받침하던 흑인 노예의 비참한 현실은 말끔히 치워져 있다. 에드워드 즈윅의 〈영광의 깃발〉1989과 스필버그의 〈링컨〉은 인간 평등과 민주주의의 대의를 실현한 역사적 순간으로 해석하지만, 그럼에도 미국의 뿌리 깊은 인종 차별은 어째서 해결되지 않았는가를 설명하지 못한다.

〈갱스 오브 뉴욕〉에서 스콜세지는 이러한 유의 신화화 내지 이상화를 거부한다. 이탈리아계 이민자의 자손이자 뉴욕의 뒷골목에서 마약으로 한 세월을 보냈던 그는 이방인의 눈으로 미국 사회를 객관화하면서 미국의 건국사 이면에 깔린 발전의 기제가 폭력이었음을 밝히고자 한다. 거주권을 둘러싼 아일랜드계 이민자와 미국 토박이들 간의 알력 다툼으로 열리는 도입부부터 영화는 얄궂은 아이러니의 연속을 보여준다. 말로는 토박이라 하지만 미국 토박이들 또한 그 원류는 영국계 이민자였으니, 이 싸움은 먼저 온 이민자가 굴러들어 온 새 이민자를 적대하면서 '진정한 미국인'으로서의 자기 정체성을 세우려는 과정의 일환인 셈이다. 외지에서 흘러들어 온 아일랜드계 이민자들은 자신들이 받는 차별과 폭력을 도리어 유색인종인 흑인에게 전가한다. 북군의 행렬을 지켜보는 흑인들을 폭행하거나, 드래프트 폭동에 휩쓸린 폭도들이 흑인들을 목매달아 죽이고 시체에 불을 지르고, 종국에는 흑인 고아원을 보호하기 위해 연방군이 출동하는 진풍경이 벌어진다. 300달러를 내고 징병을 기피한 토박이들 대신 군에 징집된 아일랜드계 군인들이 동포라 할 이민자 폭도들을 진압하는 지경(실제로 남부 아일랜드계 이민자들은 자신들에게 총구를 겨눈 북부 아일랜드 출신의 병사들을 '배신자' 라 불렀다)에 이르면, 심지어 이 병력들은 게티즈버그 전투를 치르고 온 이들임을 상기하자면 〈갱스

오브 뉴욕〉이 보여주는 아이러니, 폭력의 순환고리는 이중삼중으로 뒤엉키며 더욱 심화된다.

연방 정부의 함포가 불을 뿜고, 병력이 투입되어 무차별 진압에 들어가는 결말에 이르면 스콜세지가 바라보는 미국의 역사와 폭력에 대한 관점은 극명해진다. 구식의 관례와 백병전으로 결판을 짓고 도시의 질서를 좌지우지하던 폭력배들은 그들보다 훨씬 우월한 국가의 폭력에 의해 쓸려나간다. 사적 폭력과 관습이 지배하던 도시의 구획들은 철저히 파괴된 뒤에야 법과 질서의 관리, 국가의 통제 아래에 들어가게 되며, 토박이, 아일랜드계, 유색인종으로 갈가리 찢어져 있던 인종의 용광로는 너나 없는 국가 폭력의 위력 앞에 무릎 꿇은 뒤에야 근대국가nation 미국의 '시민'이라는 동등한 내셔널리티nationality를 부여받고 강제로 통합되는 것이다. 암스테르담이 아버지로부터 받은 유품 면도칼을 아버지의 무덤에 묻고, 도살자 빌과 발론의 무덤이 나란히 자리한 가운데, 영화는 타임랩스를 통해 과거에서 현대로 넘어온다. 브루클린 다리가 놓이고 이스트강 너머 맨해튼이 마천루로 채워지는 동안, 예전 갱들의 무덤들은 흔적조차 없이 사라진다. 그렇게 풍경은 기원을 은폐하며, 그 토대 위에서 사람들은 과거를 잊은 채 현재를 살아간다.

민주주의와 자유의 국가라는 인상이 짙은 미국이지만, 지금의 질서를 세우기까지의 과정은 결코 평화롭지 않았다. 그 안에는 폭력과 억압으로 얼룩진 역사의 비참함이 있었으며, 그 과정에서의 혼란과 희생을 치르지 않고서는 지금에 이를 수는 없었다는 불편한 진실을 스콜세지는 영화를 통해 들추어내고자 한다. 미국이라는 국가상에 대한 탈신화화. 그런 의미에서 〈갱스 오브 뉴욕〉은 스콜세지 버전의 〈국가의 탄생〉이자 〈천국의 문〉이며, 〈옛날 옛적 서부에서〉 1968 인 것이다. 〈갱스 오브 뉴욕〉은 〈택시 드라이버〉 1976 이래 외부자의 시선에서 미국의 사회상과 역사를 바라보았던 스콜세지식 미국 탐구의 정점이며, 미국에 대한 그의 사유를 가장 잘 드러낸 작품이 되었다.

이소룡, 액션의 트렌드를 바꾸다

"마음을 비우고 정해진 형체도 모양도 없애버리는 겁니다.
물처럼 말이지요.
컵에 따르면 컵의 형태가 되고, 병에 따르면 병의 모양이 되고,
찻주전자에 따르면 찻주전자가 되는 거죠.
물은 이처럼 흐르기도 하고, 무언가를 깨트릴 수도 있습니다.
그러니 친구여, 물이 되시오."

이소룡李小龍 / Bruce Lee : 1940 ~ 1973

이소룡은 어떻게 전설이 되었나

LA 차이나타운의 어느 극장에서 상영 중이던 〈용호의 결투〉1970를 본 한 청년은 발을 동동 굴리며 답답해했다. "왕우의 발은 단지 서 있기 위한 발에 지나지 않아. 나 같으면 발차기를 쓰겠다고, 발차기를…" 이 청년은 머잖아 권격 액션의 신풍新風을 일으키며 전설로 남을 이소룡이었다. 이 무렵 이소룡은 헐리우드에 배우로 진입하고자 했으나 악전고투 속에서 실패를 거듭하고 있었다. 이야기를 약간 거슬러 올라가자면 1964년 롱비치 가라테 선수권 대회에서의 무술 시연(바로 이 대회에서 그의 트레이드 마크 중 하나인 촌경寸勁, 원인치 펀치가 나온다.)이 사람들에게 큰 인상을 남긴 것을 계기로 배우 오디션의 기회를 얻은 이소룡은 TV 드라마 〈그린 호넷〉(미셸 공드리의 〈그린 호넷〉2011은 리메이크작이다)에서 주인공을 보조하는 운전사 겸 사이드킥인 가토 역을 맡아 열연한다.

〈그린 호넷〉은 이소룡 사후 1974년에 재편집되어 극장판으로 개봉해 나름 인기를 끌지만 정작 TV 방영 당시에는 단 한 시즌에 그치고 말았다. 그러나 조연임에도 강렬한 존재감을 뽐낸 이소룡의 가토 연기는 괜찮은 반응을 이끌어냈고 아담 웨스트 주연의 TV 시리즈 〈배트맨〉과의 크로스오버와 〈아이언사이드〉(〈킬 빌〉 시리즈의 유명한 효과음은 실은 이 드라마의 테마곡 일부를 가져온 것), 〈블론디〉 등에 연이어 게스트 출연하게 된다. 1969년 이소룡은 진번쿵푸振藩功夫 도장을 운영할 때 무술을 가르친 제자이자 친구이며, 헐리우드에서 각본가로 활동하던 스털링 실리펀트의 주선으로 레이먼드 챈들러의 하드보일드 소설을 영화화한 〈말로우〉1969에 단역 출연한다. 이때 이소룡은 제임스 가너가 연기하는 주인공 필립

말로우를 협박하기 위해 보내진 악당의 부하 역이었는데 난장판을 만들어 달라는 폴 보가트 감독의 간단한 주문을 이소룡은 삽시간에 방안의 온갖 기물을 때려 부수며 분위기를 살벌하게 만들어 버리는 기대 이상의 퍼포먼스로 소화해 버렸다.

그러나 〈말로우〉는 이소룡의 사실상 첫 헐리우드 영화 출연이란 의의에도 불구하고 극에서 차지하는 비중은 흔한 말단의 중국인 악당에 지나지 않았다. 영어 발음이 부자연스러운 아시아계 배우라는 점은 스티브 맥퀸, 제임스 코번과 같은 인맥의 도움과 치열한 노력으로도 극복할 수 없는 장벽이었고, 이후에도 그는 보잘것없는 단역만을 전전해야 했다. 오랜 구상 끝에 1971년 워너브라더스에 제안한 TV 시리즈 〈전사 The warrior〉의 기획이 무산되자 실망한 이소룡은 평소 알고 지내던 영화 제작자 프레드 와인트롭과 홍콩에서 배우로 활동하던 친구 소기린의 권유로 홍콩에 돌아갈 결심을 한다. 홍콩에서 본격적인 장편영화를 찍고 성공하면 그걸 바탕으로 헐리우드에 재진입하겠다는 방향으로 생각을 전환한 것이다. 그리고 이 결정은 옳았다. (워너브라더스 측은 ABC의 압력 때문이라 해명했지만 실상은 동양인 배우의 주연을 용납하기 어렵다는 인종차별적인 요인이 크게 작용한 것이었다. 〈전사〉의 기획은 나중에 〈킬 빌〉 시리즈의 빌 역할로 잘 알려진 데이빗 캐러딘 주연의 〈쿵푸〉로 현실화된다. 아이러니컬하게도 이소룡이 제자이자 배우인 제임스 코번, 상술한 각본가 스털링 실리펀트와 1969년부터 함께 추진하던 영화 〈소리 없는 피리The Silent Flute〉의 기획 또한 데이빗 캐러딘 주연의 〈서클 오브 아이언〉1978으로 이어진다.)

홍콩에서 세계로, 그리고 전설로

이소룡 본인은 몰랐지만 미국에선 미적지근한 반응을 얻었던 것과는 달리 중화권에서 〈그린 호넷〉은 큰 인기를 끌고 있었다. 중국인 배우가 활약하는 활극이라는 점은 큰 메리트로 작용하여 중화권 시청자들의 민족적 자긍심을 채워주었고 이소룡은 자신도 모르는 새에 홍콩이 배출한 인기스타가 되어 있었던 것이다. 당시 무협 영화의 주종을 이끌던 쇼브라더스 영화사로부터 문전박대를 당했지만, 이소룡의 스타성을 알아본 골든하베스트사의 사장 추문회가 영화 두 편을 같이 하기로 계약하면서 자신감을 회복한 이소룡은 곧 〈당산대형〉1971을 내놓는다. 급조하다시피한 각본에 미국에서는 CF 한 편 찍을 돈도 안 되는 10만 달러의 초저예산을 들였을 뿐이었지만, 〈당산대형〉은 당시 홍콩 박스 오피스 1위를 기록하던 〈사운드 오브 뮤직〉1965을 끌어내리며 380만 홍콩달러를 벌어들이는 공전절후의 대히트를 기록해 스타로서 이소룡의 위상은 굳건해졌다. 이소룡을 섭외하려는 경쟁이 심화되자 추문회가 그를 붙잡아두기 위해 구룡 워털루힐 구역에 아파트를 제공할 정도였다. 다만 이 아파트는 13층 아파트에 엘리베이터가 없어서 매번 걸어서 오르내려야 했다는 웃지 못할 후문을 낳았고 뒤에 〈맹룡과강〉이 히트하

면서 컴벌랜드가 41번지의 방 11개짜리 2층 저택을 구입해 이사한다. (〈당산대형〉의 성공은 본의 아닌 피해자를 낳았다. 바로 장철과 더불어 신무협의 기풍을 이끌던 대가 호금전. 3년 가까이 작업한 필생의 대작 〈협녀〉1971를 대만과 홍콩에서 개봉했지만 영화 자체의 철학적 난해함과 더불어 〈당산대형〉의 압도적은 흥행몰이가 겹친 악재로 극장에서 금방 내려지는 굴욕을 겪었다.)

다음 작품인 〈정무문〉1972은 홍콩에서 443만 홍콩달러, 미국에서 340만 달러를 벌어들여 〈당산대형〉이 세운 흥행 기록을 갈아치웠다. 이 두 편의 성공은 이소룡으로 하여금 오랜 세월 꿈꾸어 왔던 비전의 현실화를 가능케 해주었다. 영화배우로서 높은 인지도를 쌓았지만 이소룡은 자신의 본령은 엄연히 무술인이며, 영화를 통해 자신의 무술 철학을 대중에게 전파하고 싶다는 꿈을 가지고 있었다. 이는 다시 말해 이소룡 본인이 영화를 직접 감독하거나 한발 물러나서 감독직을 위임하더라도 자신이 원하는 방향으로 영화를 이끌어갈 수 있는 무제한의 통제권을 필요로 한다는 의미였다.

〈당산대형〉과 〈정무문〉의 작업 과정 내내 (직업인 영화감독으로서의 기본적인 연출 역량은 있었지만 촬영 현장에서 현장 지휘를 방만히 하고 경마 이야기로 소일하는 등의 불성실한 태도로) 불화를 겪은 나유 감독과 결별한 이소룡은 스스로 감독을 맡기로 작정하고 두 개의 프로젝트에 돌입한다. 하나는 〈맹룡과강〉1972이었고, 다른 하나는 미완의 프로젝트 〈사망적유희〉였다. 우선적으로 〈맹룡과강〉의 제작에 돌입한 이소룡은 감독직 수행에 필요한 공부를 독학하면서 자신이 즐겨 보았던 〈황야의 무법자〉1964 등의 마카로니 웨스턴과 〈요짐보〉1961 같은 일본 사무라이 찬바라 영화의 스토리텔링, 연출기법을 참고하여 각본과 안무를 짜나갔으며, (또한 각본에는 1959년 처음 샌프란시스코에 건너왔을 때와 식당 종업원으로 일했던 시기의 경험이 녹아들었다) 사운드트랙 녹음에서도 타악기를 직접 연주하고, 홍콩 영화계의 촬영 기술 수준에선 어렵다는 판단하에 일본인 나시모토 타다시를 촬영감독으로 기용하는 등의 공을 들인다. 콜로세움 결투장면은 촬영 허가를 얻지 못하자 몇몇 장면을 몰래 들어가 찍은 뒤 나머지는 정교하게 내부를 재현한 세트에서 촬영했다. 그리하여 완성된 〈맹룡과강〉은 530만 홍콩달러의 수익을 거두며 다시 한번 전작의 흥행 기록을 경신한다.

이소룡과 비등한 실력으로 맞설 상대 격투가 콜트 역은 절친한 무술 동료이자 당수도를 수련해 전미 가라테 챔피언을 따낸 경력의 소유자 척 노리스에게 돌아간다. (조 루이스에게 먼저 제안이 갔다는 설이 있지만 이는 루이스 본인이 인터뷰에서 부인했다.) 배역을 맡아 자신과 합을 맞출 무술가를 선정하는 데서부터 이소룡이 〈맹룡과강〉에 투영하려 한 무술 사상의 편린을 엿볼 수 있다. 자신의 속도를 따라올 만큼 몸놀림과 반응속도가 빠른 서구인 무술가를 골라내는 동시에 어느 정도 체격이 건장하여 키가 왜소한 자신과 이미지적으로 대비를 이루게 함으로써 힘으로 승부를 보는 격투 스타일에 대응해 스피드와 유연성을 강조하는 절권도의 특성을 강조하려 한 것이다. 실제로 이소룡은 척 노리스로 하여금 더욱 체중을 불릴 것을 주문했고 이 주문에 척은 평소의 몸 관리를 풀고 피자와 치킨, 파스타 등을 신나게 먹어대며 기대에 부응하듯 몸을 키워서 촬영장에 왔다. (나중에 척 노리스는 마음껏 식성을 발휘할 수 있었던 이때를 두고 '인생에서 가장 행복했던 시절' 이었다고 회고한다.)

〈맹룡과강〉을 마친 직후에도 이소룡은 잠시도 쉬지 않고 곧이어 〈사망적유희〉의 촬영에 돌입했다. 한국의 법주사 팔상전을 배경으로 각층마다 기다리고 있는 각종 무술의 고수들을 꺾고 아들을 구출한 주인공이 뒤이어 무술대회에 출전한다는 내용의 영화로 이는 다양한 무술과의 대결을 통해 보다 높은 경지에 오를 수 있다는 이소룡 무술의 습합習合 사상을 은유적으로 드러내고자 하는 발상에서 출발한 것이었다. 그러나 도입부에 해당하는 탑에서의 결투만을 촬영한 상태에서 프로젝트는 잠시 (그리고 영원히) 중단된다. 이소룡이 거둔 괄목할 만한 아시아권에서의 성공과 스타성, 그리고 정창화 감독의 〈죽음의 다섯 손가락〉1972이 여러 주 동안 북미 흥행 1위의 자리를 고수하면서 아시아 무술 영화의 수익성에 관심을 기울이게 된 워너브라더스의 노선 변화가 들어맞아 골든하베스트와의 합작영화를 먼저 추진하게 된 것이다. 〈피와 강철 Blood and Steel〉이란 제목으로 출발한 이 프로젝트는 본격적으로 이소룡이 합류하면서 〈용쟁호투〉1973로 개명된다. (〈사망적유희〉를 위해 촬영되었다가 〈사망유희〉1978에 15분만 쓰이고 난도질당한 격투 시퀀스의 원본 필름 40분 분량은 분실된 채 사라진 걸로만 알려졌으나, 1999년 베이 로건에 의해 발견되어 이소룡 전문가 존 리틀의 다큐멘터리 〈이소룡: 전사의 여정〉에 삽입된다. 이 다큐멘터리는 국내 정발 〈용쟁호투〉 SE DVD의 2번 서플먼트 디스크에서 볼 수 있다.)

007 시리즈와 같은 스파이 첩보물의 기본적인 플롯에 이국적 배경과 동양 무술의 요소를 넣어 차별화를 꾀하고자 한 〈용쟁호투〉는 제작비가 (당시 환율상 홍콩에선 엄청난 금액이었던 건 사실이지만) 고작 85만 달러 밖에 책정되지 않은 B급 영화였다. 이것이 얼마나 적은 액수인가는 5년 뒤에 나온 〈슈퍼맨〉1978의 제작비가 5천만 달러를 넘었다는 걸 보면 실감할 수 있다. 그러나 이소룡의 입장에서 이것은 그의 처음(이자 마지막) 헐리우드 주연작이라는 의의가 있었기에 가능한 한 영화에 자신의 흔적을 많이 불어넣으려고 했다. 이소룡의 입김이 들어간 대표적인 장면이 바로 수련생을 지도하는 초반부인데 전체적인 플롯에 어떠한 영향도 주지 않는 사족 같은 장면이지만 무술철학자로서의 이소룡의 면모와 절권도의 자세를 가늠해볼 수 있는 대목으로 이소룡의 적극적인 요청에 의해 만들어진 것이라고 한다. 클라이맥스를 장식하는 거울방 격투씬은 오손 웰즈의 〈상하이에서 온 여인〉1947에 대한 오마주(다른 설에 따르면 로버트 클로즈 감독과 제작자가 호텔 화장실을 지나다가 거울이 붙어 있는 복도를 보고 받은 영감을 이소룡에게 이야기했고, 여기에 이소룡이 찬성하면서 이뤄졌다고도 한다)인 동시에 고정된 관념에 휘둘리지 말고 상황에 유연히 대응한다는 이소룡 무술철학의 선禪불교적 모티브를 잘 드러내는 명장면이다.

거울방 촬영은 금세 촬영 스태프의 모습이 비칠 수 있기 때문에 거울로 포장한 상자를 만들고 거기에 렌즈만 보일 정도의 구멍을 뚫어 촬영했다. 세트에는 8,000여 개의 거울이 동원되었고 이소룡은 거울을 깰 때 파괴력을 강화하기 위해 손에 작은 쇠붙이를 쥐고 촬영에 임했다고 한다. 거울방은 각종 조명 기자재와 사람이 뿜어내는 열, 환기가 안 되는 공간으로 인해 즉석 찜통이 되어서 배우와 스태프 전원이 고생할 수

밖에 없었다. 해당 장면을 자세히 보면 이소룡과 석견이 온몸과 이마에서 땀을 뻘뻘 흘리는 건 바로 이 촬영환경 때문이었다.

〈용쟁호투〉의 촬영은 열악한 홍콩의 현장 환경, 소통이 잘 되지 않고 작업 방식이 다른 미국과 홍콩 크루 간의 합을 맞추는 문제 등등 여러 난항을 겪으면서 진행되었고 이 과정에서 숱한 에피소드를 낳았다. 섬의 지배자 한의 부하들을 맡은 300여 명의 엑스트라들 중에는 인근 무술 도장에서 뽑은 인원만이 아니라 진짜 깡패들이 섞여들어 있어 통제가 곤란한 상황이 종종 발생했는데, 이 중 하나가 이소룡에게 도전했다가 나가떨어지고는 이소룡을 큰형님으로 모시는 일화도 있었을 정도였다. 여기에는 다른 후일담이 더 붙어 있다. 극 중 오하라와 싸우는 격투씬을 찍던 이소룡은 날카로운 유리병에 손목 부상을 입어 잠시 촬영이 중단되는 불상사를 겪었다. 영화에서 보이는 오하라가 든 깨진 유리병은 사실 영화용 소품으로 쓰이는 슈거글래스가 아니라 진짜 유리였다. (당시 홍콩 영화계에서는 슈거글래스를 만드는 기술이 아직 없었고, 리얼리즘을 중시한 이소룡의 고집으로 진짜 유리병이 쓰였다.) 때문에 이소룡을 떠받들던 깡패들이 "저 꽈이로우(서양오랑캐)를 죽여버립시다. 형님" 하는 식으로 흥분했고 이소룡은 이들을 진정시키기 위해 너스레를 떨면서 나중에 손을 보겠다고 했다. (로버트 클로즈 감독은 이 말을 잘못 이해해서인지 이소룡이 오하라 역을 맡은 밥 월을 정말 죽이려 했다고 회고한 바 있다. 한 엑스트라의 증언에 의하면 치료가 끝난 뒤 현장에 복귀한 이소룡은 욱하는 성질을 다 죽이지 못하고 촬영 중 광둥어로 번역이 난감할 정도의 욕설을 뱉으며 밥 월에게 옆차기를 날렸다고 한다.)

리얼리즘에 대한 이소룡의 집착은 코브라에 손을 물리는 사고로까지 이어졌다. 이소룡은 실제 코브라를 동원해 극 중 한의 부하들을 쫓는 장면에 이용했는데 지하기지로 들어가기 전 코브라를 제압하는 장면에서 코브라의 머리를 전광석화같이 후려갈겨 촬영팀을 아연실색하게 했다. 그걸 반복하다가 성이 난 코브라가 한 번 손을 물었는데 다행히 이빨에서 독을 미리 빼둔 터라 응급조치만을 하고 촬영을 이어갔다.

이처럼 여러 자잘한 사고를 겪으면서도 〈용쟁호투〉의 작업은 착실히 진행되었다. 그러나 이소룡에게는 점점 짙은 죽음의 그림자가 다가오고 있었다. 1973년 5월 10일, 이소룡은 골든하베스트 스튜디오에서 더빙 작업(〈용쟁호투〉의 모든 대사는 현장녹음이 아니라 따로 더빙된 것이다)을 지휘하던 중 화장실에서 갑자기 쓰러졌다. 전신발작과 뇌부종 증세로 이때 발견한 사람이 없었으면 바로 죽었다고 봐도 무방할 정도였다고 한다. 심한 두통을 호소하거나 기절하는 등의 증세는 이미 영화의 촬영에 들어가기 전부터 종종 발병하던 터였고 이소룡 자신도 뭔가를 예감했는지 한 역으로 극 중에서는 적이지만 아버지 이해천과 절친한 사이였던 원로 배우 석견에게 "아저씨, 전 아무래도 아저씨보다 먼저 갈 것 같아요."라 토로하곤 했었다. 이 말고도 이소룡은 이미 (아내 린다의 증언에 따르면) 1970년 8월 13일 자신의 몸무게에 버금가는 무게로 굿모닝 리프트 운동을 하다

가 척추 4번 천골신경에 큰 부상을 입어 통증으로 고생하는 등 몸 상태가 말이 아니어서 종종 진통제에 의지하고 마리화나를 섞어 구운 과자를 먹기도 했다. (다시 말해 오늘날 우리가 보는 영화에서 이소룡은 정상이 아닌 컨디션을 가지고도 모든 액션을 다 소화했다는 이야기다. 그나마 가장 몸 상태가 좋은 상태에서 촬영한 건 막 재활한 직후인 〈당산대형〉이고 〈용쟁호투〉 즈음에 이르면 여러 부상과 지병, 단시간에 여러 편의 프로젝트를 추진하면서 받은 과도한 스트레스, 일 중독으로 인한 피로의 누적으로 인해 이소룡의 얼굴빛부터가 어두워져 있는 걸 관찰할 수 있다.)

결국 운명의 날이 된 1973년 7월 20일, 조지 라젠비(〈007 여왕폐하대작전〉1969의 제임스 본드를 맡았던 배우)와 차기작을 의논할 겸 저녁 식사를 약속했던 이소룡은 골든하베스트 사장 추문회와 2시에 만나 중단된 〈사망적유희〉의 촬영 재개를 논의한 뒤 여배우 정패의 아파트에 갔다가 두통을 호소했다. 이때 정패는 진통제만을 건네줬을 뿐 변변한 응급조치를 취하지 않았고 저녁 7시경 이소룡은 잠에 빠졌다. 저녁 약속이 늦자 추문회가 정패의 아파트로 찾아갔지만 이소룡은 깨어나지 않았고 퀸 엘리자베스 병원으로 후송했지만 병원에 도착했을 땐 이미 숨져 있었다. 그의 나이 겨우 33세였다. 〈용쟁호투〉는 그의 사후 홍콩에서 7월 26일, 미국에서는 8월 19일 극장에 개봉했고 월드와이드 2억 달러를 넘는 흥행 성적을 거둬들인다. (다만 홍콩에서는 이소룡의 전작들과 비교하면 가장 저조한 330만 홍콩 달러에 그쳤다.) 아시아의 별 이소룡이 세계의 영웅이 되는 순간이었지만, 관객들은 극장 안에서 환호하며 받아들였던 영웅이 이미 세상을 떠났다는 현실을 받아들여야 했다.

이소룡 영화 무술에 관하여

이소룡 스타일의 액션이 지니는 의의를 설명하려면 먼저 이전에 홍콩에서 유행했던 무협 영화의 안무가 어떠했는가를 언급하지 않으면 안 된다. 엽위신의 〈엽문 2〉2010에서도 배경으로 스쳐 지나가듯 묘사되는 바이지만 홍콩을 비롯해 당시 중화권 남방에서 주종을 이루던 무술은 광동 남파권법의 대종을 이루던 홍가권이었다. 보폭이 넓고 크게 휘두르는 동작이 많은 홍가권은 일찍이 청대 말기에 군대에 징집된 인원을 빠르게 실전에 투입하기 위해 훈련되면서 애호되었으며, 1년에 5~6편 꼴로 무협 영화를 밥 먹듯 찍어내던 홍콩의 영화 인력들 상당수는 이미 홍권 수련자가 대세를 이루고 있었다. 바로 대표적인 경우가 바로 장철과 수영선수 출신에서 배우로 변신한 '외팔이' 왕우로, 특히 장철은 본인이 상당한 수준에 이른 고수였다.

더군다나 시각예술의 특성이 중시되는 영화의 특성상, 의념을 크게 가져가는 권법이 보여주기식의 안무를 짜기엔 굉장히 유리했다. 따라서 쇼브라더스를 중심으로 양산되던 60년대까지의 무술 영화들은 홍권을 비롯한 광동남파 권법의 큰 기조를 따라가는 동시에 관객의 눈이 편

하게 동작을 따라갈 수 있는 액션을 보여주기 위해 (또는 비숙련자 배우도 손쉽게 액션을 따라 할 수 있게) 일부러 속도를 조절해 인위적인 합을 만드는 걸 중시했다.

바로 이 점에서 이소룡 액션의 혁신적인 면모가 드러난다. 쉽게 말해 이소룡은 '짜고 치는' 티가 심하게 나는 기존의 액션을 탈피해, 보다 빠르고 실전적인 액션을 지향하고자 했다. 그의 영화에 상대역으로 동원된 배우들, 예를 들면 〈맹룡과강〉의 척 노리스와 황인식, 〈용쟁호투〉의 밥 월과 석견(심지어 1913년생으로 이미 환갑이었음에도 선풍각을 찰 정도의 달인었다), 〈사망적유희〉의 지한재와 카림 압둘 자바이 실은 상당기간의 수련을 거친 사람들이었음을 보면 알 수 있는 부분이다. 자신의 속도와 힘을 받아낼 수 있는 우께들을 부르고 실제 무술인답게 실전의 동작을 중심으로 한가운데, 필요한 선에서의 영화적 과장을 섞음으로써 이전의 양식적인 액션을 대체하고 권격 영화의 일대 센세이션을 일으킬 수 있었던 것이다.

〈용쟁호투〉에서 오하라와의 대결을 보면 영춘권의 치사오에 측면으로서는 채리불권의 스탠스를 접목한 이소룡 나름의 응용을 엿볼 수 있다. 이소룡은 (엄밀히 말하면 사형 황순량과 친구 장탁경으로부터 주로 배웠지만) 엽문에게서 배운 영춘권을 골격으로 삼되 채리불권의 측방 스탠스와 홍권의 힘을 쓰는 요령을 접목하고, 가라테와 사바트의 발차기, 펜싱의 스텝과 복싱의 펀치를 참고하는 등의 연구를 통해 절권도의 틀을 다져나갔으며, 이를 영화에 곧 적용해서 보여주었다. 이전에 없었던 새로운 기풍의 무술을 창조해냄으로써 이소룡은 액션 영화와 무술 양 방면에 동시에 혁신을 가져온 것이다.

이러한 액션을 돋보이게 하고자 이소룡은 영화적 테크닉의 측면에서도 종래의 쇼브라더스 영화와 결별하는 형식을 추구했다. 〈당산대형〉과 〈정무문〉은 이소룡의 짧은 필모그래피에서도 과도기적인 성격의 영화라 할 수 있는데 점프대를 뛰어 도약하거나 와이어를 사용한 장면은 리얼리즘을 중시한 이소룡의 평소 콘셉트에 위배되는 것이었으며, 이소룡 이외의 나머지 인원들은 쇼브라더스 무협 영화 식의 액션을 답습하면서 부조화를 일으키고 있는 걸 알 수 있다. 이소룡은 나유와 결별한 뒤인 〈맹룡과강〉과 〈용쟁호투〉에 와서야 자신의 스타일을 온전히 관철할 수 있었던 것이다. 장철이 〈심야의 결투〉1968와 〈복수〉1970 등에서 핸드헬드 카메라로 격렬한 이미지를 강조하는 대신 액션의 합과 동선을 다소 혼란스럽게 처리한다면, 이소룡은 정적인 구도의 와이드 숏으로 움직임을 자제함으로써 피사체인 배우의 움직임과 동선을 정직하게 담아내어 액션 자체의 활력과 쾌감을 부각시키는 연출을 선호했다.

여기에는 이소룡이 평소 즐겨보았던 60년대 일본 사무라이 찬바라 영화와 마카로니 웨스턴 영화가 지대한 영향을 끼쳤다. 이소룡은 두 장르의 기법을 세심히 관찰하고 자기 영화의 연출에 반영했는데 시네마스

코프의 수평적 길이 양 끝에 인물을 배치하고 대치하는 동안의 시간적 여백을 두어 둘 사이에 흐르는 긴장감을 지속하고, 액션이 시작되는 순간 호흡이 끊기고 액션의 합이 펼쳐지는 식의 연출은 구로사와 아키라의 〈요짐보〉와 고바야시 마사키의 〈할복〉1962 등으로부터 참고한 흔적이 역력하다. 〈맹룡과강〉의 클라이맥스 결투에서 보이는 급격한 줌 인-아웃, 클로즈업과 와이드 숏을 충돌시키는 편집은 세르지오 레오네가 서부극을 찍으면서 즐겨 애용하던 테크닉을 받아들인 것이다. 심지어 〈맹룡과강〉에는 엔니오 모리코네가 작곡한 〈원스 어폰 어 타임 인더 웨스트〉1968의 사운드트랙 일부를 차용한 부분이 있다. 척 노리스와의 대결 장면 직전이 그러하다. (참고로 이소룡은 일본 사무라이들의 정신세계를 탐구하고자 『오륜서』와 『본조무예소전』의 영역본 등을 즐겨 읽었다. 〈용쟁호투〉의 초반에 시비를 거는 호주 무술가를 쪽배를 태워 보내버리는 건 일본 검술 초창기의 유명한 검호 츠카하라 보쿠덴이 비와호수를 건널 때의 이야기를 각색해 인용한 것이다.)

정리하자면 이소룡은 종래의 홍콩 영화가 답습해온 관습화된 액션 콘셉트를 탈피해 보다 빠르고 실전적인 무술 안무를 추구했으며, 다양한 무술의 접목을 통해 이전에 보지 못한 무술 스타일 자체를 창시해 버렸고, 그걸 영상에 담는 그릇으로서 안정적인 프레임과 긴 호흡의 리듬감을 필요로 했다고 볼 수 있다. 그리고 이소룡이 남긴 영화적 유산은 그의 뒤를 잇는 액션 스타들에게 다시 영향을 끼치며 계속 남게 되었다. 〈용쟁호투〉의 단역 내지 엑스트라로 출연했던 이들 중에는 80년대 홍콩 액션의 한 시대를 장식할 인재들, 바로 홍금보(도입부 소림사에서의 스파링 상대)와 임정영, 원표와 원화(이소룡이 공중제비를 돌 때와 서머솔트 킥을 찰 때의 대역), 그리고 성룡(지하 기지에서 머리채를 잡힌 채 목이 꺾이는 엑스트라)이 있었다. 이소룡은 갔지만 그의 유작 〈용쟁호투〉는 이후에 있을 새로운 액션의 인재들을 전면에 드러내는 등용문이었던 셈이다.

시네마 리바이벌

지은이	조재휘
초판 1쇄 발행	2020년 09월 13일
펴낸곳	두두
펴낸이	윤진경 · 장현정
문학주간	박형준
편집	임명선
디자인	전혜정
마케팅	최문섭
종이	세종페이퍼
인쇄제작	영신사
등록	2008년 11월 12일(제338-2008-6호)
주소	부산 수영구 광안해변로 294번길 24 지하1층
전화·팩스	070-7701-4675, 0505-510-4675
전자우편	doodoobooks@naver.com

Published in Korea by DooDoo Publishing Co, Busan.
Registration No. 2018-000005.
First press export edition September, 2020.
Author Cho Jae Whee
ISBN 979-11-964562-7-6 93680

※ 도서출판 두두는 지속가능한 환경과 생태를 위해 재생 가능한 종이를 사용해 책을 만듭니다.

이 도서의 국립중앙도서관 출판예정도서목록(CIP)은 서지정보유통지원시스템 홈페이지(http://seoji.nl.go.kr)와 국가자료종합목록 구축시스템(http://kolis-net.nl.go.kr)에서 이용하실 수 있습니다. (CIP제어번호 : CIP2020036450)